Naegele/Valtin (Hrsg.)
LRS – Legasthenie – in den Klassen 1–10 · Band 1

LRS – Legasthenie – in den Klassen 1–10

Handbuch der Lese-Rechtschreib-Schwierigkeiten

Band 1:
Grundlagen und Grundsätze
der Lese-Rechtschreib-Förderung

Herausgegeben von
Ingrid M. Naegele und Renate Valtin

6. Auflage

Beltz Verlag · Weinheim, Basel, Berlin

Über die Herausgeberinnen:

Ingrid M. Naegele, Diplompädagogin, ist Leiterin des Instituts für Lernförderung, einer pädagogisch-psychologischen Therapie- und Beratungseinrichtung in Frankfurt am Main.

Renate Valtin, Dr. phil., Professorin für Grundschulpädagogik an der Humboldt-Universität zu Berlin. Für ihre Legasthenieforschungen erhielt sie internationale Auszeichnungen (z.B. Berufung in die »Reading Hall of Fame« der International Reading Association)

Alle Rechte, insbesondere das Recht der Vervielfältigung und Verbreitung sowie der Übersetzung, vorbehalten. Kein Teil des Werkes darf in irgendeiner Form (durch Fotokopie, Mikrofilm oder ein anderes Verfahren) ohne schriftliche Genehmigung des Verlages reproduziert oder unter Verwendung elektronischer Systeme verarbeitet, vervielfältigt oder verbreitet werden.

Lektorat: Peter E. Kalb

6., vollständig überarbeitete Auflage 2003

© 1989 Beltz Verlag · Weinheim und Basel
www.beltz.de
Herstellung: Ute Jöst Publikations-Service, Birkenau
Satz: Mediapartner Satz- und Repro GmbH, Hemsbach
Druck: Druckhaus Beltz, Hemsbach
Umschlaggestaltung: Federico Luci, Köln
Printed in Germany

ISBN 3-407-62495-6

Inhaltsverzeichnis

Ingrid M. Naegele/Renate Valtin
Vorwort zur 6. Auflage 8

Erlasse und Richtlinien

Grundsätze zur Förderung von Schülern mit besonderen Schwierigkeiten beim Erlernen des Lesens und des Rechtschreibens. Beschluss der KMK vom 20.04.1978 16

Ingrid. M. Naegele
Wie hilfreich sind die LRS-Erlasse und Richtlinien der Bundesländer? 21

Grundlagen

Gerheid Scheerer-Neumann
LRS und Legasthenie. Begriffliche Klärungen und inhaltliche Implikationen 32

Renate Valtin
Empirische Befunde zu Fördermöglichkeiten bei LRS......................... 42

Gerheid Scheerer-Neumann
Rechtschreibschwäche im Kontext der Entwicklung 45

Rosemarie Portmann
Förderdiagnostik beim Lesen und Rechtschreiben 66

Schulpraxis

Erika Brinkmann/Hans Brügelmann
Beobachtungshilfen für den Anfangsunterricht im Lesen und Schreiben 80

Mechthild Dehn/Irmtraut Schnelle/Ingeborg Wolf-Weber
Grundsätze für pädagogische Lernhilfen. Nicht nur in Klasse 1 90

Renate Valtin
Erfolgreich Lesen und Schreiben lernen auch gemeinsam mit
lernbehinderten Kindern 99

Petra Hüttis-Graff
»Sprich, wie du schreibst!«. Einige Grundsätze für den Unterricht
mit ausländischen SchülerInnen 105

Hilfen für Eltern

Ingrid M. Naegele
Zu Hause Rechtschreibung üben. Ein Brief an Eltern 116

Peter Rathenow
Lesen ist auch Familiensache. Tipps für Eltern 127

Materialien und Arbeitshilfen

Computer

Ingrid M. Naegele
Können Computerprogramme beim Erlernen der Rechtschreibung helfen? 134

Spielen

Ingrid M. Naegele
Spiele und Spielen mit LRS-SchülerInnen 144

Lesen

Renate Valtin/Ingrid M. Naegele
Selbsterfahrungstests 154

Renate Valtin
Ein Modell des Lesens und Schwierigkeiten schwacher LeserInnen 158

Ingrid M. Naegele/Renate Valtin
Lesen lernt man nur durch Lesen (sinnvoller Texte).
Hilfen für die Primar- und Sekundarstufe 161

Ingrid M. Naegele
Von Pechvögeln und Unglücksraben. Kinder- und Jugendbücher zum Thema .. 168

Schreiben und Rechtschreiben

Ralph Weigt
Zur Bedeutung der Handschrift und der Schreibhaltung 171

Ingrid M. Naegele
Tipps und Literatur zur Linkshändigkeit 177

Ingrid M. Naegele
Können Sie richtig r(R)echt-S(s)chreiben? 178

Renate Valtin/Ingrid M. Naegele
Schreiben lernt man nur durch Schreiben 186

Ingrid M. Naegele
Gegen die Diktatur des Diktats 197

Lerntechniken

Ingrid M. Naegele
Viel gepaukt und nichts behalten ... – Lern- und Arbeitstechniken
für SchülerInnen mit LRS 202

Gudrun Spitta
Zur Arbeit mit dem Wörterbuch 209

Literaturverzeichnis 211

Bildquellen 218

Die AutorInnen 219

Stichwortregister 220

Ingrid M. Naegele/Renate Valtin

Vorwort zur 6. Auflage

»Besondere Schwierigkeiten beim Erlernen des Lesens und des Rechtschreibens«, »Probleme beim Erwerb der Schriftsprache«, »spezifische Lese-Rechtschreib-Schwäche«, »LRS«, »kongenitale Legasthenie«, »Dyslexie«, »isolierte Teilleistungsschwäche«, »ADS« ... – all dies sind Begriffe, die sich auf Schwierigkeiten beim Lesen, Schreiben und vor allem Rechtschreiben von Kindern, Jugendlichen und Erwachsenen beziehen. Je nach wissenschaftlichem und persönlichem Standort werden Erscheinungsbild, Ursachen und Behandlungskonzepte sehr unterschiedlich und – vergleicht man die pädagogischen, psychologischen und medizinischen Konzepte – oft konträr diskutiert.

Seitdem 1966 im Beltz Verlag das erste Buch zu diesem Problemkreis erschien (Ingenkamp [Hrsg.]: Lese- und Rechtschreibschwäche bei Schulkindern), hat sich einerseits der Bedeutungsgehalt des Begriffs Legasthenie verschoben, und zwar von einer kausalen Verwendung (Legasthenie als angeborene Wortblindheit bzw. Spezialfall einer Lesestörung bei Kindern mit mindestens durchschnittlicher Intelligenz) zu einer deskriptiven Verwendung (Legasthenie als Sammelbegriff für jegliche Arten von Lese-Rechtschreib-Schwierigkeiten). Andererseits sind auch die theoretischen Ansätze zur Erfassung von LRS weiterentwickelt worden: vom *medizinischen* (defizitorientierten) Ansatz zum *prozessorientierten* und schließlich zum *personenbezogenen* Ansatz, der die Eigenaktivitäten des Kindes und die Gestaltung des gesamten Lernumfeldes in den Blick rückt. Das medizinische Modell, das bis zu Beginn der 70er-Jahre auch von Pädagogen vertreten wurde, beinhaltete die Sichtweise, dass SchülerInnen aufgrund von konstitutionellen Gegebenheiten Defizite in kognitiven Funktionen aufwiesen, die ihrerseits zu einer LRS führen würden. Erst der prozessorientierte Ansatz, der die beim Lesen und Rechtschreiben beteiligten Prozesse direkt untersucht, hat den Blick auf die Erforschung unzureichend ausgebildeter bzw. gestörter Lernprozesse und die schulischen Lernbedingungen selbst gerichtet. Der neue, personenbezogene Ansatz berücksichtigt noch stärker den Entwicklungsaspekt und den Sachverhalt, dass Lesen und (Recht-)Schreiben keine mechanischen Vorgänge darstellen, sondern Prozesse des Problemstellens und Problemlösens. Die Lernenden müssen das, was die Erfinder unseres alphabetischen Schriftsystems geleistet haben, für sich entdecken. Dies geschieht nur über Akte einsichtigen Lernens, die allmählich und stufenweise vollzogen werden. Besonders viel Zeit, Raum und Geduld zum Entdecken von Funktion und Aufbau der Schrift brauchen Kinder, die zu Schulbeginn mit emotionalen Problemen zu kämpfen haben, oder solche mit ungünstigen Lernvoraussetzungen, z.B. wenn sie wenig sprachliche und kulturelle Anregungen erhielten oder aus Elternhäusern stammen, in denen sie kaum Erfahrungen im Umgang mit Schriftsprache machen konnten.

Da der Begriff Legasthenie so stark vorbelastet ist, spricht die Kultusministerkonferenz (KMK) in ihren am 20.04.1978 beschlossenen »Grundsätzen« zur Förderung von »Schülern mit besonderen Schwierigkeiten beim Erlernen des Lesens und des Rechtschreibens« und stellt in §1 fest: »Das Lesen und Schreiben zu lehren gehört daher zu den Hauptaufgaben der Grundschule, und es ist ihre pädagogische Aufgabe, dafür zu sorgen, dass möglichst wenig Schüler gegenüber diesen Grundanforderungen versagen.« Da die Schule der Ort für die Vermittlung von Lesen und Schreiben ist und die auftretenden Schwierigkeiten zum Teil auch selbst durch unterrichtsorganisatorische und didaktische Mängel zu verantworten hat, muss sie auch primär der Ort für Fördermaßnahmen für SchülerInnen mit LRS sein, im Einzelfall in Zusammenarbeit mit SchulpsychologInnen, LerntherapeutInnen, PsychologInnen, MedizinerInnen und anderen.

Mit der Abschaffung des Begriffes Legasthenie wurden die Probleme der betroffenen Kinder nicht, wie oft behauptet wird, ad acta gelegt. Im Gegenteil: Die KMK-Grundsätze, die wir diesem Band voranstellen, drücken die Bedeutung der Beherrschung der Schriftsprache für die Entfaltung der Persönlichkeit sowie die Zuständigkeit und Verpflichtung der Schule für die Vermittlung dieser Grundanforderungen klar aus.

Heutzutage sind Ausdrücke wie Lese-Rechtschreib-Schwäche, -Versagen oder -Störung üblich geworden. Wir sprechen von Lese-Rechtschreib-Schwierigkeiten (LRS) und verstehen diesen Ausdruck als Sammelbegriff für eine Vielzahl von Problemen, die SchülerInnen beim Erlernen des Lesens, Schreibens und Rechtschreibens und späterhin beim Gebrauch der Schriftsprache aufweisen, um zu signalisieren, dass es sich dabei nicht um eine im Kind liegende Schwäche handelt, sondern um auftauchende Schwierigkeiten, die unterschiedlich bedingt sein können, sei es durch organisch-endogene Faktoren, sei es durch häusliche oder durch schulische Bedingungen (wie Überforderung, methodische Fehler der Lehrkräfte, schulische und unterrichtsspezifische Belastungen).

Der Ausdruck *Legasthenie* wird jedoch weiterhin verwendet, sowohl in der öffentlichen Diskussion als auch in medizinisch-therapeutischen Fachkreisen, wo er immer noch als erklärender Begriff verwendet wird. Scheerer-Neumann setzt sich in diesem Band gründlich mit der Problematik dieses Begriffs auseinander und erklärt, warum das (traditionelle) Legastheniekonzept weder diagnostisch noch therapeutisch sinnvoll ist.

Wir halten LRS/Legasthenie in erster Linie für ein pädagogisches Problem und sind so optimistisch zu glauben, dass bei angemessener Methode und optimaler Gestaltung des Lernumfeldes *alle Kinder* lesen und schreiben lernen können, selbst Kinder mit geistigen Behinderungen, wie Iris Mann (2000) zeigt. Leider stellen unsere schulischen Rahmenbedingungen dafür keine optimalen Voraussetzungen dar. Es ist jedoch zu begrüßen, dass viele Lehrkräfte zu der

Einsicht gelangt sind, dass SchulanfängerInnen nicht im statischen Sinne von Schulreife alle Lernvoraussetzungen mitbringen müssen und sollen, sondern dass sich Schule und Unterricht der Situation und dem Entwicklungsstand der Kinder anzupassen haben, z.B. durch einen binnendifferenzierten, kindorientierten Unterricht. Die in diesem Band vorgestellten Forschungsergebnisse zum Schriftspracherwerb geben LehrerInnen frühzeitig Hilfen, um Schwierigkeiten in den Anfangsphasen des Lesen- und (Recht-)Schreibenlernens feststellen und beheben zu können.

Falls nicht rechtzeitig Hilfe angeboten wird, führen diese Schwierigkeiten unweigerlich zu Frustrationen, schulischen Misserfolgen sowie Beeinträchtigungen des Selbstwertgefühls und weiten sich auf andere Bereiche und Fächer aus bis hin zu einer übergreifenden Entwicklungsbehinderung im Sinne des §39 des Bundessozialhilfegesetzes.

Lang andauernde und schwerwiegende Lese-Rechtschreib-Schwierigkeiten sind kein isoliertes Teilversagen, das durch ein reines Lese- und Rechtschreibtraining zu beheben ist, sondern sie erfordern umfassende Fördermaßnahmen in dem Sinn, dass nicht nur die kognitiven, sondern auch die motivationalen und affektiven Fähigkeiten sowie das gesamte Lernumfeld und alle Beteiligten mit einbezogen werden müssen.

Für den schulischen und beruflichen Erfolg ebenso wie für die Teilhabe am kulturellen, politischen und gesellschaftlichen Leben ist die Beherrschung der Schriftsprache von entscheidender Bedeutung. Ein Versagen im Lesen und Schreiben bedeutet für die Betroffenen eine entscheidende Lernbehinderung. Nicht selten führen die damit verbundenen Misserfolgserlebnisse zu schulischen und häuslichen Dramen sowie Störungen im Bereich der Persönlichkeit und des Verhaltens wie negativem Selbstkonzept, Angst und Neurotizismus. Die Beherrschung der Orthografie ist nach wie vor ein wesentliches Auslesekriterium in weiterführenden Schulen, vor allem in der Realschule und im Gymnasium. In Übereinstimmung mit den »Grundsätzen zur Förderung von Schülern mit besonderen Schwierigkeiten beim Erlernen des Lesens und des Rechtschreibens« der KMK betrachten wir es als wesentliche Aufgabe der Grundschule und Sekundarstufe I, das Lesen und Schreiben zu lehren, wobei nicht nur im Anfangsunterricht, sondern in der gesamten schulischen Unterrichtspraxis viel stärker differenziert werden muss. Förderung kann sehr unterschiedlich aussehen und muss vom ersten Schultag an Bestandteil von Unterricht sein. Sie darf sich allerdings nicht nur auf die ersten vier Schuljahre beschränken, sondern muss auch in der Sekundarstufe I »Prinzip im Schulalltag sein, Differenzierung und Individualisierung müssen zur Selbstverständlichkeit werden« (Sandfuchs 1994). Weitere Ausführungen dazu sind in Band 2 dieses Handbuchs enthalten.

Wir sind der Auffassung, dass in den letzten 25 Jahren die Grundlagenforschung zu Lese-Rechtschreib-Schwierigkeiten und die Didaktik zum Schriftspracherwerb wesentliche neue Erkenntnisse gebracht haben, deren Umsetzung in den Schulen dazu führen könnte, den Anteil der Kinder, die scheitern, erheblich zu reduzieren und fast allen Kindern Erfolge beim Lesen- und Schreibenlernen zu ermöglichen. Leider basieren die schulischen Fördermaßnahmen nicht immer auf seriösen Forschungsergebnissen; zu solch zweifelhaften Fördermaßnahmen zählen z.B. Funktionstrainings an nichtsprachlichem Material, das Vor- und Rückwärtsbuchstabieren, Übungen der NLP-Rechtschreibtherapie u.a. Die Erfahrung zeigt, dass Eltern von Kindern mit LRS oft zu Hause zusätzlich mit ihren Kindern mit Materialien und Methoden üben, die lernmethodisch und didaktisch falsch sind (vgl. Valtin u.a. 2001), keinen Lernerfolg bringen können, aber das Verhältnis zwischen Elternteil und Kind stark belasten.

In der Öffentlichkeit hält die Diskussion um Ursachen und Förderansätze bei LRS unvermindert an. Man gewinnt immer mehr den Eindruck: Je bizarrer und einfacher, oft auch einfältiger die Meldung ist, umso gieriger wird sie von der Presse und Betroffenen aufgegriffen und ausprobiert. Besonders beliebt sind natürlich Erklärungsmuster und Therapieformen, die Eltern, Lehrkräfte und Kinder entlasten und vorgeben, möglichst »leicht und angenehm« ohne Anstrengung zum Erfolg zu führen. Das reicht von besonderen kinesiologischen Übungen (Sylvanus 2000), Bachblüten und Beruhigungspillen (Zangerle 2000), NLP-Strategien (Schick 1995) bis hin zu Psychopharmaka (Voß 2000). Ein Förderkonzept, das Lesen und systematische Rechtschreibarbeit ausschließt, kann aber ebenso wenig langfristig helfen wie die immer noch vor allem von GrundschullehrerInnen geäußerte Ansicht, man müsse nur abwarten, denn der Knoten löse sich irgendwann von allein. Dies ist ein irriger und schlimmer Rat, der frühzeitige, noch einfache Hilfen verhindert und zu komplexen Lern- und Verhaltensauffälligkeiten führen kann. Der Rückgang finanzieller Mittel für schulische und außerschulische Fördermaßnahmen hat das Wiederaufleben medizinischer, vor allem neurologischer Erklärungsmuster begünstigt, denn nur bei einer derartigen Diagnose werden von Krankenkassen oder dem Kinder-Jugend-Hilfe-Gesetz Hilfsmaßnahmen finanziert.

Im vorliegenden Band informieren Fachleute aus Hochschule, Praxis und Therapie über aktuelle Forschungsergebnisse und persönlichen Praxiserfahrungen. Band 2: *Schulische Förderung und außerschulische Therapie* behandelt den Forschungsstand zu Förderdiagnostik bei Lese-Rechtschreib-Schwierigkeiten und zu schulischen Fördermaßnahmen und außerschulischen Therapieformen.

Zur sprachlichen Kennzeichnung: Die ständige Verwendung weiblicher und männlicher Wortbezeichnungen ist schlecht lesbar und benötigt viel Platz. Deshalb haben wir uns auf die Form des großen I geeinigt. Sie sieht eleganter aus als andere Abkürzungen, vor allem bei Dativformen wie: den Lehrer(inne)n oder den Lehrer/inne/n.

Die Herausgeberinnen hoffen, mit diesem Band Studierenden, LehrerInnen, TherapeutInnen und interessierten Eltern Anregungen und Hilfen zu geben. Wir danken allen AutorInnen, den KollegInnen, die Manuskripte kritisch gegenlasen und kommentierten, sowie Frau Schnee für die Koordination der Manuskriptarbeiten und die Erstellung des Literaturverzeichnisses.

Inhaltsverzeichnis Band 2,
2. überarbeitete Auflage 2001

Ingrid M. Naegele / Renate Valtin
Einleitung... 9

Grundlagen

Renate Valtin
Von der klassischen Legasthenie zu LRS –
notwendige Klarstellungen................................... 16

Ingrid M. Naegele / Renate Valtin
Wie LRS vermeiden und beheben?........................... 36

Ingrid M. Naegele / Renate Valtin
»Legasthenie kommt von Gott« – Wie SchülerInnen mit LRS ihr Versagen
erklären... 41

Schulische Förderung

Renate Valtin
Schwierigkeiten beim Schriftspracherwerb. Hinweise und Hilfen
für die Förderdiagnostik....................................... 48

Gerheid Scheerer-Neumann
Förderdiagnostik beim Lesenlernen 70

Peter May
Diagnose der Rechtschreibstrategien mit der Hamburger Schreibprobe 87

*Irene W. Gaskins / Linnea C. Ehri / Cheryl Cress / Colleen O'Hara /
Katharine Donnelly*
Kinder werden Wörterdetektive oder: Wie amerikanische Kinder
Lesen lernen... 93

Marion Bergk
Integrierter Schreibanfang: Experimentierzeit statt Wartezeit
für die »Schriftfernen«.. 99

Ruth Gerecke
Rechtschreibschwäche? Nein, danke!.. 104

Hannelore Frauenfeld
Ein Förderkonzept für die Grundschule..................................... 106

Ingrid M. Naegele
Förderung in der Sekundarstufe. Mit einem Beispiel aus einem Förderkurs 110

Reinhold Komnick
Integrative Legasthenikertherapie an der Jugenddorf-Christophorusschule..... 122

Iris Füssenich
Fähigkeiten und Schwierigkeiten beim Lesen und Schreiben
in der Sonderschule... 129

Heike Urban / Ingrid M. Naegele
»Das ist dir vielleicht auch passiert« – Freies Schreiben
mit lese-rechtschreibschwachen Kindern.................................... 140

Gabriele Rabkin
Anregungen zum freien Schreiben und Gestalten 146

Peter May
Bedingungen für Lernerfolge im Förderunterricht 154

Ralph Weigt
Zur Förderung in LRS-Klassen – Erfahrungen aus der DDR.................... 164

Christian Klicpera / Barbara Gasteiger-Klicpera
Anforderungen an die schulische Förderung von SchülerInnen mit LRS –
Erfahrungen aus Österreich.. 170

Wiltrud Döpp
Lebens- und Lernprobleme in der Schule – Über den Umgang
mit Familienproblemen von Kindern 179

Außerschulische Förderung und Therapieansätze

Ilona Löffler / Ursula Meyer-Schepers / Ingrid M. Naegele
Überlegungen zur Qualitätssicherung in der kombinierten
Lern- und Psychotherapie 186

Heinz Zangerle
Angebote des Psycho-Marktes. Kritische Sichtung und Wertung 194

Ingrid M. Naegele
FIT – das Frankfurter Integrative Therapiemodell.......................... 204

Ingrid M. Naegele
»Unkonzentriert, aufmerksamkeitsgestört, faul!« – Erfahrungen
einer Lerntherapeutin 215

Ilona Löffler / Ursula Meyer-Schepers / Elsa Nijland
Das LautAnalytische RechtschreibSystem (LARS)............................. 221

Christine Mann
Linguistisch orientierte Therapie... 230

Literaturverzeichnis 237

Die AutorInnen... 245

Stichwortverzeichnis 246

Erlasse und Richtlinien

Grundsätze zur Förderung von Schülern mit besonderen Schwierigkeiten beim Erlernen des Lesens und des Rechtschreibens

Beschluss der KMK vom 20.04.1978

1. Lesen- und Schreibenlernen als Aufgabe der Schule

Der Beherrschung der Schriftsprache kommt für die sprachliche Verständigung, für den Erwerb von Wissen und Informationen, für den Zugang zum Beruf und für das Berufsleben besondere Bedeutung zu. Das Lesen und Schreiben zu lehren gehört daher zu den Hauptaufgaben der Grundschule, und es ist ihre pädagogische Aufgabe, dafür zu sorgen, dass möglichst wenige Schüler gegenüber diesen Grundanforderungen versagen.
Um besondere Schwierigkeiten im Lesen und Rechtschreiben zu vermeiden oder zu überwinden, ist es nötig:

- diejenigen Fertigkeiten und Fähigkeiten systematisch zu entwickeln, die Voraussetzung für das Erlernen des Lesens und Schreibens sind;
- die Lehrgänge und den Unterricht für das Erlernen des Lesens und Rechtschreibens ständig weiter zu verbessern;
- Schüler zusätzlich zu fördern, die trotz eines fachgerechten Unterrichts besondere Schwierigkeiten beim Erlernen des Lesens und Rechtschreibens haben.

2. Lesen- und Schreibenlernen

2.1 Unterricht

Ein sorgfältig durchgeführter Erstlese- und Schreibunterricht, in dem die einzelnen Stufen und Phasen des Lese- und Schreiblehrgangs gründlich abgesichert sind, ist die entscheidende Grundlage, ein Versagen im Lesen und Schreiben zu verhindern.
Dabei muss sich der Unterricht an den unterschiedlichen Lernvoraussetzungen, dem individuellen Lernverhalten und Lerntempo orientieren. Der Rechtschreibunterricht sollte in angemessener Weise in den Sprach- und Sachunterricht einbezogen werden. Daneben sollten Versuche angestellt werden, ob sich der Rechtschreibunterricht auf einen Grundwortschatz beziehen kann.

Individualisierung des Unterrichts wird vor allem durch differenzierende Maßnahmen wie Binnendifferenzierung und Förderunterricht erreicht.

Förderunterricht sollte in den Jahrgangsstufen 1 und 2 dann angesetzt werden, wenn sich trotz Binnendifferenzierung bei Schülern besondere Schwierigkeiten im Erlernen des Lesens und Rechtschreibens zeigen, sofern nicht ihre Sonderschulbedürftigkeit erwiesen ist. Zu empfehlen sind zeitlich begrenzte, in der Zusammensetzung wechselnde Gruppen.

Es ist zu erwarten, dass in dem Maße, wie der Erstlese- und Schreibunterricht in den Anfangsjahrgängen der Grundschule systematisch und sachgerecht erteilt wird, die Anzahl derjenigen Schüler sich verringert, die nach der Jahrgangsstufe 2 besonderer Fördermaßnahmen bedürfen.

3. Fördermaßnahmen

Fördermaßnahmen haben größere Aussicht auf Erfolg, wenn die Ursachen der Lernschwierigkeiten erkannt sind. Die bloße Feststellung des Ausmaßes von Versagen, zum Beispiel durch normorientierte Tests, reicht nicht aus.

Ausgangspunkt für Fördermaßnahmen sind daher die Beobachtungen des Lehrers zum sprachlichen, kognitiven, emotional-sozialen und zum motorischen Entwicklungsstand sowie zur Sinnestüchtigkeit des einzelnen Schülers mit Lernschwierigkeiten.

In einzelnen Fällen wird es nötig sein, die Beobachtungen durch gezielte Untersuchungen zu ergänzen. Soweit der Klassenlehrer/Klassenleiter oder der Fachlehrer für Deutsch Untersuchungen nicht selbst durchführen kann, sollten besonders fachkundige Lehrer (z.B. Förderkursleiter, Beratungslehrer, Sonderschullehrer) damit beauftragt werden. Gegebenenfalls sollte der Schulpsychologe und/oder der Schularzt eingeschaltet werden. In besonderen Fällen sind den Erziehungsberechtigten ohrenärztliche, augenärztliche und andere Spezialuntersuchungen zu empfehlen.

Die pädagogische Entscheidung über die Förderbedürftigkeit des einzelnen Schülers und über Art und Umfang der Fördermaßnahmen trifft im Rahmen der geltenden Bestimmungen die Schule. Die Bestimmungen über die Umschulung/Überweisung in die Sonderschule bleiben davon unberührt.

3.1 Allgemeine Fördermaßnahmen

In den Jahrgangsstufen 3 und 4 sind erforderlichenfalls die Maßnahmen der Binnendifferenzierung fortzuführen.

Die klasseninterne Förderung sollte vor besonderen Fördermaßnahmen in Erwägung gezogen werden, weil

- Schüler mit Lernschwierigkeiten in der gewohnten sozialen Umgebung bleiben;
- sämtlichen Schülern durch Einzel, Partner- und Gruppenarbeit Möglichkeiten zu gegenseitiger Hilfe und zu sozialem Handeln eröffnet werden;
- den Schülern mit Lernschwierigkeiten spezielle Übungen im unmittelbaren Zusammenhang mit dem Deutschunterricht angeboten werden;
- die förderbedürftigen Schüler zeitlich nicht durch zusätzliche Unterrichtsstunden belastet werden.

3.2 Besondere Fördermaßnahmen

Besondere Fördermaßnahmen sollen für Schüler vorgesehen werden, die die Ziele des Lese- und/oder Rechtschreibunterrichts der Jahrgangsstufe 2 noch nicht erreicht haben, sowie für Schüler der Jahrgangsstufen 3 und 4, deren Leistungen im Lesen und/oder Rechtschreiben über einen Zeitraum von mindestens drei Monaten hinweg schlechter als ausreichend bewertet werden. Zur Objektivierung der Leistungsbewertung sind gegebenenfalls auch informelle und standardisierte Tests heranzuziehen.

Besondere Fördermaßnahmen können in klasseninternen, klassenübergreifenden und in Ausnahmefällen in jahrgangsstufenübergreifenden und schulübergreifenden Gruppen durchgeführt werden. Das ist im Rahmen von Verfügungsstunden oder in zusätzlichen Fördergruppen möglich.

Fördergruppen sollten nach Möglichkeit aus Schülern der gleichen Jahrgangsstufe gebildet werden. Sie sollen in der Regel vier bis acht Schüler umfassen.

Die Zahl der Förderstunden sollte je nach Bedarf zwei bis fünf Wochenstunden betragen. Sie können sowohl parallel zum entsprechenden Regelunterricht der Klasse als auch zusätzlich erteilt werden. Die zusätzliche Belastung des einzelnen Schülers sollte zwei Wochenstunden nicht überschreiten.

Die Zusammenarbeit zwischen Klassenlehrer/Klassenleiter, Fachlehrer für Deutsch und dem Lehrer der Fördergruppe ist eine wichtige Voraussetzung für eine erfolgreiche Hilfe.

Besondere Fördermaßnahmen sind zusätzliches Lese- und Rechtschreibtraining:

- Das Lesetraining dient in Verbindung mit Maßnahmen zur allgemeinen Sprachförderung vor allem dazu, Lesehemmungen abzubauen, die Lesefertigkeit zu steigern und die Schüler zum sinnentnehmenden Lesen zu befähigen. Motivierendes Lesematerial soll zur selbstständigen Beschäftigung mit Büchern anregen.
- Das Rechtschreibtraining soll dem Schüler helfen, seine Lücken in der Rechtschreibung zu schließen. Rechtschreibtraining ist umso erfolgreicher, je systematischer es aufgebaut ist.

Es umfasst unter anderem auch Besonderheiten der rechtschreibbezogenen Übungen, z.B. Training der Merkfähigkeit, Einüben von Regeln, Wortsammlungen unter Sach- und Rechtschreibgesichtspunkten, Übungen im Benutzen von Wörterbüchern, Ableitung der Rechtschreibung aus der Wortgeschichte und Sammeln von Wortfamilien.

Für Schüler, deren besondere Schwierigkeiten im Lesen und/oder Rechtschreiben bis zum Ende der Grundschule nicht behoben werden konnten, sind in den Jahrgangsstufen 5 und 6 die Maßnahmen der Binnendifferenzierung fortzuführen.
Soweit binnendifferenzierende Maßnahmen, insbesondere bei großen Schwierigkeiten im Rechtschreiben nicht ausreichen, können entsprechende besondere Fördermaßnahmen fortgesetzt werden.
Es ist davon auszugehen, dass durch die Förderung in den Jahrgangsstufen 1 bis 6 Schwierigkeiten im Lesen und Rechtschreiben im Wesentlichen behoben sind. Soweit bei einzelnen Schülern besondere Schwierigkeiten im Rechtschreiben auch noch nach Jahrgangsstufe 6 vorhanden sind, soll die Schule weiterhin versuchen, diese durch geeignete Maßnahmen zu beheben.

4. Leistungsfeststellung und -bewertung

Auch Schüler mit besonderen Schwierigkeiten im Lesen und Rechtschreiben unterliegen grundsätzlich den für alle Schüler geltenden Maßstäben der Leistungsbewertung.

Bei Schülern, für die besondere Fördermaßnahmen vorzusehen sind, gilt allenfalls bis zur Jahrgangsstufe 6 – zusätzlich Folgendes:

- Der Lehrer soll nach seinem pädagogischen Ermessen die Leistungserhebung dem aktuellen Leistungsstand des einzelnen Schülers anpassen.
  Zur Feststellung des Lernfortschritts sind mündliche und schriftliche Übungen, Klassenarbeiten und informelle Verfahren heranzuziehen sowie Beobachtungen zu nutzen, wie sich der Schüler beim Lesen und Schreiben verhält und ob und wie er Hilfsmittel (z.B. Wörterbuch, Wörterliste) u.a. Hilfen (z.B. Partner- und Gruppengespräche) nutzt.
- Die Bewertung der Leistungen im Lesen und Rechtschreiben geschieht unter pädagogischen Gesichtspunkten. Das kann z.B. bedeuten:
    - die Leistung wird nur verbal und ohne Bezug zum herkömmlichen Notensystem beurteilt;
    - die Leistung wird durch Noten und zusätzlich durch eine verbale Aussage beurteilt.

- Diese Prinzipien gelten grundsätzlich auch für die Halbjahres- und Jahreszeugnisse. Sollten Lesen und Rechtschreiben nicht gesondert ausgewiesen werden, sind sie bei der Festsetzung der Deutschnote zurückhaltend zu gewichten.

Besondere Schwierigkeiten im Rechtschreiben allein dürfen kein Grund sein, bei sonst angemessener Gesamtleistung einen Schüler vom Übergang an eine weiterführende Schule auszuschließen.

Abgangs- und Abschlusszeugnisse werden nach den für alle Schüler geltenden Bestimmungen erteilt.

5. Zusammenarbeit mit den Erziehungsberechtigten

Die Erziehungsberechtigten von Schülern mit besonderen Schwierigkeiten im Lesen und Rechtschreiben sollen über Erscheinungsformen und Ursachen der Schwierigkeiten und die Möglichkeit, sie zu überwinden, informiert werden. Ihnen sind Hinweise auf die jeweils angewandte Lese- und Rechtschreibmethode, auf die besonderen Lehr- und Lernmittel, auf häusliche Übungsmöglichkeiten, geeignete Fördermaterialien, Motivationshilfen und Leistungsanforderungen zu geben. Die Erziehungsberechtigten sind über schulische Fördermaßnahmen und deren Verlauf frühzeitig zu unterrichten. Im Einzelfall sollten Hinweise für eine psychologische Untersuchung gegeben werden.

6. Lehreraus- und Lehrerfortbildung

Die Vermittlung der Fähigkeit, Schüler mit besonderen Schwierigkeiten im Lesen und Rechtschreiben zu fördern, gehört zu den Aufgaben der Lehrerbildung.

Ingrid M. Naegele[1]

Wie hilfreich sind die LRS-Erlasse und Richtlinien der Bundesländer?

Rückblick

Seit ca. 1970 wurden in allen Bundesländern und der DDR schulische Sonderregelungen für eine Teilgruppe von SchülerInnen mit Schwierigkeiten beim Erwerb der Schriftsprache, den »Legasthenikern«, in Form von Erlassen oder Richtlinien getroffen. Diese erhielten schulische Erleichterungen (Aussetzen der Benotung der Rechtschreibung, Berücksichtigung im Fremdsprachenunterricht, Rücksichtnahme bei der Versetzung) sowie Förderunterricht. Voraussetzung war, dass sie bestimmte Eckwerte in einem Rechtschreib- oder Lesetest und einem Intelligenztest erreichten, die jedes Bundesland unterschiedlich festlegte. Legastheniker waren nach der seit den 50er-Jahren allgemein akzeptierten Definition SchülerInnen »mit einer speziellen und aus dem Rahmen der übrigen Leistungen fallenden Schwäche im Erlernen des Lesens (und indirekt auch des selbstständigen orthografischen Schreibens) bei sonst intakter oder (im Verhältnis zur Lesefähigkeit) relativ guter Intelligenz« (Linder 1951, S. 100). Methodische oder didaktische Fragen des Unterrichts als Legasthenie-Verursacher blieben in diesem medizinischen Verständnis ausgeklammert und Krankenkassen übernahmen die Kosten für außerschulische psychologische Therapien oder Funktionstrainings. Man glaubte – im Gegensatz zu heute – Legastheniker an speziellen Fehlerarten (wie Umstellungen, Buchstabenvertauschungen) erkennen und von anderen Schülern abgrenzen zu können.

Die Erlasse der einzelnen Bundesländer unterschieden sich erheblich in

- ihren Annahmen über die möglichen Ursachen dieser Störung,
- den Grenzwerten in Tests für die Anerkennung des »Legasthenikerstatus«,
- den Förderangeboten,
- der Dauer der Berücksichtigung der Legasthenie in der Schule.

1 Unter Verwendung einer Synopse der Erlasse von H. Falb, G. Woizeschke und A. Schwarz, Fachberater beim Hessischen Kultusministerium für Teilleistungsschwächen. Die komplette Analyse steht in Heft 5 der Veröffentlichungsreihe des Hessischen Kultusministeriums »Schule und Beratung«: »Förderung bei besonderen Schwierigkeiten im Schriftspracherwerb – Dokumentation einer Grundsatztagung des Hessischen Kultusministeriums – Handreichungen zur schulischen Förderpraxis«.

Eine einheitliche Regelung für alle Bundesländer wurde immer dringlicher, zumal vor allem aus der Schule und Entwicklungspsychologie seit Beginn der 70er-Jahre massive Kritik an der bisherigen Forschung geübt wurde.

Die heftig geführte Debatte zur »Lage der Legasthenieforschung« (DFG 1977), so der Titel einer Grundsatztagung im Jahr 1976, beklagte »extrem unterschiedliche wissenschaftliche Standpunkte und praktische Lösungsvorschläge sowie theoretische und methodische Unzulänglichkeiten der Forschungsvorhaben« (DFG 1977, S. 181). Insbesondere der Begriff Legasthenie sei völlig unklar. Das Hauptaugenmerk solle in Zukunft auf der Verbesserung des Lese- und Schreib-Erstunterrichts gelegt werden.

Die KMK-Grundsätze »zur Förderung von Schülern mit besonderen Schwierigkeiten beim Erlernen des Lesens und Rechtschreibens« sind die Reaktion der Kultusminister auf diese Wendung in der Forschung. Ihr erklärtes Ziel war es, die von den Kultusverwaltungen der Länder getroffenen sehr weit divergierenden Regelungen einander anzugleichen und zu verbessern.

Die KMK-Grundsätze schreiben der Schule die Hauptverantwortung für die vorbeugende Vermeidung und Eingrenzung der LRS zu: »Das Lesen und Schreiben zu lehren gehört zu den Hauptaufgaben der Grundschule«. Und weiter heißt es dort: »Ein sorgfältig durchgeführter Erstlese- und Schreibunterricht, in dem die einzelnen Stufen und Phasen des Lese- und Schreiblehrgangs gründlich abgesichert sind, ist die entscheidende Grundlage, ein Versagen im Lesen und Schreiben zu verhindern.« LRS sei weniger eine im Kinde liegende Schwäche, sondern zunächst ein pädagogisch-didaktisches Problem. Deshalb wurden auch die belasteten Begriffe Legasthenie und Lese-Rechtschreib-Schwäche durch Lese-Rechtschreib-Schwierigkeiten ersetzt.

Welche schulrechtlichen Bestimmungen gelten 2001 bei LRS?

In der Bundesrepublik Deutschland besitzt jedes Bundesland seine eigene Kulturhoheit mit unterschiedlichen rechtlichen Bestimmungen, was gerade Kinder mit Lernproblemen beim Umzug von einem Bundesland zum anderen schmerzlich zu spüren bekommen können. Allerdings war eine Besserung erhofft worden, nachdem 1978 die Kultusministerkonferenz für alle Bundesländer »Grundsätze zur Förderung von Schülern mit besonderen Schwierigkeiten beim Erlernen des Lesens und des Rechtschreibens« verabschiedet hatte. An diesen Vereinbarungen haben sich inzwischen die neuen Erlasse aller Bundesländer in ihrer Grundpositionen – teilweise schon in zweiter oder dritter Revision – orientiert (Naegele 1997).

Wie wichtig sind Erlasse und Verordnungen?

Erlasse und Verordnungen sind ministerielle Dienstanweisungen für Schulleitungen und Kollegien, deren Beachtung und Durchführung rechtsverbindlich ist. Erlasse sollen die Rahmenbedingungen von Maßnahmen sichern, in unserem Fall die Notwendigkeit von Vorbeugung und Förderung bei LRS. Verstöße gegen Verordnungen sind sogar einklagbar. Richtlinien dagegen sind – wie der Name sagt – Anleitungen für pädagogische Maßnahmen. Entsprechend finden sich hier die wichtigen unterrichtspraktischen Aspekte und Details wie Förderstunden und deren Verbindlichkeit u.a.

Erlasse und Verordnungen werden in Amtsblättern oder offiziellen Rundschreiben veröffentlicht und sollten allen LehrerInnen bekannt sein! In der Schulwirklichkeit ist leider ein sehr unterschiedlicher Bekanntheits- und Durchführungsgrad der Erlassregelungen bei der Förderung von Kindern und Jugendlichen mit Lese- und Rechtschreibproblemen zu beobachten. Da in den meisten Bundesländern verbindliche Aus- und Weiterbildungsangebote zu Fragen des Schriftspracherwerbs und seiner Probleme fehlen, ist die Hilflosigkeit vieler LehrerInnen im Umgang mit LRS nicht verwunderlich und ihre Suche nach außerschulischen Erklärungsmustern verständlich, aber nicht entschuldbar. Hier hätte die Kultusministerkonferenz eine dringende Aufgabe in der Durchsetzung ihrer Grundsätze von 1978.

Verzeichnis der Erlasse und Richtlinien zur Förderung von SchülerInnen mit LRS (Stand 1.4.2002)	
Baden-Württemberg	»Förderung von Schülern mit Schwierigkeiten im Lesen und/oder Rechtschreiben«, Verwaltungsvorschrift vom 10.12.1997 – IV/2 – 6504.2/206.
Bayern	»Förderung von Schülern mit besonderen Schwierigkeiten beim Erlernen des Lesens und des Rechtschreibens«, Bekanntmachung vom 16.11.1999 Nr. IV/1a-S7306/4-4/127883 geändert durch die KM Bek vom 11.08.2000 Nr. IV/1-S7306/4-4/86591.
Berlin	Ausführungsvorschriften zur Förderung bei besonderen Lese- und Rechtschreibschwierigkeiten. Rundschreiben vom 14.09.2001.
Brandenburg	»Verordnung über den Bildungsgang der Grundschule: §6: Fördern und Fördermaßnahmen, §7: Teilleistungsstörungen.« Amtsblatt 12 vom 14.08.1997. Rundschreiben zur Förderung von Schülerinnen und Schülern mit erheblichen Lernschwierigkeiten beim Erlernen des Lesens, Rechtschreibens und Rechnens seit 1998 in Arbeit.
Bremen	Richtlinien zur Gewährung von Nachteilsausgleichen bei Lese-Rechtschreibschwäche vom 27.08.2001.

Hamburg	»Richtlinien für Lese-Rechtschreibfördermaßnahmen als Eingliederungshilfen« vom 07.05.1996 (VwHbSchulErgänzungslieferung 1/1996).
	Seit 1993/94 läuft das Projekt »Lesen und Schreiben für alle (PLUS)« – Drucksache 15/1540 vom 05.07.1994.
Hessen	»Förderung von Schülern mit besonderen Schwierigkeiten beim Lesen, Schreiben und Rechtschreiben«, I. »Verordnung über die Leistungsfeststellung und die Leistungsbewertung bei Schülern mit besonderen Schwierigkeiten beim Lesen, Schreiben und Rechtschreiben« vom 22.10.1985 (ABl. 12/85, S. 883ff.), und II. »Richtlinien zur Förderung von Schülerinnen und Schülern mit besonderen Schwierigkeiten beim Lesen, Schreiben und Rechtschreiben« vom 15.12.1995 (ABl. 1/1996, S. 2ff.).
Mecklenburg-Vorpommern	»Erlass zur Förderung von Schülern mit Lese-Rechtschreibschwierigkeiten und einer förmlich festgestellten Legasthenie«, Erlass vom 27.06.1996 – Mittl.bl. M-V S. 401–410.
Niedersachsen	»Förderung von Schülern mit besonderen Schwierigkeiten beim Erlernen des Lesens und des Rechtschreibens«, Erlass vom 26.06.1979, ergänzt durch Erlass vom 24.07.1980.
Nordrhein-Westfalen	»Förderung von Schülerinnen und Schülern bei besonderen Schwierigkeiten im Erlernen des Lesens und Rechtschreibens (LRS)«, RdErlass vom 19.07.1991 (GABl. NW I S. 174).
Rheinland-Pfalz	»Förderung von Kindern mit Lernschwierigkeiten und Lernstörungen in der Grundschule«, Verwaltungsvorschrift vom 30.08.1993 – 943 B-Tgb. Nr. 56/93.
	»Verwaltungsvorschrift zur Organisation von Fördermaßnahmen in der Sekundarstufe I«, in Arbeit.
Saarland	»Richtlinien zur Förderung von Schülerinnen und Schülern mit besonderen Schwierigkeiten beim Erlernen des Lesens und Rechtschreibens« vom 18.12.1997/GMBl. Saar S. Nr. 2/1998.
Sachsen	»Verwaltungsvorschrift zur Förderung von Schülern mit Schwierigkeiten im Lesen und Rechtschreiben in LRS-Klassen an Grundschulen im Freistaat Sachsen«, Amtsblatt 15 vom 05.10.1992 – 1997 verlängert.
Sachsen-Anhalt	Bisher keine gesonderte Verordnung. Gegenwärtige Bestimmungen enthalten »breite Möglichkeiten individueller Förderung und Differenzierung« (Schreiben des KM vom 05.05.2000).
Schleswig-Holstein	»Förderung von Schülern mit Lese-Rechtschreibschwäche (Legasthenie)«, Erlass vom 20.09.1985 – X 330-518.12-5.
Thüringen	»Fördermaßnahmen für Kinder und Jugendliche mit besonderen Schwierigkeiten in den allgemeinbildenden Schulen (außer Förderschule) in Thüringen«. Richtlinie vom 30.06.1998 – Gz.: 2B 2/51570.
	Die Originaltexte vieler LRS-Ländererlasse können z.B. heruntergeladen werden unter www.legasthenie.net

Wie der Tabelle zu entnehmen ist, haben alle Bundesländer Verwaltungsvorschriften und Erlasse, die SchülerInnen mit LRS in irgendeiner Weise berücksichtigen; alle basieren auf den KMK-Grundsätzen von 1978. Alle übernehmen explizit die Schwerpunktsetzung der KMK-Grundsätze in der Vorbeugung und beschreiben detailliert die Anforderungen an einen Anfangsunterricht, von dem erwartet werden kann, dass er Lese-Rechtschreib-Schwierigkeiten verhindert oder ihnen zumindest entgegenwirkt.

Die Gemeinsamkeiten in allen Ländererlassen sind:

- Durch Verbesserung des Anfangsunterrichts soll das Entstehen besonderer Lese-Rechtschreib-Schwierigkeiten (LRS) verhindert werden.
- Alle Kinder mit LRS haben – zumindest in den ersten vier Schuljahren – Anspruch auf schulische Förderung.
- Frühzeitige Beobachtung und Differenzierung der Lernprozesse sollen das Entstehen und Verfestigen der LRS verhindern. Besondere Fördermaßnahmen sollen nach einer gewissen Beobachtungszeit eingerichtet werden.
- Alle SchülerInnen unterliegen grundsätzlich den für alle geltenden Maßstäben der Leistungsbewertung. Eine Leistungsbeschreibung kann in einzelnen Bundesländern die Rechtschreibnote ersetzen, in einigen kann die Benotung ausgesetzt werden. Für Zeugnisse gilt, dass je nach Bundesland den Lehrkräften unterschiedlich große pädagogische Freiräume in der Gewichtung der mündlichen und schriftlichen Leistungen im Lesen und Rechtschreiben eingeräumt werden.
- Lese-Rechtschreib-Schwierigkeiten allein dürfen kein Grund sein, SchülerInnen vom Übergang in eine weiterführende Schule auszuschließen bzw. sie nicht zu versetzen.
- Abgangs- und Abschlusszeugnisse werden allerdings nach den für alle SchülerInnen geltenden Bestimmungen erteilt.
- Förderung kann je nach Bedarf binnendifferenziert oder in gesonderten Kursen in enger Abstimmung mit dem Klassenunterricht durchgeführt werden.

Neben diesen, vor allem den Anfangsunterricht betreffenden Gemeinsamkeiten bietet sich beim Vergleich der Verordnungen und Erlasse für SchülerInnen mit LRS heute ein sehr heterogenes Bild, was bereits an den Bezeichnungen in den Erlassen deutlich wird. So fällt auf, dass trotz des von den KMK-Grundsätzen vollzogenen Paradigmenwechsels wieder unterschiedliche theoretische Grundannahmen in die Erlasse Eingang gefunden haben, zunächst in Schleswig-Holstein, zuletzt in Bayern. Dies hat natürlich Folgen für die praktische Umsetzung der Erlasse und die Bestimmung und Auswahl der zu berücksichtigenden Kinder.

Anhand der jeweiligen Ursachenannahmen lassen sich die Ländererlasse derzeit stark vereinfacht in drei Gruppen einordnen.

1. Gruppe: Enge Anlehnung an die KMK-Grundsätze

Die Erlasse von BR, NS, HE, BRA und BW lehnen sich recht eng, z.T. wörtlich an die KMK-Grundsätze an. Sie übernehmen in ihren Erlass-Titeln den neutralen Sammelbegriff »besondere Schwierigkeiten« beim Schriftspracherwerb anstelle von »Legasthenie« und begnügen sich mit der pragmatischen Definition: Als LRS gelten »erhebliche und lang andauernde Auffälligkeiten im Erwerb und Gebrauch der Schriftsprache« (Hessen). Eine theoretische Festlegung wird in diesen Erlassen weitgehend vermieden, wie es in den KMK-Grundsätzen heißt: »Ausmaß, Erscheinungsbild, Zustandekommen und Folgen solcher Schwierigkeiten wurden in den letzten Jahren unter der Bezeichnung ›Legasthenie‹ ausführlich diskutiert und untersucht. Die umfangreiche pädagogische, psychologische und medizinische Forschung auf diesem Gebiet hat (jedoch) noch viele Fragen offen gelassen.«

Folgerichtig verzichten die obigen Ländererlasse entweder ganz auf Angaben zur Ätiologie (BR) oder begnügen sich mit sehr allgemeinen Andeutungen zu den Ursachen. Hessen sagt hierzu z.B.: LRS »können durch besondere individuelle Lernvoraussetzungen und durch soziale und erzieherische Einflüsse innerhalb und außerhalb der Schule ausgelöst und verfestigt werden.«

Keine Erwähnung mehr findet die früher übliche operationale Definition nach der so genannten T-Wert-Diskrepanz, die in der Schulpraxis als ungerecht empfunden wurde, weil sie z.B. ein Kind mit einem überdurchschnittlich guten Abschneiden in einem Intelligenztest trotz durchschnittlicher Rechtschreibleistungen als förderbedürftigen Legastheniker einstufte, während weniger »intelligente« SchülerInnen mit Lernschwierigkeiten im Schriftspracherwerb keinen Anspruch auf Förderung haben sollten. Außerdem widerlegten Forschungsergebnisse diese Differenzierung.

Insgesamt bewegen sich die obigen Erlasse in ihrem Problemverständnis auf einer phänomenorientierten Ebene, verwenden überwiegend deskriptive Begriffe und pragmatische Definitionen. Für die Schule gilt, dass sie für den Schriftspracherwerb verantwortlich ist und eine Förderpflicht hat. Dieser wird jedoch weder systematisch eingefordert noch strukturell abgesichert.

2. Gruppe: KMK-Grundsätze plus Handlungsanleitungen

Die Ländererlasse von NRW, RP, SA, SAA, TH und HH gehen von ähnlichen Grundpositionen wie die 1. Gruppe aus, vertiefen jedoch die Ausführungen zur didaktischen Umsetzung im Unterricht. Auch hier heißt es zu den Ursachen »... sie sind vielschichtig, individuell vielfältig und unterschiedlich ausgeprägt, denn sie sind Ausdruck der komplexen Lernbiografie und Lebenssituation jedes Kindes« (TH). Einige Erlasse bevorzugen den Ausdruck »Bedingungsgefüge«, dessen möglichst genaue Kenntnis für eine gezielte Förderung hilfreich sei.

Die ganzheitliche oder systemisch-interaktionistische Sichtweise kommt bereits im Titel des NRW-Erlasses zum Ausdruck, der die Förderung von Schülern bei statt – wie es sonst heißt – mit besonderen Schwierigkeiten thematisiert. Die Formulierung »Schüler mit Schwierigkeiten« macht diese am Schüler fest, »bei« nimmt alle Interaktionspartner in die gemeinsame Verantwortung.

Auch hier geht es primär um die vorrangige Verantwortung der Schule. Ein »sorgfältig durchgeführter Lese- und Rechtschreibunterricht« sei die entscheidende Bedingung dafür, dass ein Versagen verhindert wird. »Die Analyse der Lernbedingungen stützt sich in erster Linie auf Reflexion über den eigenen Unterricht.«

In konsequenter Fortführung dieses Ansatzes gehen zwei Ländererlasse (RP, TH) dazu über, nicht nur die LRS, sondern alle weiteren Lernschwierigkeiten in ihr Förderkonzept einzubeziehen. Sie machen Ernst mit der allseits postulierten Verpflichtung der Schule, »jedes Kind mit den ihm angemessene Hilfen zu fördern«, also auch Kinder mit Rechenproblemen, verhaltensauffällige Kinder und solche nicht deutscher Muttersprache.

Sachsen hat die DDR-Regelung der LRS-Kleinklassen beibehalten. Kinder, die Ende der 2. Klasse große Probleme beim Erwerb der Schriftsprache zeigen, sollen zwei Jahre in besonderen Klassen intensiv gefördert werden, um dann in Klasse 4 wieder in die Regelschule zurückgeschult zu werden.

Eine Sonderstellung nehmen die Erlassregelungen der Länder Berlin und Hamburg ein. Sie ziehen am konsequentesten praktische Schlussfolgerungen aus den Ergebnissen der Schriftspracherwerbsforschung, auf deren Grundlage die KMK-Grundsätze erarbeitet wurden. Am frühesten (1987) beruft sich die Berliner Regelung auf »neuere Untersuchungen, (die) belegen, dass im Verlauf der Klasse 1 durch geeignete Maßnahmen Kinder herausgefunden werden können, deren schwache Rechtschreibleistungen sich ohne gezielte Förderung später zu Rechtschreibschwierigkeiten verfestigen würden.« Folglich thematisiert der Berliner Erlass die für den Anfangsunterricht wesentlichen primärpräventiven Schutzfaktoren (Ziffer 15 Grundschulordnung). Im Schreiben vom 27.01.2000 werden jedoch im Zusammenhang mit den Leistungen nach dem Kinder-Jugend-Hilfe-Gesetz Hinweise auf schulische Feststellungsverfahren für außerschulische Hilfen bei Kindern mit »isolierter Lese-Rechtschreib-Schwäche« gegeben, die »in der Regel erst am Ende der 2. Klasse« einsetzen sollen.

Die Hamburger Richtlinien mit dem programmatischen Titel »Projekt Lesen und Schreiben für alle (PLUS)« gehen am weitesten in der praktischen Nutzanwendung, wobei sie sich auf Forschungsergebnisse der Hamburger Universität beziehen. Die Ergebnisse mehrerer Forschungsprojekte und Langzeituntersuchungen beziehen sich sowohl auf die kindlichen Lernprozesse und Aneignungsstrategien beim Schriftspracherwerb als auch auf die sachimmanente Struktur des Lerngegenstandes Schriftsprache sowie auf die wichtigsten Schutzfaktoren schulischen Lernens.

In diesem Zusammenhang wurden Diagnoseinstrumente für die Früherkennung und die differenzierte Erfassung des aktuellen kindlichen Leistungsstandes zum Zwecke gezielter Förderung entwickelt:

- die Hamburger Lernbeobachtung,
- die Hamburger Schreibprobe und
- die Hamburger Leseprobe.

Hamburg hat mit PLUS ein Förderprojekt für die Grundschule zur Verfügung, das

- konsequent den Anfangsunterricht in den Vordergrund rückt,
- den LehrerInnen gezielte Hilfen zur Verfügung stellt,
- die Lehrerfortbildung im Schriftspracherwerb verbindlich regelt,
- den materiellen Rahmen zuverlässig sicherstellt.

Die Beiträge von Dehn u.a. sowie Hüttis-Graff in diesem Band und von May in Band 2 dieses Handbuchs beziehen sich auf das Projekt PLUS.

3. Gruppe: Medizinische Sichtweise: Legasthenie als eine Art Krankheit

Drei Ländererlasse (SH, MV und BAY) bilden den Gegenpol sowohl zu den KMK-Grundsätzen als auch zu den anderen Ländererlassen. Sie betonen mit unterschiedlicher Gewichtung ein medizinisches Verständnis von LRS, das defizitorientiert ist und die Risikofaktoren betont.

Diese Tendenz deutet sich bereits in zwei Erlass-Titeln (MV, SH) an, in denen sowohl die Begriffe LRS und Legasthenie auftauchen. In dem Erlass von MV wird zwar festgestellt: »Die Bezeichnungen Legasthenie, Dyslexia, isolierte oder umschriebene Rechtschreibschwäche sind synonyme Begriffe und werden als solche verwandt.« Gleich danach wird dies jedoch eingeschränkt: »Die Legasthenie wird als besonderer Fall unter anderen Lese- und Rechtschreibproblemen anerkannt.« Es folgt eine Begriffsdefinition, die enger als das medizinische Klassifikationsmodell der ICD 10 unzulänglichen Unterricht und familiäre Belastungen als Ursachen ausschließt. Auch behält sie die alte T-Wert-Diskrepanz-Definition im Kern bei.

SH und in der Nachfolge MV unterscheiden zwischen Legasthenie und LRS, indem sie die beiden Begriffe zeitlich unterschiedlichen Phasen des Schriftspracherwerbs zuordnen. Während der ersten 3½ Grundschuljahre dominiert das pädagogische Problemverständnis. Stellt sich gegen Ende der Grundschulzeit die bisherige Förderung als nicht erfolgreich heraus, kann die Schule auf ein medizinisches Problemverständnis rekurrieren. Es kommt dann in einem komplizierten Verfahren zu einer »förmlichen Anerkennung« einer »Legasthenie«. Die

Verantwortung hat dann nicht mehr die Schule, sondern das Staatliche Schulamt oder bei GymnasialschülerInnen das Kultusministerium.

Dem neuen bayerischen Erlass liegt ein dezidiertes medizinisches Problemverständnis zu Grunde. Danach gilt Legasthenie als eine Störung des Lesens und Rechtschreibens, die entwicklungsbiologisch und zentralnervös bedingt sei. Folgerichtig fällt ihre Diagnose in die Verantwortung der Medizin. Diese angeborene und daher anhaltende Rechtschreib*störung* wird deutlich abgegrenzt von einer erworbenen und daher vorübergehenden Lese-Rechtschreib-*Schwäche*, die zwar eine »legasthenes Erscheinungsbild« aufweise, aber auf unterschiedliche Ursachen zurückzuführen sei. Diese medizinisch-ätiologisch orientierte Unterscheidung hat vielfältige Auswirkungen auf die diagnostischen Verfahren, die Zuständigkeiten bei der Anerkennung sowie auf die Förderung und die Leistungsbewertung.

Ausblick

Die vor fast 25 Jahren von der Kultusministerkonferenz 1978 beschlossenen LRS-Grundsätze stimmen nach wie vor überein mit den Ergebnissen weiter Teile der wissenschaftlichen Forschung (Scheerer-Neumann und Valtin in diesem Band und Band 2) und praktischen schulischen und außerschulischen Arbeiten (Naegele in diesem Band und in Band 2). Es ist spannend und erhellend, sich die schulischen Rahmenbedingungen Mitte der 70er-Jahre vor der ersten Ölkrise ins Gedächtnis zurückzurufen, für die die Grundsätze entwickelt wurden. Walter Bärsch stellte sie als Leiter der LRS-AG der Kultusministerkonferenz in einem Fernsehfilm des NDR 1977 (Legasthenie – Gerücht und Wirklichkeit) wie folgt dar: »Meine Wünsche an die Bildungspolitiker sind, dass die Klassenfrequenz gesenkt wird, mehr Lehrerstunden zur Verfügung stehen, der Lehrmitteletat erhöht wird und wir sehr viel mehr verschiedenartige Lehrmittel haben als bisher. Die Lehrerbildung muss sich wieder bemühen, den Schulmeister im handwerklichen Sinn so auszubilden, dass er fähig ist, einen guten Erstlese- und Erstschreibunterricht zu geben.«

In Anbetracht der sich seither ständig verschlechternden Unterrichtsbedingungen in der Grundschule und fehlender Qualifizierung der LehrerInnen im Bereich Schriftsprache muss der Anstieg von Kindern mit Lernproblemen daher zum Teil als hausgemacht gesehen werden.

»Dem Grundsatz der frühen individuellen Förderung widerspricht es, dass Deutschland für Schüler der Klassen 1 bis 6 erheblich weniger Geld ausgibt als zum Beispiel Japan, Österreich oder Dänemark. Eine ganze Reihe von Ländern wenden mindestens 50 Prozent mehr pro Schüler auf, als wir es tun. Der Entwicklungserfolg der so genannten Schwellenländer ist nicht zuletzt darauf zurückzuführen, dass dort im Grundschulbereich umfassend und gezielt investiert worden ist.« Diese negative Bilanz deutscher Schulpolitik, die Bundespräsident

Rau in einer Rede zur Bildungspolitik im Juli 2000 (FAZ vom 15.07.2000, S. 7) zog, wird durch Untersuchungen der OECD verstärkt, nach denen Deutschland ein Schlusslicht in den Aufwendungen für die Grundschule ist. So ist es nicht verwunderlich, dass die Versäumnisse der Schule und Politik von Fachfremden aufgegriffen werden und Eltern sich von dort Hilfe versprechen.

Die Kultusministerkonferenz sollte die Länder zur Aus- und gezielten Weiterbildung ihrer LehrerInnen in Fragen des Schriftspracherwerbs verpflichten. Es muss endlich Schluss damit sein, dass LehrerInnen in ihrer Unwissenheit und Hilflosigkeit Zuflucht bei medizinischen und esoterischen Erklärungsmustern suchen.

An den Grundsätzen der Kultusministerkonferenz für die Förderung von SchülerInnen mit besonderen Schwierigkeiten beim Erlernen des Lesens und des Rechtschreibens liegt das Scheitern so vieler Kinder an der Schriftsprache jedenfalls nicht. Sie sind auch nach fast einem Viertel Jahrhundert noch brandaktuell. Was dringend notwendig ist, sind veränderte Rahmenbedingungen, die eine Durchsetzung dieser Grundsätze sicherstellen. Feilke folgert aus der Analyse der jüngeren Forschung zur Entwicklung der Literalität: »Je früher Kinder mit schriftspezifischen Handlungskontexten zu tun bekommen und je früher eine direkte, auf den Entwicklungsstand bezogene schrift- und schreibspezifische Förderung einsetzt, desto besser. Die Grundschule legt hier alle Fundamente der Literalität.« (Feilke 2001, S. 38) Im Zusammenhang mit den schlechten Ergebnissen der deutschen SchülerInnen in der Lesekompetenz (s. PISA-Ergebnisse, Baumert u.a. 2001) werden auch bessere Bedingungen für schulische Förderung in der Grundschule angemahnt.

Nachtrag: Auf Initiative Hessens hat die Kultusministerkonferenz Ende 2001 schriftliche Gutachten zur Überarbeitung der KMK – »Grundsätze zur Förderung von Schülern mit besonderen Schwierigkeiten beim Erlernen des Lesens und des Rechtschreibens« eingeholt, um den im obigen Beitrag beklagten unterschiedlichen Förderkonzepten in den einzelnen Bundesländern gegenzusteuern. Falls neue Grundsätze gefasst werden sollten, sind sie unter www.kmk.org/ nachzulesen.

Grundlagen

Gerheid Scheerer-Neumann

LRS und Legasthenie

Begriffliche Klärungen und inhaltliche Implikationen

Legasthenie, Lese-Rechtschreib-Schwäche, Kinder mit Schwierigkeiten beim Schriftspracherwerb, langsam Lesen und Schreiben lernende Kinder – die Begrifflichkeiten sind vielfältig, ihre Vernetzung oft nur schwer zu durchschauen. Der vorliegende Beitrag skizziert den derzeitigen Stand und versucht, die pädagogischen Implikationen der Begriffe zu verdeutlichen.

Benötigen wir überhaupt einen kindbezogenen Begriff für schwache Lese- und Rechtschreibleistungen?

Bevor auf die unterschiedlichen Bedeutungsnuancen der oben genannten Begriffe – Legasthenie, Lese-Rechtschreib-Schwäche, Kinder mit Schwierigkeiten beim Schriftspracherwerb, langsam Lesen und Schreiben lernende Kinder – eingegangen wird, soll prinzipiell die Frage nach der Notwendigkeit dieser Begrifflichkeiten gestellt werden. Gegen sie spricht, dass sie sich – wenn auch graduell abgestuft – nur schwer von einer Konzeption lösen lassen, die die beobachteten normbezogenen Minderleistungen in der Rechtschreibung und im Lesen vorrangig als *Eigenschaft* eines Kindes betrachtet. Tatsächlich handelt es sich aber beim Schriftspracherwerb um einen langwierigen *Lernprozess,* der von vielen internen und externen Faktoren beeinflusst wird und in der Regel zum Ende der Grundschulzeit noch nicht abgeschlossen ist. Entsprechend ist es geradezu zu erwarten, dass die Kinder einer Altersstufe zu einem bestimmten Zeitpunkt unterschiedlich weit im Lernprozess vorangeschritten sind. Dies gilt nicht nur für das Lesen und Schreiben, sondern für alle Lernbereiche. Dass es nur für zwei von ihnen, den Schriftspracherwerb und die Mathematik, entsprechende Bezeichnungen gibt, hat offensichtlich damit zu tun, dass es hier um Lerninhalte geht, die zum einen für das weitere Lernen entscheidend sind und zum anderen eine hohe ökologische Gültigkeit haben. Dies gilt insbesondere für das Lesen- und Schreibenlernen: Die Schicksale erwachsener Analphabeten führen uns eindringlich die Schwierigkeiten eines Lebens ohne funktionale Lese- und Schreibfertigkeiten vor Augen. Ohne die Fähigkeit zum sinnverstehenden Lesen können Ausbildungsgänge nicht absolviert werden. In vielen wichtigen beruflichen und alltäglichen Situationen wird die mündliche Kommunikation zunehmend durch die schriftliche ersetzt. Allein diese Überlegungen reichen aus, um dem basalen und dem weiterführenden Lesen und Schreiben eine absolute Priorität einzuräumen und das Nichterreichen von Lernzielen als pädagogische, aber auch als politische Herausforderung zu thematisieren.

Eine Antwort auf die Notwendigkeit, hohe Standards beim Schriftspracherwerb für *alle* Kinder zu realisieren, ist die Forderung nach verstärkter innerer Differenzierung schon im Anfangsunterricht, die u.a. von der Kultusministerkonferenz in ihrem Beschluss vom 20.04.1978 erhoben wurde. Dieser Forderung liegt die Erkenntnis zugrunde, dass Schulanfänger im Hinblick auf Schrifterfahrung, kognitive Voraussetzungen und Entwicklungsstand eine sehr heterogene Gruppe bilden, die ein entsprechend differenziertes Lernangebot benötigt. Wie schon damals vermutet und wie auch die Erfahrung inzwischen bestätigt hat, reicht eine innere Differenzierung unter den bei uns gegebenen schulischen Bedingungen jedoch nicht aus, um alle Kinder ausreichend zu fördern. Eine zusätzliche schulische oder außerschulische Förderung ist für manche Kinder notwendig, und damit stellt sich die Frage nach Kriterien für die Auswahl der SchülerInnen, für die diese zusätzlichen Ressourcen bereitgestellt werden sollten.

Lese-Rechtschreib-Schwäche – Lese-Rechtschreib-Schwierigkeiten – langsame Lerner

Obwohl sie heute wieder wichtiger geworden ist, werde ich die Diskussion um den Legastheniebegriff auf den letzten Abschnitt verschieben und mich zunächst zu der Frage der Definition von Lese-Rechtschreib-Schwäche und verwandter Begriffe äußern. Der Begriff der Lese-(Recht)schreib-Schwäche wurde schon von Ranschburg (1916) benutzt und diente lange Jahre als Oberbegriff für Probleme beim Schriftspracherwerb. Im Gegensatz zum etwas neutraleren Begriff der Lese-Rechtschreib-Schwierigkeiten hat er eine eigenschaftsbezogene, statische, Konnotation und wird häufig auch in diesem Sinne gebraucht: »Kai hat eine Lese-Rechtschreib-Schwäche.« Nun ist keineswegs zu leugnen, dass die kognitiven Voraussetzungen von SchülerInnen den Lernerfolg mit determinieren; ihnen kommt im Gegenteil neben den kulturellen Anregungen und konkreten Hilfen des Elternhauses und der Qualität des Schulunterrichts eine sehr hohe Bedeutung zu (vgl. auch den Abschnitt zur phonologischen Bewusstheit weiter unten). Auf der anderen Seite sind Schulleistungen immer das Ergebnis von Interaktionen der erwähnten Faktoren, wobei kompensatorische Prozesse eine wichtige Rolle spielen. So ist zu verstehen, warum Rechtschreibleistungen z.B. mit dem Bildungsniveau der Mutter korrelieren (vgl. schon Valtin ^{3}1974a).

Obwohl auch bekannt ist, dass unterdurchschnittliche Rechtschreibleistungen über die Schuljahre relativ konstant bleiben, d.h. die schwachen Rechtschreiber des 2. Schuljahres in der Mehrzahl – trotz großer objektiver Fortschritte – im Vergleich zum Durchschnitt auch noch die schwachen Rechtschreiber des 8. Schuljahrs sind (Klicpera/Gasteiger-Klicpera 1993), sollte Lese-Rechtschreib-

Schwäche immer nur auf den derzeitigen Leistungsstand bezogen sein und nicht als Eigenschaft des Kindes interpretiert werden.

Die Formulierung der Kultusministerkonferenz von 1978, die von »Schülern mit besonderen Schwierigkeiten beim *Erlernen* des Lesens und des Rechtschreibens« (Hervorhebung durch die Autorin) spricht, ist vorbildlich, weil sie die dynamischen Aspekte des Lernprozesses mit berücksichtigt. Die Kurzform »Lese-Rechtschreib-Schwierigkeiten« sollte in diesem Sinne verstanden werden. Ich persönlich schätze auch den angloamerikanischen Terminus »retarded reader«, der eine Entwicklungsverzögerung impliziert, ein Ansatz, den ich für wegweisend im Hinblick auf den Förderunterricht halte (s. weiter unten).

Das Problem der Diagnose

Sobald es darum geht, beschränkte Ressourcen für die Förderung zu vergeben, werden Kriterien benötigt, um förderbedürftige Kinder auszuwählen. Nach der oben formulierten Konzeption kann dies nur aufgrund des Lernstands, der beobachteten Lernprozesse und der Lernvoraussetzungen, geschehen. Mögliche Verursachungen wären nur dann relevant, wenn von ihnen gezielt Fördermaßnahmen abgeleitet werden könnten. Diese sind bisher jedoch nicht hinreichend bekannt. Aber auch bezogen auf die erstgenannten Dimensionen ist die Auswahl der zu Fördernden immer in gewisser Weise willkürlich; es gibt keine eindeutigen Kriterien, die das noch durchschnittlich leistungsfähige Kind vom Kind mit Lese-Rechtschreib-Schwierigkeiten eindeutig abgrenzen könnten. Ein wichtiger theoretischer Schritt besteht darin, sich dieser Willkür bewusst zu sein und mehrere Kriterien zu berücksichtigen.

Der normorientierte Ansatz

Der normorientierte Ansatz definiert die nach ihrer Lese- und/oder Rechtschreibleistung untersten 15%, 10% oder 5% der Kinder als lese-rechtschreibschwach oder sehr lese-rechtschreib-schwach bzw. als SchülerInnen mit Lese-Rechtschreib-Schwierigkeiten. Operationalisierbar ist dieser Ansatz mit Hilfe von Lese- und Rechtschreibtests. Ihr Vorteil besteht darin, dass sie die Lese- und Schreibleistungen objektiv erfassen und mit einer überregionalen Altersgruppe vergleichen lassen, die frei vom Einfluss sozioökonomischer Ballungsgebiete ist. Dieser Vorteil ist jedoch zugleich ihr Nachteil: Lese- und Rechtschreibtests können das konkrete Lernangebot innerhalb einer Klasse und den Klassenstandard nicht berücksichtigen, der, wie wir wissen, einer großen Variationsbreite unterliegt (Scheerer-Neumann 1988; Schneider u.a. 1997). Insofern bietet sich ein kombiniertes Verfahren an, in das sowohl objektive Testwerte als auch klassenbezogene Leistungen eingehen.

Die statistische Definition von Lese-Rechtschreib-Schwierigkeiten hat in der beschriebenen Kombination mit Klassenwerten durch die Objektivität des Verfahrens ihre Verdienste und weist vor allem bei Kindern, die nur einen Prozentrang von 5 oder darunter erreichen, auf einen dringenden Förderbedarf hin. Auf der anderen Seite wäre es wünschenswert, die Normorientierung durch eine Lernzielorientierung zu ersetzen, wie das folgende Beispiel verdeutlicht: Für die erfolgreiche Bewältigung eines Ausbildungsgangs benötigen Jugendliche eine bestimmte Lesegeschwindigkeit und ein ausreichendes Leseverständnis, das unabhängig von der Verteilung der Leistungen der anderen Jugendlichen zu definieren wäre. Darüber hinaus würde bei einer rein statistischen Definition das Phänomen der Lese-Rechtschreib-Schwierigkeiten auch niemals verschwinden, selbst wenn es gelänge, die Lese- und Rechtschreibleistungen durch didaktische und schulpolitische Maßnahmen erheblich zu erhöhen – per definitionem bleiben immer 15% SchülerInnen mit Prozenträngen von 15 und darunter. Die Definition von Lernzielen sollte vor allem für höhere Klassen eine Aufgabe der nahen Zukunft sein. Lese-Rechtschreib-Schwäche würde dann als Nichterreichen von Minimalzielen definiert. Für die ersten Jahre des Schriftspracherwerbs gibt die Entwicklungsanalyse Anhaltspunkte im Sinne von Lernzielen; sie wird im folgenden Abschnitt näher beschrieben.

Die Entwicklungsanalyse

Nachdem die Ursachenforschung im Bereich der Lese-Rechtschreib-Schwäche nur wenige Befunde erbracht, dafür aber umso mehr methodische Probleme aufgezeigt hatte (vgl. Valtin 1981), besann man sich auf die Erforschung der Prozesse des Lesens und Schreibens selbst (vgl. Scheerer-Neumann 1981). In den letzten 10 bis 15 Jahren wurde dieser Ansatz um eine genuin entwicklungspsychologische Dimension ergänzt, d.h., man entdeckte Veränderungen nicht nur in den Kenntnissen, sondern auch in den Strategien der Kinder beim Lesen- und Schreibenlernen. Die WissenschaftlerInnen im Bereich des Schriftspracherwerbs sind sich heute darüber einig, dass Lesenlernen und der Rechtschreiberwerb als mehrstufige Prozesse zu verstehen sind, deren Phasen sich durch unterschiedliche, jeweils zu verschiedenen Zeiten dominierende Lese- und Schreibstrategien auszeichnen (vgl. Scheerer-Neumann in diesem Band und Scheerer-Neumann 2000). Die wichtigsten Schreibstrategien sind die logografische Strategie, bei der die Kinder die Buchstaben eines Wortes auswendig lernen, die phonemorientierte (oder alphabetische) Strategie, die sich über einen längeren Zeitraum entwickelt und auf der Korrespondenz zwischen den Graphemen der geschriebenen und den Phonemen der gesprochenen Sprache beruht, und die orthografische sowie die morphematische, bei der die orthografischen und morphematischen Strukturen unserer Schrift genutzt werden. Die Entwicklungsanalyse ist entsprechend ein diagnostisches Vorgehen, das den Entwicklungsstand leistungsschwacher Kinder über ihre dominierenden Lese- und Schreibstrategien erfasst. Sie erlaubt es, Entwicklungsrückstände zu diagnostizieren und zu beschreiben und durch die Ableitung des »nächsten Ziels« Förderpläne aufzustellen (vgl. Abb. 1). Gleichzeitig verfügt man über ein Instrument, das die Förderbedürftigkeit eines Kindes über die reine Fehlerzahl hinaus sinnvoll operationalisieren kann. Sehr rechtschreibschwach und deshalb entschieden förderbedürftig sind Kinder, die auch am Ende des 2. Schuljahres – oder noch später – das weitgehend vollständige phonemorientierte (alphabetische) Schreiben noch nicht erreicht haben (vgl. Abb. 2). Das Gleiche gilt für Kinder der folgenden Schuljahre, die noch fast ausschließlich phonemorientiert schreiben und weder orthografische Strukturen nutzen noch in nennenswertem Umfang Lernwörter erworben haben (vgl. Abb. 3).

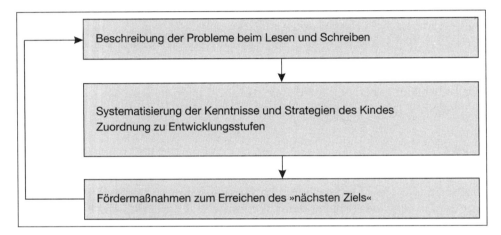

Abb.1: Beziehung zwischen Analyse und Fördermaßnahmen im Rahmen der Entwicklungsanalyse

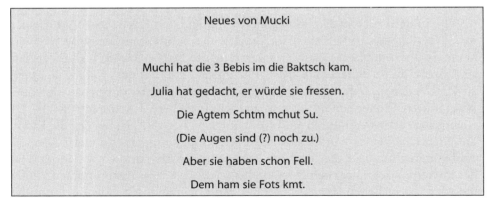

Abb. 2: Unvollständige lautorientierte Verschriftung noch im 3. Schuljahr (abwechselnd selbst geschrieben und der Förderlehrerin diktiert). Bemerkenswert: Richtig (die, hat) und falsch eingesetzte Lernwörter (kam)

Ferstrühen	ferschweigen
Krüter	braunbär
Dib	almelich
Kwark	buterweich
felt (fällt)	sperig
Buerrin	ferterlichem

Abb. 3: Vorrangig phonemorientierte Strategie noch im 6. Schuljahr (Orientierungsstufe). (Phonem-Graphem-Korrespondenzen /oy/ – <eu, äu> offensichtlich noch unbekannt)

Es hat sich bewährt, die Probleme leistungsschwacher Kinder beim Schriftspracherwerb *primär* als Entwicklungsrückstände zu interpretieren; daneben gibt es jedoch beim Erwerb von Lese- und Schreibstrategien Fehlentwicklungen (z.B. zu starke Nutzung des Kontexts beim Lesen), die auf zu hohe Anforderungen oder auf Missverständnisse zurückzuführen sind und entsprechend in der Förderung berücksichtigt werden müssen.

Diagnose auf der Basis phonemanalytischer Probleme (»phonologische Bewusstheit«)

Im letzten Abschnitt wurde deutlich, dass dann ein besonders kritischer Entwicklungsrückstand vorliegt, wenn es Kindern noch gegen Ende des 2. Schuljahres oder noch später nicht gelingt, die Phoneme eines Wortes weitgehend vollständig zu verschriften. Ursache hierfür ist in der Regel nicht die Unkenntnis von Phonem-Graphem-Korrespondenzen, sondern eine Unfähigkeit, das gesprochene Wort in seine Phoneme zu gliedern und diese nacheinander abzurufen. Während visuelle Probleme als Ursache von Lese- und Schreibversagen wohl nur in Einzelfällen eine Rolle spielen, gelten Schwierigkeiten bei der phonologischen Analyse und die Speicherung im phonologische Gedächtnis heute als Kernproblem lese-rechtschreib-schwacher Kinder.

Die gesprochene Sprache in ihre phonemischen Bestandteile zu zerlegen, fällt zu Beginn der Schulzeit fast allen Kindern extrem schwer. Ihnen gelingen im Wesentlichen nur einfache Gliederungsaufgaben wie die Isolation von Anlauten und die Gliederung von Wörtern in Silben. Trotz dieser rudimentären Anfänge gibt es schon individuelle Unterschiede zwischen den Kindern, die den Schriftspracherwerb am Ende des 1. Schuljahrs recht gut vorhersagen (Marx 1992). Während des Erstleseunterrichts steigt die phonologische Analysefähigkeit steil an, ein Befund, der die reziproke Beziehung zwischen Lesen/Schreiben und der phonemanalytischen Kompetenz verdeutlicht. Kinder mit einer langsamen Entwicklung phonemanalytischer Fähigkeiten bleiben in der Regel auch beim

Schriftspracherwerb zurück, können aber spezifisch gefördert werden. Inwieweit phonemanalytische Schwierigkeiten auch bei älteren Kindern mit LRS, die die alphabetischen Lese- und Schreibstrategien prinzipiell beherrschen, eine Rolle spielen, ist derzeit noch offen. Interessant sind die Ergebnisse englischer Untersuchungen, in denen leseschwache Kinder mit jüngeren Kindern gleicher Lesefähigkeit verglichen wurden: Die jüngeren Kinder wiesen bessere phonemanalytische Kompetenzen auf (Snowling 1987). Es ist also möglich, dass das Konstrukt der phonologischen Bewusstheit tatsächlich ein Kernproblem lese-rechtschreib-schwacher Kinder erfasst, das den basalen Schriftspracherwerb überdauert. In der angloamerikanischen Literatur wird die Möglichkeit diskutiert, dieses Phänomen als Basis für die Definition einer Teilgruppe aller Lese-Rechtschreib-Schwachen zu nutzen: Betroffen und besonders förderbedürftig wären danach die Kinder mit Schwierigkeiten beim Schriftspracherwerb, die gleichzeitig überdauernde Defizite im Bereich der Phonemanalyse aufweisen. Für den deutschen Sprachraum liegen noch keine ausreichenden Daten vor, um die Brauchbarkeit dieses Ansatzes zu würdigen.

Motivationale und emotionale Probleme

Die bisherige Darstellung bezog sich schwerpunktmäßig auf die Schwierigkeiten unmittelbar beim Lesen und Schreiben. Es ist bekannt, dass das andauernde Erleben von Misserfolg darüber hinaus zu psychischen Problemen und zur Ausbildung kontraproduktiver Lernstrategien führen kann (vgl. Betz/Breuninger 1996). Die betroffenen Kinder verlieren die Lust am Lernen, vorrangig, aber nicht ausschließlich, in dem betroffenen Bereich, ihr Selbstkonzept kann sich negativ verändern und im schlimmsten Fall weiteres Lernen verhindern. Aus diesem Grund sind vor allem für die Indikation von außerschulischen Betreuungsmaßnahmen nicht nur die kognitiven Leistungen als Kriterium heranzuziehen, sondern ebenso die gesamte psychosoziale Situation eines Kindes (siehe dazu diverse Beiträge in Band 2 dieses Handbuchs).

Das Konstrukt Legasthenie

Derzeitige Situation

Es stellt sich nun erneut die Frage nach der Notwendigkeit, aus der Gesamtgruppe der Kinder mit Lese-Rechtschreib-Schwierigkeiten eine Untergruppe der »Legastheniker« auszugliedern. Nach umfassenden kritischen Diskussionen und negativen Beurteilungen im Hinblick auf die Brauchbarkeit des diagnostischen Konstrukts »Legasthenie« und seiner »Verbannung« aus den Erlassen der meisten Kultusministerien (Scheerer-Neumann 1979; Naegele 1997; Valtin in Band 2 dieses Handbuchs, zur internationalen Situation s. Stanovich 1991) war es für die als Experten befragten Wissenschaftler überraschend, dass das bayrische Kultusministerium im November 1999 die bisher nur in Schleswig-Holstein und Mecklenburg-Vorpommern vorgenommene Unterscheidung zwischen einer Lese- und Schreib-Störung (Legasthenie) und Lese-Rechtschreib-Schwäche (LRS) wieder aufgegriffen hat. Danach ist die Lese-Rechtschreib-Störung (Legasthenie):

... eine Störung des Lesens und Rechtschreibens, die entwicklungsbiologisch und zentralnervös begründet ist. Die Lernstörung besteht trotz normaler oder auch durchschnittlicher Intelligenz und trotz normaler familiärer und schulischer Lernanregungen. Die Beeinträchtigung oder Verzögerung beim Erlernen grundlegender Funktionen, die mit der Reifung des zentralen Nervensystems verbunden ist, hat demnach biologische Ursachen, deren Entwicklung lange vor der Geburt des Kindes angelegt oder durch eine Schädigung im zeitlichen Umkreis der Geburt bedingt ist.
Legasthenie ist eine nur schwer therapierbare Krankheit, die zu teilweise erheblichen Störungen bei der zentralen Aufnahme, Verarbeitung und Wiedergabe von Sprache und Schriftsprache führt. ... Von Legasthenie sind rund 4% aller Menschen betroffen.

In Abgrenzung zur Legasthenie wird Lese- und Rechtschreib-Schwäche (LRS) wie folgt definiert:

Im Gegensatz zur anhaltenden Lese- und Rechtschreib-Störung können Schüler ein vorübergehendes legasthenes Erscheinungsbild aufweisen, das auf unterschiedliche Ursachen zurückzuführen ist. Ursache dafür kann z.B. eine Erkrankung, eine besondere seelische Belastung oder ein Schulwechsel sein. Rund 7 bis 10% aller Schüler im Einschulungsalter haben Schwierigkeiten beim Erlernen des Lesens (aus: MKBek vom 16. November 1999 – KWMBI I, S. 379).

In eine dritte Kategorie werden Kinder mit einer allgemeinen Minderbegabung eingeordnet, für die sonderpädagogischer Förderbedarf besteht. Ich werde im Folgenden auf diese Kinder nicht weiter eingehen, da ihre Förderung nicht in direkter Konkurrenz zu den anderen Kindern steht. Für die beiden anderen Gruppen hat die Zuordnung zu den Kategorien »Lese-Rechtschreib-Störung (Legasthenie)« bzw. »Lese-Rechtschreib-Schwäche (LRS)« erhebliche Konsequenzen: »*Wie bei den Fördermaßnahmen muss auch bei der Leistungsfeststellung und Leistungsbewertung zwischen Schülern mit dauernder Legasthenie und Schülern mit einer vorübergehenden Lese-Rechtschreib-Schwäche unterschieden werden*« (a.a.O.). Der Hauptunterschied in der Behandlung der beiden Gruppen besteht darin, dass Maßnahmen zum Nachteilsausgleich (z.B. Benotung, Übergang zu weiterführenden Schulen) für die Gruppe der Legastheniker als Muss-Bestimmung, für die lese-rechtschreib-schwachen jedoch nur als Kann-Bestimmung definiert werden.

Der Legastheniebegriff wird ebenfalls noch vom Bundesverband Legasthenie e.V. verwendet, einer Vereinigung vorwiegend von Eltern mit betroffenen Kindern. In Definitionsansätzen von im Verband maßgeblichen Personen wird vor allem der Aspekt der Teilleistungsschwäche herausgestellt und ebenfalls auf biologische Ursachen verwiesen (z.B. Dummer-Smoch 2000).

Die Entwicklung in Bayern überrascht, weil zahlreiche wissenschaftliche Untersuchungen der letzten Jahre erwiesen haben, dass das Konstrukt »Legasthenie« in der oben definierten oder einer ähnlichen Form nicht brauchbar ist, weil zwischen den so definierten Gruppen keine Unterschiede bei den Problemen im Schriftspracherwerb bestehen (auch nicht in den Fehlertypen) und es ebenso keine spezifischen Interventionsverfahren gibt, die optimal nur Legastheniker (nach der Diskrepanz-Definition), nicht aber Lese-Rechtschreib-Schwache fördern (Scheerer-Neumann 1988; Weber u.a. 2002). Stattdessen wird die Notwendigkeit gesehen, jedes Kind mit Schwierigkeiten beim Schriftspracherwerb als Einzelfall zu würdigen und für eine optimale Förderung den Entwicklungsstand, die individuellen Schwierigkeiten, vorhandene Lernstrategien etc. zu berücksichtigen.

Aus der komplexen Gesamtdiskussion um diagnostische Untergruppen im Bereich der Lese-Rechtschreib-Schwäche sollen im Folgenden zwei Aspekte genauer beleuchtet werden. Es ist dies einmal die Diskrepanzdefinition und zum anderen die vermutete neurobiologische Verursachung der Legasthenie.

Zur Diskrepanzdefinition

Im neuen bayrischen Erlass werden in der Tradition von Linder (1951) Lese-Rechtschreib-Störungen (Legasthenie) nur bei Kindern diagnostiziert, die über eine mindestens durchschnittliche Intelligenz verfügen und bei denen normale familiäre und schulische Lernanregungen angenommen werden. Die Verwunderung über Kinder, die trotz ausreichender Intelligenz das Lesen und Schreiben nur schwer erlernen, hat die Forschung stimuliert und betroffene Eltern verunsichert. Tatsächlich besteht im Großen und Ganzen ein Zusammenhang zwischen Testintelligenz und Schulleistungen – aber er ist keineswegs so hoch, wie man vermuten könnte. Der Korrelationskoeffizient bewegt sich im Bereich des Lesens und Schreibens in einer mittleren Größe von etwa r = .30 bis .60. Für den Schriftspracherwerb kommt gravierend hinzu, dass die meisten Intelligenztests nichtsprachlicher Natur sind und die spezifischen Fähigkeiten nicht erfassen, die für das Lesen- und Schreibenlernen relevant sind. Nach unseren neueren Erkenntnissen zur phonologischen Bewusstheit (s.o.) wird das Bild noch klarer: Sehr wahrscheinlich können wir phonemanalytische Kompetenzen als Modul auffassen, das sich unabhängig von anderen kognitiven Kompetenzen entwickelt.

Diese Konzeption würde verständlich machen, warum es intelligente Kinder mit Lese- und Schreibproblemen gibt: Bei zwei Variablen, die weitgehend unabhängig voneinander variieren, sind alle Kombinationen denkbar. Dies bedeutet aber auch, dass es entsprechend unterdurchschnittlich begabte Kinder sowohl mit geringen phonemanalytischen Kompetenzen und entsprechenden Schwierigkeiten beim Schriftspracherwerb – aber auch Sonderschüler mit recht guten Lese- und Schreibleistungen geben sollte – und tatsächlich gibt. Die Unabhängigkeitsannahme wird auch durch eine Längsschnittstichprobe bestätigt, die gezeigt hat, dass Frühleser in ihrem weiteren Entwicklungsverlauf keineswegs automatisch zur Gruppe der Hochbegabten gehören (Schaarschmid, persönliche Mitteilung).

Neurobiologische Grundlagen

Der bayerische Erlass von 1999 definiert Legasthenie als eine »Störung des Lesens und Schreibens, die entwicklungsbiologisch und zentralnervös begründet ist«. Entsprechend muss auch für die Begutachtung neben einem Schulpsychologen ein Facharzt für Kinder- und Jugendpsychiatrie herangezogen werden. Neurobiologische Erklärungsansätze beeindrucken die Öffentlichkeit, weil hirnphysiologische Prozesse als primär verursachend und unveränderbar gesehen werden. Dabei wird vergessen, dass es sich bei hirnphysiologischen und psychologischen Prozessen sozusagen um zwei Seiten einer Medaille handelt, um unterschiedliche Ebenen, die sich wechselseitig beeinflussen. So lassen sich inzwischen durch bildgebende Verfahren bei phonemanalytischen Aufgaben tatsächlich differierende Aktivierungen in den Gehirnen von Personen beobachten, die in diesem Bereich unterschiedlich kompetent sind. Hinweise für eine Erfolg versprechendere Intervention haben diese Befunde jedoch bisher noch nicht erbracht; im Gegenteil: Die notwendigen Informationen über die spezifischen Schwierigkeiten z.B. bei der Analyse von Konsonantenhäufungen sind nur in einer pädagogisch-psychologischen Förderdiagnose zu ermitteln. Ähnliche Befunde sind im Hinblick auf »Reifungsverzögerungen des Zentralnervensystems« zu erwarten; auch hier kann die psychologisch-pädagogische Analyse weit differenziertere Befunde erbringen, die tauglich für die Ableitung von Fördermaßnahmen sind.

Als Fazit ist entsprechend festzustellen, dass die Wiederaufnahme des Legastheniebegriffs durch die Schulpolitik der Sache nicht dienlich ist. Die vorliegenden Ansätze, vor allem die Entwicklungsanalyse, ermöglichen einen weit kindgerechteren, individualisierenden Zugang zu den mit Sicherheit oft sehr schwerwiegenden und belastenden Problemen, als dies eine Pathologisierung tun kann.

Renate Valtin

Empirische Befunde zu Fördermöglichkeiten bei LRS

Da wir im Praxisteil dieses Buchs und auch in Band 2 ausführlich auf Fördermöglichkeiten eingehen, wird an dieser Stelle nur eine knappe Zusammenfassung der Ergebnisse empirischer Studien gegeben.

Behandlungs- und Förderkonzepte sind eng mit dem zugrunde liegenden theoretischen Konzept der Schwierigkeiten verbunden. Scheerer-Neumann hat 1979 in ihrem Buch »Intervention bei Lese-Rechtschreibschwäche« einen Überblick über die vorliegenden empirischen Untersuchungen zu den Fördermöglichkeiten bei LRS geliefert, die nach wie vor Gültigkeit beanspruchen können. Die vorliegenden empirischen Studien lassen sich klassifizieren in:

- Intervention im Bereich der Neurologie,
- psychologische Programme (psychotherapeutische und psychomotorische Verfahren, Funktionstraining),
- spezifische pädagogische Verfahren (lerntheoretisch orientierte Ansätze, kognitive Ansätze, Morphemmethode),
- umfassende Trainingsprogramme (die zum Beispiel ein Elterntraining beinhalten),
- Präventionsstudien,
- Berichte über die Wirkung schulischen Förderunterrichts.

Die bisherigen Ergebnisse lassen sich wie folgt zusammenfassen:

Es hat sich gezeigt, dass die Trainingsergebnisse unabhängig von der Intelligenz der Kinder sind (zuletzt Weber u.a. 2001). Dieses Ergebnis spricht für die Empfehlungen der KMK, *alle* Kinder mit Lese-Rechtschreib-Schwierigkeiten unabhängig von ihrem Intelligenzniveau zu fördern.

Nach wie vor erfreuen sich Funktionstrainingsprogramme großer Beliebtheit. Die Annahme, dass Funktions- oder Teilleistungsschwächen wesentlich zur Legasthenie beitragen, ist jedoch empirisch widerlegt. Unter den Legasthenikern gibt es nur einen ganz geringen Prozentsatz von Kindern, die überhaupt derartige Defizite aufweisen (Valtin 1974a, 1981; Klicpera/Gasteiger-Klicpera 1993). Hingegen gibt es viele Kinder mit »Teilleistungsschwächen«, die keinerlei Probleme beim Schriftspracherwerb haben (Schenk-Danziger 1993, S. 33). Nicht überraschend sind deshalb die fehlenden therapeutischen Erfolge von Programmen im visuellen oder visuomotorischen Bereich (Scheerer-Neumann 1979). Dies gilt auch für auditive Trainings mit Hilfe des Brainboy nach Warnke (Klicpera/Gasteiger-Klicpera 1996).

So zeigt die Auswertung anamnestischer Daten von Kindern im Institut für Lernförderung in Frankfurt, dass betroffene Kinder manchmal über Jahre hinweg eine Folge diverser Therapien (Motopädie, Augentraining, Funktions- und Wahrnehmungstrainings, Brain-Gym, Übungsprogramme mit dem Brainboy, Psychopharmaka, sogar Psychoanalyse) hinter sich hatten – und dies ohne jeglichen Erfolg, da nämlich die entscheidende Förderung im Bereich der Schriftsprache selbst unterblieb.

Insgesamt erweisen sich Programme dann als erfolgreich, wenn die Fördermaßnahmen gezielt an die individuellen schriftsprachlichen Probleme des Kindes angepasst sind. Beim prozessorientierten Ansatz geht man von einer Analyse der Teilprozesse aus, bei denen das Kind Schwierigkeiten aufweist, und gibt den Kindern Lösungstechniken an die Hand (vgl. Scheerer-Neumann 1988). Dieses Vorgehen ist offenbar effektiver als die Einübung der richtigen Schreibweise des Gesamtwortes. Bei dem neueren kognitiv-entwicklungspsychologischen Ansatz wird der Entwicklungsstand des Kindes anhand des Stufenmodells ermittelt, das auch dazu dient, die Stufe der nächsten Entwicklung zu bestimmen. Weitere Aufschlüsse liefern Feinanalysen der Rechtschreibleistung (Löffler u.a. 1990) und der Lesestrategien (s. dazu Scheerer-Neumann in Band 2 dieses Handbuchs).

Allgemein ist man heute der Meinung, dass durch einen verbesserten Lese- und Schreiberstunterricht und durch sofort einsetzende Fördermaßnahmen der Anteil von Kindern mit LRS erheblich sinkt. Ist das Versagen jedoch eingetreten und verfestigt, so sind häufig psychotherapeutische Maßnahmen zur Hebung des Selbstbildes, zum Gewinnen von Selbstvertrauen und neuer Lernmotivation angezeigt. In solchen Fällen ist, wie Betz/Breuninger (1996) nachgewiesen haben, ein Programm mit abgestuften Maßnahmen (Rechtschreibförderung, Elterntraining und Förderung des Selbstvertrauens bei emotional beeinträchtigten Kindern) wirkungsvoller als ein reines Rechtschreibtraining.

Prognostische Untersuchungen zeigen, dass es gelingt, mit spezifischen Testverfahren einen großen Anteil von Kindern mit späteren Lese-Rechtschreib-Schwierigkeiten vorauszusagen (Schmidt u.a. 1990). Allerdings ist der Test-Aufwand derart groß, dass man sich fragen kann, ob er sich lohnt, zumal gezielte Beobachtungsverfahren (z.B. von Brinkmann/Brügelmann oder Dehn u.a. in diesem Band, oder Valtin in Band 2) schon in den ersten Schulwochen gute Aufschlüsse über den Entwicklungsstand des Kindes und seine voraussichtlichen Lernfortschritte geben.

Ein weiterer Einwand gegen derartige Untersuchungen vor oder zu Schulbeginn, die der Identifizierung von »Risikokindern« dienen, ist die Gefahr der Stigmatisierung und Pathologisierung der betroffenen Kinder.

Über die Effektivität schulischer Förderarbeit liegen nur wenige gesicherte Erkenntnisse vor. Rathenow/Vöge haben 1982 Daten über drei LRS-Förderkurse mit Zweitklässlern vorgelegt. Gearbeitet wurde nach dem in Hessen weit verbreiteten integrativen Ansatz, der sicherlich auch anderen schulischen Förderangeboten entsprechen dürfte. Danach haben nach einem Jahr Förderung fast die Hälfte der Kinder ein durchschnittliches Lesetempo und durchschnittliche Rechtschreibleistungen erreicht. Die in vielen Jahren Hessischer Lehrerfortbildung und praktischer Arbeit mit LRS-Kindern gemachten Erfahrungen bestätigen, dass schulische Erfolge möglich sind, doch die Qualität der schulischen Förderung ist sicher noch verbesserungsfähig.

Wie eine Untersuchung aus Österreich zeigt, hat Förderunterricht in der Grundschule, der sich am klassischen Legastheniekonzept orientiert, keinerlei Effektivität. Klicpera/Gasteiger-Klicpera (s. dazu Band 2 dieses Handbuchs) haben bei Wiener Legasthenikern, die ein bzw. zwei Jahre lang einen Legasthenikerförderkurs besuchten (eine Stunde pro Woche Unterricht außerhalb des Klassenverbandes), keinerlei Leistungszuwachs beobachten können. Sie verweisen darauf, dass bestimmte Elemente dieses Förderunterrichts einen Erfolg im Lesen und Schreiben auch unwahrscheinlich machen: erheblicher Anteil an Funktionsübungen; häufiges lautes Lesen, vor allem von einzelnen Wörtern, wobei das Textverständnis wenig berücksichtigt wird; in der Rechtschreibung Übungen zur Vermeidung von Reversionen, also von Fehlerschwerpunkten, die gar keine große Rolle spielen.

Zur Effektivität außerschulischer Therapie liegen umfangreiche Erfahrungen aus Lerninstituten vor. Eine gute Therapie sollte, wie zum Beispiel das FIT-Programm (Frankfurter Integrative Therapie), das von Naegele (s. dazu Band 2 dieses Handbuchs) praktiziert wird, zumindest fünf Bausteine haben:

- Ein gezieltes Training der Lese- und Rechtschreibleistungen aufgrund einer individuellen, am Stufenmodell orientierten Diagnose von Stärken und Schwächen des Kindes. Naegele empfiehlt dazu Übungen mit der Lernkartei.
- Vermittlung von Lernstrategien und Arbeitstechniken.
- Motivation schaffen durch Gebrauch der Schriftsprache (Einbettung in kommunikativ bedeutsame Situationen, Durchführung von Projekten und Spielen, die Lesen und Schreiben erfordern, z.B. Verfassen von Kochbüchern, Witzheften, Horrorgeschichten, Schreiben am Computer).
- Psychotherapeutische Arbeit, die je nach Problem des Kindes verschiedenartige Elemente enthalten sollte, wie spiel- und gesprächstherapeutische Elemente, Entspannungsübungen und autogenes Training, Aufarbeitung emotionaler Probleme im Bereich von Familie und Schule, Abbau der Aggressionen gegen Lehrkräfte und Eltern (z.B. durch Malen, Rollenspiele, Schreiben von Geschichten).
- Einbeziehen von Eltern und Lehrern in die therapeutische Arbeit.

Gerheid Scheerer-Neumann

Rechtschreibschwäche im Kontext der Entwicklung

Die intensive Beschäftigung mit Spontanschreibungen von Vorschulkindern und Erstklässlern in den letzten Jahren (Spitta 1993a; Scheerer-Neumann u.a. 1986; Valtin u.a. 1993; Scheerer-Neumann 1987) hat ein bemerkenswertes Phänomen aufgedeckt: Spontanschreibungen von Kindern, die noch keinen systematischen Lese- und Schreibunterricht erhalten haben, muten oft wie »legasthene« Schreibungen an, d.h., sie weisen Abweichungen von den orthografisch richtigen Schreibungen auf, die den Fehlern sehr rechtschreibschwacher Kinder ähnlich sind. Es lassen sich sogar jene Abweichungen beobachten, die früher als »legasthenietypisch« angesehen wurden. Verstöße gegen die Raumlage der Buchstaben kommen in Schreibungen von Vorschulkindern immer wieder vor.

Auch sehr unvollständige Schreibungen, die bei rechtschreibschwachen Kindern als »besonders schwere Verstöße« gegen die Rechtschreibung gewertet werden, sind in der Anfangsphase von Spontanbeschreibungen fast immer zu beobachten.

Wort	Kind 1	Kind 2	Kind 3
Sonne	Sorie	Sone	Sonne
Milch	Milsch	Milhc	Milch
Mund	Hunt	Mund	Mund
steigen	sgen	schdeiken	schteigen
Freund	Fönt	Frönd	Freud
Zwerg	Zer	Zwek	Zerg
Sträucher	Sarch	Schrsr	Schtreuser
Zopf	Zof	Zof	Zof

Abb. 1: Welches ist das Vorschulkind? Wörter aus dem DRT 2, Groß-/Kleinschreibung korrigiert

Große Ähnlichkeiten in den Fehlern bestehen aber auch noch zu einem späteren Zeitpunkt im Lernprozess; Abbildung 1 zeigt die Schreibungen einiger Wörter aus dem DRT 2 von drei Kindern. Ein Kind geht noch nicht zur Schule, ist fünf Jahre und zwei Monate alt und hat ziemlich genau ein Jahr zuvor zum ersten Mal seinen Namen geschrieben. Die beiden anderen Kinder sind über neun Jahre alt (9;3 und 9;9) und stehen am Beginn des 3. Schuljahrs; sie gelten als »rechtschreibschwach«.

Ich habe Abbildung 1 gelegentlich in Seminaren und bei Vorträgen gezeigt und die Zuhörer gebeten, das Vorschulkind herauszufinden. Versuchen Sie es einmal selbst! (Auflösung am Ende des Kapitels.) Nach lebhafter Diskussion mit mehreren Hypothesen wurde meistens die richtige Lösung gefunden, zurück blieb aber vor allem der Eindruck der Ähnlichkeit der »Fehler«. Dies ist besonders bemerkenswert, wenn wir berücksichtigen, wie unterschiedlich die Leistungen der Kinder von Außenstehenden beurteilt werden: Während das Schreiben des Vorschulkindes als erstaunliche Fähigkeit angesehen wird, gelten die beiden anderen Kinder als »Problemkinder« mit erheblichen Schwierigkeiten beim Schriftspracherwerb. Tatsächlich liegen die beiden Rechtschreibschwachen im DRT 2 ja auch am unteren Ende der Verteilung in Bezug auf die Altersnorm, während das Vorschulkind schon weit mehr über die Schriftsprache weiß als die meisten Kinder seiner Altersgruppe.

Genau hier stoßen wir auf den entscheidenden Punkt: Durch die Institution der Jahrgangsklasse an unseren Schulen sind wir daran gewöhnt, die Leistungen von Kindern immer innerhalb dieser Bezugsgruppe zu beurteilen; dabei wissen wir längst aus der Entwicklungspsychologie, dass Entwicklungsverläufe keineswegs an das chronologische Alter gebunden sind; im Gegenteil sind bei vorschulischen Lernprozessen (z.B. Sprechenlernen, Laufenlernen) zeitliche Verschiebungen zwischen Kindern sogar eher die Regel.

Viele Beobachtungen legen nahe, dass es entsprechende Unterschiede in Beginn und Dauer der Lernprozesse auch beim Lesen- und Schreibenlernen gibt. Eine Analyse der Lese-Rechtschreib-Schwäche unter entwicklungspsychologischem Aspekt könnte deshalb zum Verständnis des Problems beitragen. Es wäre denkbar, dass lese-rechtschreib-schwache Kinder vor allem als Kinder mit einem langsameren Entwicklungstempo und/oder einem niedrigeren Ausgangsniveau zu verstehen sind; im Vergleich zu ihren Klassenkameraden hätten sie dann zu einem gegebenen Zeitpunkt erst ein niedrigeres Entwicklungsniveau erreicht. »Entwicklung« darf hier nicht mit einem inneren Reifungsprozess gleichgesetzt werden, sondern kennzeichnet kognitive Veränderungen gleich welcher Ursache; neben direkten Lehr- und Lernprozessen spielen auch alltägliche Erfahrungen eines Kindes mit der Schrift eine Rolle (z.B.: Wird Schrift durch Vorlesen und die Ermutigung eigener Lernversuche als etwas Bedeutsames erfahren?). In den folgenden Abschnitten werden derzeitige Vorstellungen von Entwicklungsprozessen beim Schriftspracherwerb skizziert, die dabei helfen könnten, die Leistungen lese-rechtschreib-schwacher Kinder einzuordnen und geeignete Fördermaßnahmen auszuwählen. Vor zu hohen Erwartungen an diesen Ansatz muss allerdings gewarnt werden, deshalb zunächst einige einschränkende Bemerkungen.

Die besondere Überforderungssituation des lese-rechtschreib-schwachen Kindes in der Schule macht es unwahrscheinlich, dass seine Entwicklung in allen Aspekten parallel und nur zeitlich verzögert zur »normalen« Entwicklung abläuft. Problematisch ist vor allem das Fehlen eines angemessenen Lernangebots im üblichen Frontalunterricht. Stattdessen wird das leistungsschwache Kind oft mit Informationen konfrontiert, die es noch nicht verarbeiten kann, teilweise dann aber doch übernimmt. Von daher ist auch zu erwarten, dass sein jeweiliger Entwicklungsstand für den Beobachter weniger transparent ist, dies vor allem im Vergleich zum Vorschulkind, das sein Lernen in großem Maße selbst beeinflussen kann.

Es ist auch nicht damit zu rechnen, dass ein im Vergleich zur Altersnorm verzögerter Entwicklungsverlauf alle Phasen der Entwicklung gleichermaßen verlangsamt: Denkbar sind besondere »Hürden« im Lernprozess (z.B. die erste Synthese auch einfach strukturierter Wörter), für die manche Kinder überproportional viel Zeit benötigen.

Schließlich darf *ein* Missverständnis nicht aufkommen: Betrachtet man diese Lese-Rechtschreib-Schwäche als frühes Stadium einer Entwicklung, so folgt daraus keineswegs der Verzicht auf gezielte Fördermaßnahmen: Sie sind schon deshalb notwendig, weil der normale Unterricht bei sehr schwachen Kindern seine Funktion nicht erfüllen kann; zum andern ist durch den Zwang der Jahrgangsklasse auch eine Beschleunigung des Lerntempos erforderlich, will man nicht zu der radikaleren Maßnahme der Rückversetzung greifen.

Entwicklungsprozesse und Entwicklungsstufen beim Erwerb der Schriftsprache

In den letzten Jahren wurden einige explizite Annahmen über den Verlauf der Entwicklung beim Schriftspracherwerb veröffentlicht (Frith 1985; Brügelmann 2000; Spitta 1993; Günther 1995; Valtin u.a. 1993; Scheerer-Neumann 1987, 1995). In Details gibt es durchaus Abweichungen zwischen den verschiedenen Autoren, in der Grundidee überwiegen jedoch die Übereinstimmungen. Die meisten Autoren beschränken sich auf eine *Beschreibung* des Entwicklungsverlaufs; lediglich Frith versucht, die Abfolge der Entwicklungsstufen zu *erklären*.

Die folgende Darstellung versteht sich vor allem als *Beschreibung* des Entwicklungsgeschehens beim Schriftspracherwerb. Wenn von *Entwicklungsstufen* gesprochen wird, so darf der Begriff nicht zu konkret verstanden werden: »Entwicklungsstufen« sind theoretische Konstruktionen, die den Entwicklungsverlauf für den Beobachter strukturieren. Sie kennzeichnen Phasen, in denen bestimmte Strategien überwiegen, die später von anderen abgelöst werden. Aber auch während einer Phase finden Veränderungen statt; der Übergang zur nächsten Stufe wird schon vorbereitet. Er kann sich dann langsam, aber auch abrupt vollziehen.

Am Anfang des Schriftspracherwerbs steht die Einsicht, dass Buchstaben *besondere Zeichen* sind, die sich von den Bildern unterscheiden. Kinder erfahren, dass Schriftkundige etwas mit diesen Zeichen anzufangen wissen; die Bitte: »Lies mir vor, was da steht« kennzeichnet so einen sehr wichtigen Entwicklungsschritt. Auf der Seite des Schreibens entspricht diesen Anfängen – zeitlich aber meist etwas später – das Kritzeln oder Malen von buchstabenähnlichen Zeichen oder einigen wenigen Buchstaben (vgl. Abb. 2).

Abb. 2: Kritzeln und Schreiben von Buchstaben und buchstabenähnlichen Formen im selben »Brief« (Vorschulkind, 4;3)

Selbst Kritzelbriefe weisen schon wichtige Merkmale der Schrift auf: Sie entsprechen der Zeilenstruktur unserer Schrift und haben zumeist ein akzeptables Verhältnis von Zeichenhöhe zu Zeichenlänge. Buchstabenähnliche Zeichen lassen eine erste Einsicht in das Merkmalsystem unserer Schriftzeichen erkennen. Gelegentlich werden in die ersten Schreibungen auch Ziffern mit einbezogen.

Die Tätigkeit des Kritzelns wird von den meisten Kindern als »Als-ob-Tätigkeit« empfunden; d.h., sie sind sich sehr wohl bewusst, noch keine lesbare Schrift zu erzeugen. Anders ist dies oft bei ersten Buchstaben und buchstabenähnlichen Zeichen. Die Aufforderung: »Lies mir vor, was ich geschrieben habe«, die auch bei ersten Versuchen auf der Schreibmaschine zu hören ist, zeigt die Einsicht, dass prinzipiell Geschriebenes auch lesbar sein muss, d.h. in die gesprochene Sprache übersetzt werden kann. Noch hat das Kind aber keine Vorstellung von einem möglichen Abbildungsverhältnis zwischen geschriebener und gesprochener Sprache.

Wir müssen uns in der folgenden ausführlichen Darstellung auf die Entwicklung des Rechtschreibens beschränken. Der entwicklungsbezogene Ansatz ist aber ebenso auch auf die *Leseschwäche* anwendbar (zu Entwicklungsprozessen beim Lesenlernen vgl. Brügelmann 2000; Scheerer-Neumann 1999, 2000).

(Recht-)Schreiben

Dem Malen oder Schreiben der ersten Buchstaben folgt zumeist schon das Schreiben des ersten Wortes; in der Regel ist es der eigene Name des Kindes oder der eines geliebten Familienmitgliedes oder Freundes. Auf welchem Weg gelangt das Kind zu dieser Schreibung? Ganz einfach dadurch, dass es sich den Namen durch einen kompetenten Schreiber *vorschreiben* lässt. Erwachsene wählen dabei fast immer die Blockschrift, also große Druckbuchstaben; dies ist vermutlich eine richtige Entscheidung, da viele dieser Buchstabentypen aus Strichelementen zusammengesetzt werden können (E, F, H, I, K, L, M, N, T, V, W, X, Y, Z), die Vorschulkindern leichter fallen als runde Formen.

- Logografisches »*ganzheitliches*« Schreiben. Die Kinder versuchen nun, sich die Buchstaben des gewählten Namens und deren Reihenfolge zu merken, um das Wort auch ohne Vorlage schreiben zu können. Dies gelingt nur mehr oder weniger gut: Bei längeren Namen gibt es häufig Buchstabenauslassungen, aber auch -hinzufügungen; daneben treten Abweichungen in der Raumlage einzelner Buchstaben in ihrer Reihenfolge auf (vgl. Abb. 3).

Abb. 3: Verschiedene Versionen eines Wortes beim »logografischen« Schreiben (Vorschulkind, 4;4)

Die Namen der Buchstaben oder ihre Lautwerte sind zum Teil bekannt; beim Schreiben werden sie jedoch nicht den entsprechenden Lauten im Wort zugeordnet. Das gesprochene Wort bleibt lautlich unanalysiert. Diese Strategie des Schreibens ausschließlich aufgrund der gespeicherten Buchstaben eines Wortes wird heute als »logografisches« (Frith 1985) bezeichnet. Es entspricht zum Teil, aber nicht ganz dem »ganzheitlichen Vorgehen« in der Terminologie der Ganzheitsmethodiker: Es ist ganzheitlich in Bezug auf das gesprochene Wort, zumindest bei Blockschrift aber einzelheitlich in Bezug auf die Speicherung und das Schreiben der Buchstaben.

Mit Hilfe der logografischen Strategie können nur Wörter geschrieben werden, deren Schreibweise dem Kind bekannt ist; will es andere Wörter schreiben, muss es erneut nachfragen oder sich eine Vorlage suchen; eine Strategie zur Konstruktion orthografisch unbekannter Wörter steht ihm noch nicht zur Verfügung. Als »Hilfskonstruktionen« dienen beliebige Buchstabenfolgen, die immerhin »wortähnlicher« sind als z.B. Zeichnungen, für den Leser aber keinerlei Beziehung zum gesprochenen Wort haben.

Die Unterscheidung zwischen dem *Wissen um die Buchstaben eines bestimmten Wortes* und dem *Konstruieren noch unbekannter Wörter* ist sehr wichtig und wird uns noch weiter beschäftigen. Im ersten Fall geht es um die *lexikalische* (wortspezifische) Speicherung im Gedächtnis; beim Schreiben wird die gespeicherte Information über dieses Wort *abgerufen*. Im zweiten Fall wird die Schreibung eines Wortes aufgrund von *gespeicherten Regelmäßigkeiten* in einem Problemlösungsprozess sozusagen »hergestellt«. Beide Systeme sind jedoch nicht unabhängig voneinander: Die orthografisch richtige Schreibweise eines Wortes wird dann besonders gut behalten, wenn die strukturellen Regelmäßigkeiten seiner Schreibung erkannt wurden. Ebenso können durch die Speicherung vieler einzelner Wörter orthografische Regelmäßigkeiten begriffen werden. Abbildung 4 gibt diese Beziehungen anschaulich wieder.

Doch zurück zum Entwicklungsgeschehen: Mit Hilfe der logografischen Strategie können nur relativ wenige Wörter richtig behalten und geschrieben werden. Dies ist unmittelbar einsichtig: Der Gedächtnisaufwand ist unverhältnismäßig hoch, weil alle einzelnen Buchstaben und ihre Reihenfolge ohne Unterstützung durch Regelmäßigkeiten auswendig gelernt werden müssen. Diese Aufgabe entspricht etwa dem Auswendiglernen von Telefonnummern.

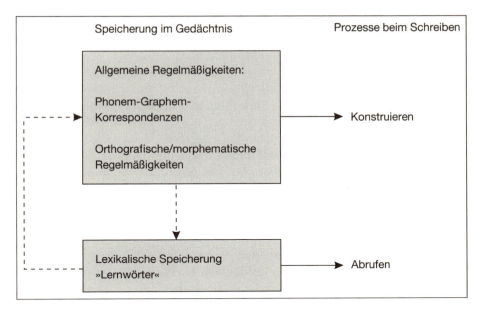

Abb. 4: Zwei-Komponenten-Modell der Rechtschreibung

- *Beginnende phonemische Strategie.* Irgendwann – Wochen, Monate oder gar Jahre nach dem ersten logografischen Schreiben, spontan oder durch Unterrichtung – gewinnt das Kind aber eine Einsicht, die von nun an das Erlernen der orthografisch richtigen Schreibweise von Wörtern (»Lernwörtern«) erleichtert: Das Kind versteht zum ersten Mal den Bezug zwischen gesprochener und geschriebener Sprache, und zwar auf der Ebene ihrer kleinsten Einheiten, der Laute und Buchstaben bzw. der Phoneme und Grapheme. Voraussetzung hierfür ist zum einen die Kenntnis der Lautwerte wenigstens einiger Buchstaben und zum anderen die Fähigkeit zur Lautanalyse, d.h. die Fähigkeit, einzelne Laute aus einem Wort isolieren zu können. Diese Einsicht hilft beim Erlernen neuer Wörter; Fehler wie »AMAMA« treten jetzt kaum noch auf, da der Anfangslaut besonders leicht zu analysieren ist.

Zum ersten Mal besteht auf dieser Stufe auch die Möglichkeit, *orthografisch* noch unbekannte Wörter so zu konstruieren, dass sie bereits eine Ähnlichkeit zur richtigen Schreibung aufweisen. Die Abweichung von der »richtigen« Schreibung ist allerdings noch beträchtlich: Die beginnende phonemische Strategie erlaubt nur die Analyse weniger Laute und ihre Übersetzung in Grapheme. Bei vielen Kindern finden sich in dieser Phase *konsonantische Skelettschreibungen*, und zwar nicht nur im Vorschulalter, sondern auch im 1. Schuljahr, z.B. SLT (Salat), BL (Ball), HS (Haus).

Dass vor allem Konsonanten gewählt werden, hängt mit der Mikrostruktur der ersten Lautanalyse zusammen: Sie orientiert sich vorrangig nicht am gehörten Wort, sondern an der *eigenen Artikulation* des Kindes. Die bei der Artikulation eines Wortes auftretenden Ereignisse sind vom Sprecher bei Konsonanten in der Regel leichter wahrzunehmen als bei Vokalen, die lediglich durch Unterschiede in der Mundöffnung bestimmt sind.

Konsonantische Skelettschreibungen sind nicht bei allen Kindern zu registrieren, manchmal sind erste Konstruktionen auch schon vollständiger oder stärker an Vokalen orientiert; mit Ausnahme sehr kurzer und einfach strukturierter Wörter sind die Konstruktionen aber *niemals ganz vollständig,* d.h., nicht alle Laute eines Wortes werden wiedergegeben. Diese Unvollständigkeit ist zum Teil in der Unkenntnis bestimmter Phonem-Graphem-Korrespondenzen begründet, vor allem ist sie aber die Folge einer noch zu komplexen Aufgabe: Die vollständige Analyse aller Laute eines Wortes ist für den Anfänger – gleich welchen Alters – eine kaum zu bewältigende Aufgabe, sodass sie vor allem freiwillig nicht zu Ende geführt wird. Besondere Probleme machen dabei die mittleren Laute eines Wortes, die deutlich schwieriger zu analysieren sind als Anfangs- und Endlaute (in dieser Reihenfolge, vgl. Jansen 1992).

Es gibt Hinweise darauf, dass Kinder sich bewusst sind, nicht alle Laute verschriftet zu haben. Vorschulkinder kommentieren ihre Schreibungen oft entsprechend, z.B.: »Das andere lass ich weg, das ist zu schwer« oder »Ich schreib immer nur den ersten Buchstaben« (vgl. auch Brügelmann 1987).

Versuchen Kinder auf dieser Stufe, Wortgruppen oder ganze Sätze zu schreiben, so grenzen sie in der Regel die Wörter nicht voneinander ab und/oder schreiben nicht alle Wörter auf. Wie Valtin u.a. (1993) mit Hilfe einer Reihe verschiedener Aufgaben feststellten, haben die Kinder zu diesem Zeitpunkt auch noch keine genaue Vorstellung davon, »was ein Wort ist«. Vermutlich entwickelt sich der Wortbegriff aber unabhängig von der Verschriftungsstrategie: In der erwähnten Untersuchung konnten die Autorinnen nach zehn Monaten Schulunterricht die Markierung von Wortgrenzen durch Zwischenräume auch bei jenen Kindern beobachten, deren Verschriftungsniveau erst der beginnenden phonemischen Strategie entsprach.

- *Entfaltete und voll entfaltete phonemische Strategie.* Die Stufe der konsonantischen Skelettschreibungen ist meist nur von kurzer Dauer (Wochen, allenfalls wenige Monate), soweit sie überhaupt »rein« auftritt; In der Folgezeit werden die Laute eines Wortes immer vollständiger wiedergegeben. Vor allem bei sehr langen Wörtern und bei Konsonantenhäufungen fallen aber zunächst noch Buchstaben aus. Ob es über diese Beobachtungen hinaus Gesetzmäßigkeiten bezüglich der Auslassungen gibt, ist noch unerforscht. Aus unterschiedlichen Schreibungen des gleichen Wortes an verschiedenen Tagen lässt sich aber vermuten, dass die momentane Hinwendung der Aufmerksamkeit auf bestimmte Laute wichtiger ist als deren immanente Merkmale. So schreibt ein Vorschulkind (4;11) in zwei Briefen mit ähnlichem Inhalt an zwei aufeinander folgenden Tagen:

CEZ	EZ	(jetzt)
MOGNS	MOGES	(morgens)
KENDGTEN	KIDRGNDRN	(Kindergarten)
KRÜE	RÜSE	(Grüße)

Die Variabilität der Fehler widerlegt auch ein schon fast ehrwürdiges Vorurteil: Falsche Schreibungen »prägen« sich nicht unbedingt »ein«; als Konstruktionen entstehen sie immer wieder neu im Augenblick des Schreibens und sind vor allem unabhängig von den zu diesem Zeitpunkt zur Verfügung stehenden Strategien.

In der frühen Phase der »entfalteten phonemischen Stufe« sind neben Buchstabenauslassungen und Fehlern aufgrund noch unzureichender Kenntnisse der Phonem-Graphem-Korrespondenzen auch *Buchstabenumstellungen* (Reversionen) zu beobachten. Sie sind nicht Ausdruck einer gestörten »zeitlich-räumlichen Koordination«, sondern treten als Folge der noch sehr kleinen Übersetzungseinheiten auf: Kinder in dieser Phase analysieren ein Wort in *einzelne* Laute bzw. Phoneme[1] und ordnen diesen die entsprechenden Grapheme zu; jedes Wort wird also in vielen Einzelschritten geschrieben, wobei es leicht zu Abweichungen von der richtigen Reihenfolge kommen kann (vgl. hierzu Scheerer-Neumann 1987). Oft verschriften die Kinder zunächst die Laute eines Wortes, die ihnen besonders »auffällig sind« (z.B. H EI I); beim nochmaligen Vorsprechen des Wortes bemerken sie die ausgelassenen Laute – und hängen die entsprechenden Buchstaben kurzerhand hinten an (H EI I D)! Wenn später größere Einheiten (z.B. Silben, Morpheme) auf einmal übertragen werden, sind Buchstabenreversionen seltener; dies ist einsichtig, weil jeder Laut innerhalb einer Silbe seinen »festen Platz« hat.

Neben Buchstabenauslassungen und -reversionen kann es in der frühen Phase der »entfalteten phonemischen Strategie« auch zu *Buchstabenwiederholungen* kommen, gelegentlich kombiniert mit Buchstabenauslassungen und -umstellungen. Man findet Schreibungen, wie z.B.:

---

[1] Es ist eine offene Frage, ob man hier eher von einer frühen »*phonemischen*« oder »*phonetischen*« Strategie sprechen sollte. Die frühen Schreibungen der Kinder sind zwar insofern phonetisch (d.h. lautlich) orientiert, als die Kinder noch nicht über ein endgültiges Phonemsystem verfügen und gelegentlich Laute auch anderen Phonemen zuordnen als Erwachsene. Auf der anderen Seite können die Verschriftungen aber auch nicht als »Lautschrift« angesehen werden, weil die Kinder ja auf Grapheme zurückgreifen müssen, die *Phonemen* und nicht *Phonen* (Lauten) entsprechen. Wir werden deshalb auch die frühen lautorientierten Verschriftungen von Kindern als Anzeichen einer »phonemischen« Strategie interpretieren und von »phonetischer« Verschriftung nur dann sprechen, wenn aus einer Schreibung deutlich wird, dass das Kind versucht, lautliche Nuancen (Allophone) wiederzugeben.

```
Serere          (Schere)               oder
Tororista       (Tornister)
```

Diese Schreibungen bestätigen zunächst einmal wieder, wie schwierig die Lautanalyse komplexer Wörter für Schreibanfänger ist. In einer Mikroanalyse sind sie ähnlich zu erklären wie Buchstabenreversionen, nämlich als Folge sehr kleiner Übersetzungseinheiten.
Hinzu kommt ein weiteres Element: Bei Schreibungen wie »Serere« hat das Kind während des Schreibens »den Faden verloren«, es hat keine genaue Kontrolle mehr darüber, welche Laute es schon verschriftet hat. Den Fehler wird es nur dann bemerken, wenn es das Wort nach dem Schreiben noch einmal erliest.
Im Laufe der weiteren Entwicklung werden Buchstabenauslassungen, -reversionen und -wiederholungen seltener. Aber auch dann, wenn die phonemische Strategie schon voll entfaltet ist, resultiert sie in vielen Abweichungen von den orthografisch korrekten Schreibungen. Bedingt ist dies durch:

– die Mehrdeutigkeit von Phonem-Graphem-Korrespondenzen in unserer Schriftsprache (z.B. /f/→ <f> und <v>) und durch
– Abweichungen vieler Wörter vom phonemischen Prinzip, (z.B. [lesn] → <lesen>), die für Dialektsprecher noch stärker sind (z.B. [plao] → <blau>).

Trotzdem bietet die Stufe der entfalteten phonemischen Strategie im Vergleich zur vorherigen Stufe schon weit bessere Bedingungen zum Erwerb von »Lernwörtern«, die die erwähnten Abweichungen korrigieren können: Die meisten Buchstaben eines Wortes sind für ein Kind jetzt einsichtig und können so relativ leicht für die lexikalische Eintragung gelernt werden.
Viele Beobachtungen belegen aber, dass Lernwörter es gerade in dieser Zeit sehr schwer haben, sich gegen Konstruktionen durchzusetzen: Die neu erworbene phonemische Strategie ist so übermächtig, dass oft eigentlich schon »gesicherte« Lernwörter beim Schreiben nicht mehr die Priorität haben. Dehn (1996) berichtet über phonemische Schreibungen auch bei Fibelwörtern (Rola, Pupe), die die Kinder schon viele Male gelesen und auch schon richtig abgeschrieben haben. Auch bei Kindern im 2. Schuljahr finden sich oft Fehler, die bei Nachfragen vom Kind selbst korrigiert werden können, deren Schreibweise also prinzipiell im Gedächtnis vorhanden ist (z.B. libe, di).
Besonders interessant sind zwei Versuche der Kinder, trotz der häufig fehlerhaften Ergebnisse die ausschließlich phonemische Strategie doch noch zu retten: Der »tauglichere« Weg ist die Anpassung der gesprochenen Sprache an die geschriebene. Die Kinder entwickeln eine innere rechtschreibspezifische Sprache, eine »Rechtschreibsprache«, die der orthografisch richtigen Schreib-

weise der Wörter entspricht (z.B. [mut-ter], [kartofel] oder [kartof-fel] bei sonst üblicher Aussprache [mute] und [ka:tofl]) (vgl. Valtin 1993; Balhorn 1985).

Der zweite Weg ist weniger erfolgreich: Er besteht im *noch genaueren Hinhören*, bei dem Kinder oft Lautnuancen entdecken und zu verschriften bemüht sind, die in unserer *Phonemschrift* gar nicht wiedergegeben werden. So werden Kinder manchmal auf die Aspirierung von Konsonanten aufmerksam und geben sie durch den Buchstaben »h« wieder: »Khint« »Phaul« oder hören Zwischenlaute, die sie verschriften, z.B.: »Metichen« (Mädchen). Dieses »ganz genaue Hinhören« tritt nicht bei allen Kindern auf; es gibt auch noch zu wenige Beobachtungen, um seinen Status beurteilen zu können: Die Wiedergabe phonetischer Nuancen könnte ein verzweifelter Versuch zur Vermeidung von Fehlern sein, aber auch die (konsequente) Perfektionierung der phonemischen Strategie.

- *Voll entfaltete phonemische Strategie mit orthografischen Elementen.* Meistens schon gleichzeitig mit der voll entfalteten phonemischen Strategie sind erste Abweichungen vom rein phonemischen Prinzip auch bei Konstruktionen zu beobachten: Viele Kinder schreiben nun nicht mehr »lesn«, sondern »lesen« und »Waser« anstelle von »wasa«, aber manchmal auch »Oper« anstelle von »Opa«. Durch die Auseinandersetzung mit Lernwörtern oder auch durch Erfahrungen beim Lesen werden die Kinder auf bestimmte strukturelle Regelmäßigkeiten aufmerksam und internalisieren diese als allgemeine Merkmale der Schriftsprache. Die Einsicht in strukturelle Regelmäßigkeiten kann auch durch direkte Instruktion erfolgen: Beim Beispiel des Kindes auf Abbildung 5 hatte die Lehrerin bereits zu einem sehr frühen Zeitpunkt auf das Problem der Auslautverhärtung aufmerksam gemacht und die Verlängerungsregel als Lösungshilfe angeboten. In der Abbildung tritt auch schon ein Phänomen auf, das uns vor allem auf der nächsten Stufe beschäftigen wird: das der »Generalisierung« bzw. der »Übergeneralisierung« Die Schreibung »rezebt« ist eine direkte Übertragung der Einsicht, dass man aus stimmlosen Konsonanten am (oder kurz vor) Wortende die richtige Schreibung nicht ableiten kann.

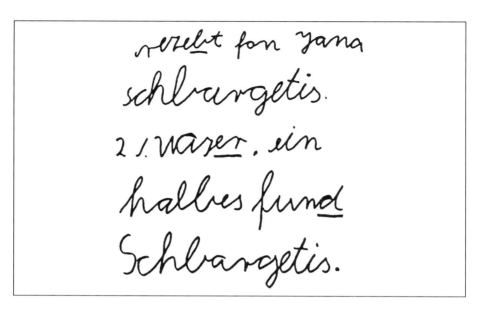

Abb. 5: *Voll entfaltete phonemische Strategie mit ersten morphematischen (waser) und orthografischen (rezebt, fund) Korrekturen (Januar, 1. Schuljahr, 7;0)*

Orthografische Elemente werden auf dieser Stufe oft auch ganz ohne Einsicht in Regelmäßigkeiten verwandt: So schreiben manche Kinder Wortanfänge beliebig klein oder groß. Aber allein die Verwendung des Elements der Großschreibung am Wortanfang zeigt, dass sie sich mit orthografischen Besonderheiten befassen, die über die rein phonemische Strategie hinausgehen.
Es ist einsichtig, dass der Erwerb von *Lernwörtern* auf dieser Stufe im Vergleich zu den vorhergehenden noch weniger aufwändig ist: Allein das Wissen um ein Problem bei der Verschriftung des Auslauts hilft beim Lernen von »Hund« oder »Mund«; noch besser gelingt dies natürlich mit Kenntnis der Verlängerungsregel. Die Beobachtung, dass der Baustein »-en« oft am Wortende steht, obwohl man das <e> nicht »hören« kann, erleichtert das Erlernen vieler Wörter; diese Einsicht lässt sich durch einen expliziten Hinweis auf die Morphemstruktur z.B. von Verben fördern.

- *Weiteres Erkennen von orthografischen morphologischen Strukturen.* Auf dieser Stufe treten keine prinzipiell neuen Prozesse auf, die relative Wichtigkeit der einzelnen Elemente verschiebt sich aber: Im Lernprozess zentral sind jetzt weitere Einsichten in orthografische Regelmäßigkeiten; die phonemische Strategie wird nicht weiterentwickelt. Das Kind verfügt jetzt schon über viele Lernwörter; trotzdem werden oft auch »bekannte« Wörter konstruiert, vor allem, wenn – wie in Aufsätzen – die Aufmerksamkeit nicht auf orthografische Probleme gerichtet ist.

Zu den wichtigsten Einsichten dieser Stufe gehört der Einblick in die konstante Schreibung von Morphemen (z.B. Funktionsmorpheme in Verben, z.B. du malst), die besondere Schreibung von Vorsilben und erste Vorstellungen von der Funktion des Dehnungs-h und der Konsonantenverdoppelung. Dass ein Verständnis dieser – tatsächlich sehr komplizierten – Regelmäßigkeiten nur ganz allmählich erfolgt, zeigt sich in vielen Konstruktionen mit »Übergeneralisierungen«, die in dieser Zeit auftreten: Man kann sie danach kategorisieren, ob ein orthografisches Element ganz unfunktional eingesetzt wurde, ob erste Regelmäßigkeiten erkannt wurden oder ob die Schreibung nur durch eine »Ausnahme« zum Fehler wurde. Hierzu einige Beispiele:

`Monnd`   Funktion der Konsonantenverdopplung nicht erkannt.
`Kallt`   Funktion der Konsonantenverdopplung erkannt, nicht aber die Regel, dass diese bei einem weiteren nachfolgenden Konsonanten entfällt, falls das Wort kein Verb ist (vgl. kalt vs. schallt).
`Hitt`   Funktion der Konsonantenverdopplung erkannt, Wort wird aber als Fremdwort nicht entsprechend der Regel geschrieben.

»Übergeneralisierungen« sind bei allen Kindern zu beobachten; Unterschiede gibt es in der Häufigkeit des Auftretens und im Typ des Fehlers. Im Rechtschreiben sehr unsichere Kinder, die aber bemüht sind, alles richtig zu machen, fügen manchmal nach dem Prinzip »je mehr, desto besser« in fast jedes Wort ein Dehnungs-h, ein <ß> oder eine Konsonantenverdopplung ein. Andere Kinder betrachten diese orthografischen Elemente eher als Ausnahmen und gehen sparsam damit um (vgl. Thomé 1999).
In beiden Fällen ist aber der Erwerb von Lernwörtern mit entsprechenden orthografischen Elementen auf dieser Stufe noch leichter als vorher: Die Kinder sind für Besonderheiten der Wörter sensibilisiert, auch wenn sie die Regelmäßigkeiten (noch) nicht ganz verstehen (in einigen Bereichen werden sie dies wahrscheinlich auch später nicht: Nur wenige Erwachsene haben Einblick in die Systematik der <s>-<ss>-<ß>-Schreibung, obwohl sie vollständig geregelt ist). Wirklich gelernt werden müssen nur die *Besonderheiten* eines Wortes; welche dies sind, hängt vom Kenntnisstand des individuellen Kindes ab: Gelernt werden müssen *die Abweichungen von der eigenen spontanen Konstruktion eines Wortes*.
- *Überwiegen automatisierter Lernwörter über Konstruktionen.* Die letzte Stufe der Rechtschreibentwicklung ist nicht nur durch eine sehr große Anzahl von gespeicherten Lernwörtern gekennzeichnet, sondern auch durch einen Unterschied in der Organisation der Prozesse: Das Abrufen von Lernwörtern hat jetzt eindeutig Priorität vor Konstruktionen. Wörter werden auch dann abgerufen, wenn die Aufmerksamkeit wie beim Aufsatzschreiben nicht auf orthografische Probleme gerichtet ist. Die phonemische Strategie und die regelhafte Berücksichtigung orthografischer und morphematischer Elemente bleiben

> ## Aufregungen in der Arbeit
>
> Wenn ich eine Arbeit schreibe und etwas nicht verstehe, rege ich mich auf.
> Dann kann ich nicht mehr die Aufgabe schreiben.
> Ich versuche es trotzdem aber ich schreibe es falsch.

Schreibstress eines Mädchens

aber als Strategien erhalten und können immer dann eingesetzt werden, wenn ein Wort orthografisch doch noch unbekannt ist. So findet man bei Fremdwörtern oft sehr abenteuerliche Schreibungen, die aber doch »sinnvoll« sind; Beispiele sind der Berufswunsch »Stjuadeß« eines Mädchens und der Wunsch eines Jungen, ein Praktikum zu »absollwiren«.

Tabelle 1 gibt einen zusammenfassenden Überblick über die Entwicklungsstufen; angegeben sind die jeweils dominierenden Strategien zur Konstruktion orthografisch unbekannter Wörter sowie die Hilfen beim Erwerb von Lernwörtern. Mit »dominierender« Strategie ist die Strategie gemeint, die in den *meisten* Schreibungen eines Kindes deutlich wird. Trotz der Bevorzugung dieser Strategie stehen ihm auch andere Zugänge offen: Es kann bei besonders schwierigen Wörtern, unter Stress oder bei geringer Zuwendung der Aufmerksamkeit auf eine frühere Stufe zurückfallen, aber auch gelegentlich schon Anzeichen einer weiterentwickelten Strategie erkennen lassen.

Tabelle 1: Ein Stufenmodell der Rechtschreibentwicklung

Regelgeleitete Konstruktionen	»Lernwörter«	Bemerkungen
1. Willkürliche Buchstabenfolgen oder Kritzelschrift.	Die Buchstaben eines Wortes werden ohne Bezug zum Lautwert auswendig gelernt (z.B. eigener Name). Nur wenige Wörter können erworben werden.	Wegen fehlender Unterstützung durch die gesprochene Sprache kommt es oft zu Buchstabenauslassungen und Umstellungen.
2. Erste Versuche, die gesprochene Sprache zu »übersetzen«: Beginnende phonemische Strategie (Skelettschreibungen), z.B. • TG = Tiger, • HS = Haus.	Wie unter 1., aber das Auswendiglernen wird schon durch einige erkannte Buchstaben-Laut-Beziehungen gestützt. Immer noch sehr wenige Lernwörter.	Erwerb von Phonem-Graphem-Korrespondenzen.
3a. Entfaltete phonemische Strategie. Es werden jetzt mehr Laute eines Wortes wiedergegeben, z.B. • WOKE = Wolke, • HUT = Hund.	Phonemisch gestützte Speicherung von Lernwörtern. Beginn der Entwicklung einer »Rechtschreibsprache«; auch visuelle und grafomotorische Lernhilfen.	
3b. Voll entfaltete phonemische Strategie, z.B. • lesn = lesen, manchmal Wiedergabe phonetischer Nuancen, z.B. • Phaul = Paul, • Khint = Kind.	Mit zunehmender Entfaltung der phonemischen Strategie können immer mehr Lernwörter gelernt werden. Behalten werden müssen vor allem die Abweichungen von phonemischen Konstruktionen, z.B. das zweite <t> in »Bett«, das <e> in »liebe« etc.	Die phonemische Strategie überwiegt oft das Abrufen von Lernwörtern: phonemische Konstruktionen (z.B. Rola, komt, si) oft auch bei Lernwörtern aus der Fibel.
4. Entfaltete phonemische Strategie, korrigiert durch strukturelle Regelmäßigkeiten, z.B. • lesen, • Gabel.	Wie 3., zusätzliche Lernhilfe durch Erkennen von strukturellen Regelmäßigkeiten.	Ohne besondere Zuwendung der Aufmerksamkeit (Briefschreiben, Aufsätze), oft Bevorzugung von Konstruktionen über Lernwörter.
5. Wie 4., weiteres Erkennen und Anwenden von orthografischen Strukturen, z.T. explizit vermittelt, z.B. • Auslautverhärtung, • Vorsilben ver-, vor-, • Morpheme -ig, -lich, -ung.	Wie 3a. und 3b., zusätzliche Lernhilfen durch Kenntnisse weiterer orthografischer Regelmäßigkeiten, z.B. • Hund, • vergessen, • fröhlich. Leichter Erwerb von Lernwörtern.	Häufig Übertragung der erkannten orthografischen Regelmäßigkeiten auf ungeeignete Fälle (»Übergeneralisierungen«), z.B. • Rezebt, • vertig, • Strung (Strunk).
6. Allmähliches Überwiegen des Abrufens von Lernwörtern über Konstruktionen (»Automatisierung«); Reihenfolge der Buchstaben beim Schreiben wird aber immer noch von der gesprochenen Sprache begleitet und geleitet. Phonemische und orthografische Konstruktionen sind möglich.		

In der Tabelle wurde bewusst auf Altersangaben verzichtet, weil die Unterschiede in Ausgangsniveau und Entwicklungstempo zwischen Kindern enorm sind. In bisherigen Untersuchungen reicht der Bogen während des gesamten 1. Schuljahrs von willkürlichen Schreibungen bis zu phonemisch vollständigen Verschriftungen mit ersten orthografischen und morphematischen Elementen. Während dieses Zeitraums findet aber eine ständige Verschiebung zu Gunsten der weiterentwickelten Strategien statt.

Trotz dieser großen Bandbreite in der Rechtschreibentwicklung zu einem bestimmten Zeitpunkt lassen sich grobe Angaben darüber machen, auf welcher Entwicklungsstufe sich die *Mehrzahl* der Kinder einer Klasse befindet. Die folgende Übersicht darf aber *nicht als Norm missverstanden werden;* neben unterschiedlichen Voraussetzungen der Kinder zu Schulbeginn ist der zeitliche Entwicklungsverlauf natürlich auch abhängig von der schulischen Gesamtsituation:

Nach 2–3 Monaten im 1. Schuljahr:
Beginnende phonemische Schreibungen, sehr wenige Lernwörter.

Nach 6–8 Monaten im 1. Schuljahr:
Beginn der entfalteten phonemischen Strategie, wenige Lernwörter.

Ende des 1., Anfang des 2. Schuljahrs:
Voll entfaltete phonemische Strategie mit ersten morphematischen und orthografischen Elementen, Lernwortschatz immer noch sehr eingeschränkt.

2. Schuljahr:
Voll entfaltete phonemische Strategie, weiteres Erkennen von orthografischen und morphematischen Strukturen, Erwerb vieler Lernwörter.

3. und 4. Schuljahr:
Weiteres Erkennen von orthografischen und morphematischen Strukturen, Lernwortschatz wird sehr umfangreich.

Ab 4./5. Schuljahr:
Verfügung über einen sehr großen automatisierten Lernwortschatz; phonemische und orthografisch/morphematische Konstruktionen aber immer noch möglich.

Offene Fragen

Trotz der recht guten Übereinstimmung zwischen Wissenschaftlern bezüglich der Abfolge der Entwicklungsstufen bleiben noch viele Fragen offen: Die pädagogisch wichtigste ist die nach dem Verhältnis von »spontaner Entwicklung« und »direkter Instruktion«. Inwieweit kann und soll man die Entwicklung beeinflussen? Reicht es aus, ein Kind für das Lesen- und Schreibenlernen zu begeistern und seine Fragen zu beantworten, oder ist eine direkte Instruktion notwendig? Oder gibt es Entwicklungsstufen, die spontan auftreten, und andere, die nur durch gezielte Unterrichtung erreicht werden? Eindeutig zu beantworten sind diese Fragen im Augenblick nicht, es gibt aber einige interessante Hinweise.

Ausführliche Berichte über die Schreibentwicklung von Vorschulkindern zeigen, dass ein vom Kind weitgehend selbst gesteuerter Schriftspracherwerb *möglich* ist (vgl. Scheerer-Neumann u.a. 1986; Scheerer-Neumann 1995; Freese 1993; Blumenstock 1986). In all den berichteten Fällen waren die Umweltbedingungen besonders günstig: Alle Kinder lebten in einer lese- und schreibfreudigen Umgebung, hatten also nachahmenswerte Vorbilder; ihre Lese- und Schreibbemühungen wurden nicht nur ernst genommen, sondern es wurde auf sie *reagiert:* In allen dokumentierten Einzelfällen spielen Briefe, Wunschzettel oder Ähnliches eine sehr wichtige Rolle. Schließlich gab es in den Familien dieser Kinder pädagogisch kompetente »Beantworter« für auftretende Fragen. Es fand also durchaus ein »Unterricht« statt; er war aber nicht systematisch von einem Außenstehenden geplant, sondern wurde vom Kind selbst »abgerufen«. Ein ähnlich individualisiertes Vorgehen ist in einer normalen Grundschule mit einer Lehrperson pro Klasse nur eingeschränkt möglich; ein gewisses Maß von gemeinsamem systematischem Unterricht wird schon von daher notwendig sein.

Es stellt sich aber auch die Frage, ob zunächst fehlerhafte Spontanschreibungen sich ohne Druck tatsächlich zu normgerechten Schreibungen entwickeln. Diese Frage ist deshalb nicht zu beantworten, weil bisher alle beobachteten Vorschulkinder vor Erreichen dieses Ziels in die Schule gekommen sind. Übereinstimmend wird eine spontane Entwicklung vom *logografischen Schreiben bis zur entfalteten phonemischen Strategie mit ersten orthografischen/morphematischen Korrekturen* berichtet; die weitere spontane Entwicklung ist unklar. Immerhin gibt es über ein Kind relevante weiterführende Beobachtungen: Michael Blumenstock (Blumenstock 1986) benutzt schon vor Schuleintritt viele orthografische Muster (z.T. sicher Lernwörter); sein Vater berichtet aber, dass mit Schulbeginn die Fehlerzahl in Briefen sprunghaft zurückging. Blumenstock führt diese Veränderung allerdings weniger auf die direkte Unterrichtung als auf den Einfluss der »Institution Schule« zurück, die zum Fehlervermeiden anhält.

Schließlich ist auch noch offen, inwieweit der beschriebene Entwicklungsverlauf durch Schulunterricht modifiziert werden kann. Hierzu gibt es eine schon recht alte Beobachtung: Ganzheitsmethodiker stellten geradezu verzweifelt fest, dass entgegen all ihrem Bemühen die Kinder nach einer Weile doch begannen,

»nach Gehör« zu schreiben. Die phonemische Strategie scheint also ein universelles Element beim Erwerb einer alphabetischen Schrift zu sein. Auf der anderen Seite ist es offensichtlich möglich, Kinder schon relativ früh mit *morphematischen* und *einfachen orthografischen* Strukturen vertraut zu machen (vgl. Finkbeiner 1979), d.h., bestimmte Aspekte der Entwicklung vorzuziehen.

Das Entwicklungsmodell als pädagogische Orientierungshilfe

Zuordnung eines Kindes zu einer Entwicklungsstufe. Kann nun das Entwicklungsmodell dabei helfen, die Probleme lese- und rechtschreibschwacher Kinder besser zu verstehen? Ich glaube, ja. Zumindest ihre *Rechtschreibfehler* legen nahe, dass rechtschreibschwache Kinder vor allem Kinder auf einer früheren Stufe des Schriftspracherwerbs sind. Wie wir schon in Abbildung 1 gesehen haben, besteht *eine erstaunliche Parallelität zwischen entwicklungsbedingten Fehlern und den Fehlern älterer rechtschreibschwacher Schüler;* wir werden dies noch mit weiteren Beispielen belegen. Umgekehrt gibt es bei rechtschreibschwachen Kindern kaum einen Fehler, der nicht von uns im Entwicklungszusammenhang beschrieben wurde. So finden wir selbst bei einem Schüler mit extrem schwachen Rechtschreibleistungen im 5. Schuljahr der Hauptschule Schreibungen, die uns auf dem Hintergrund des Entwicklungsmodells keineswegs absurd erscheinen (aus Hackethal 1987). In der Terminologie des Entwicklungsmodells zeigt der Fünftklässler eine beginnende phonemische Strategie:

```
O           (Hose)
Reg         (Regen)
Afl         (Apfel)
Bne         (Biene)
Solad       (Schokolade)
Badwe       (Badewanne)
Raew        (Rakete)
```

Auch die rechtschreibschwachen Kinder von Abbildung 1 lassen sich recht gut Entwicklungsstufen zuordnen: Kind 1 zeigt eine beginnende bis entfaltete phonemische Strategie noch fast ganz ohne orthografische Elemente (Ausnahme: sgen), bei Kind 3 ist die phonemische Strategie entfaltet (allerdings noch nicht voll entfaltet), erste orthografische Strukturen sind deutlich (Mund, Zerg, Freud, schteigen), wahrscheinlich verfügt es auch schon über Lernwörter (Sonne).
Als letztes Beispiel soll ein Fehlerprotokoll von Thomas dienen, einem Schüler aus dem 6. Schuljahr der Orientierungsstufe. Er schreibt:

```
Dib         (Dieb)
Buerrin     (Bäuerin)
Treume      (Träume)
Bekwem      (bequem)
Staup       (Staub)
almelich    (allmählich)
forsicht    (Vorsicht)
```

Die Schreibungen sind phonemisch voll entfaltet, vermutlich bei Unkenntnis einiger Phonem-Graphem-Korrespondenzen (/k/+/v/→ <qu>, /o/+/ö/→ <äu>, /f/→ <v>). Morphematische und orthografische Korrekturen der phonemischen Schreibungen finden sich nur in allerersten Ansätzen.

Die Bestimmung des »nächsten Ziels«. Das Entwicklungsmodell kann nun nicht nur dabei helfen, eine grobe Einordnung des Leistungsstandes eines rechtschreibschwachen Kindes vorzunehmen, seine hauptsächliche Funktion besteht in der Bestimmung des nächsten Ziels und in Vorgaben, wie dieses Ziel am besten zu erreichen ist.

Das »nächste Ziel« ist die jeweils dominierende Strategie auf der nächsten Entwicklungsstufe. Für den erwähnten Hauptschüler im 5. Schuljahr, der erst eine beginnende phonemische Strategie erreicht hat, wäre das nächste Ziel die *entfaltete phonemische Strategie*, nicht aber der Erwerb vieler Lernwörter, der dem eigentlichen Stand der Klasse entspricht. Die Konfrontation mit komplexen orthografischen Strukturen wäre zum gegebenen Zeitpunkt ebenso wenig sinnvoll. Anzuraten sind dagegen Übungen, die zur *Weiterentwicklung der phonemischen Strategie* dienen, d.h. zum einen die Einübung von Phonem-Graphem-Korrespondenzen, zum anderen Übungen in der Lautanalyse und -synthese. Tatsächlich konnte Hackethal (1987) in einem entsprechenden Training, in dem zur Unterstützung von Lautanalyse und -synthese mit Lautgebärden gearbeitet wurde, das Lernziel der »entfalteten phonemischen Strategie« nach etwa 25 Trainingsstunden erreichen. Der Schüler schreibt jetzt nicht mehr »o«, sondern »hose« (offenbar wurden als Strukturierungshilfen Silben angeboten) und »regen« anstelle von »reg«.

Für *Thomas* dagegen ist das nächste Ziel ein besserer Einblick in orthografische Strukturen und der Erwerb vieler Lernwörter. Für die beiden rechtschreibschwachen Kinder von Abbildung 1 ist das nächste Ziel die voll entfaltete phonemische Strategie und der Erwerb einer nicht zu großen Zahl von Lernwörtern; Kind 3 kann dabei schon auf einfache morphematische und orthografische Strukturen aufmerksam gemacht werden.

Die »*Feinanalyse von Rechtschreibfehlern*«. Ganz allgemein haben die Arbeit in Förderkursen und andere Interventionsverfahren für lese-rechtschreib-schwache Kinder die Aufgabe, den jetzigen »Istzustand« dem »Sollzustand« des *nächsten*

Ziels« anzupassen. Für die Planung der Intervention ist neben der relativ »groben« Zuordnung der Rechtschreibleistung eines Kindes zu den Stufen des Entwicklungsmodells eine »Feinanalyse« notwendig, die auch während der Intervention häufig wiederholt werden sollte (z.B. von Löffler u.a. 1990). Sie hat die Aufgabe, den Entwicklungsstand zu konkretisieren:

Die Beobachtung »Kenntnis der Phonem-Graphem-Korrespondenzen unvollständig« reicht für die konkrete Arbeit nicht aus. Die Lehrerin sollte genau wissen, *welche* Phonem-Graphem-Korrespondenzen ein schwacher Schüler noch nicht beherrscht, *welche* orthografischen Besonderheiten ihm noch unbekannt sind etc. Für diese differenzierte Analyse ist das Material aus den üblichen Diktaten und Aufsätzen oft unzureichend. Es kann zwar Anlass zur Bildung von Hypothesen geben; diese sind aber durch weitere Analysen zu bestätigen. Ein guter Weg zur Überprüfung von Vermutungen ist die Vorgabe von Wortlisten, die sich schwerpunktmäßig auf nur wenige Rechtschreibgebiete beziehen (z.B. Groß-/Kleinschreibung, Auslautverhärtung, Morphemkonstanz bei <ä> und <äu>).

Gelegentlich wird man auch auf andere Proben oder Tests zurückgreifen müssen. Beim Fehler »Audo« wäre z.B. zu klären, ob die Schreibweise der dialektbedingten Aussprache des Kindes entspricht oder ob es nicht zwischen den Phonemen /d/ und /t/ unterscheiden kann. Bei der Schreibung <Entsen> wäre sowohl die Unkenntnis der Phonem-Graphem-Korrespondenz /ç/→ <ch> denkbar als auch ein Artikulationsfehler, der bei Kleinkindern oft zu beobachten ist (also auch hier ein Entwicklungsphänomen!).

Im herkömmlichen Rechtschreibunterricht werden differenzierte Fehleranalysen zu selten durchgeführt. Durch die ausschließliche Kategorisierung der Schreibungen eines Kindes als »richtig« bzw. »falsch« geht die didaktisch wichtigste Information verloren; so wurde in einem persönlichen Gespräch mit dem Deutschlehrer von Thomas deutlich, dass dieser keinerlei Vorstellungen von den speziellen Problemen seines Schülers hatte.

Nun ist die Analyse der Schreibungen rechtschreibschwacher Kinder nicht immer so einfach, wie es nach unseren (echten) Beispielen erscheinen mag. Die Fehler rechtschreibschwacher Kinder sind variabler als die Fehler der Kinder, die eher dem Klassendurchschnitt entsprechen: Rechtschreibschwache Kinder zeigen zum gleichen Zeitpunkt eine größere Bandbreite verschiedener Strategien als andere Kinder und auch eine größere Streuung in ihren Leistungen. Zwar machen alle Kinder beim Diktat eines ganz neuen Textes relativ mehr Fehler als beim Einsetzen von Einzelwörtern, Thomas fällt dabei aber oft auf *phonemisch unvollständige* Schreibweisen zurück, Fehler, die ihm beim Schreiben von Einzelwörtern niemals unterlaufen. Ursache ist bei ihm nicht der psychische Druck in einer Diktatsituation, sondern eine kognitive Überforderung: Er kann die Energie, die er zur vollständigen phonemischen Analyse benötigt, nicht über einen sehr langen Zeitraum aufbringen. Darin gleicht er eben jüngeren Kindern, an die niemand die Anforderung stellen würde, einen sehr langen Text nach Diktat zu schreiben.

Zur »Entstehung« der Rechtschreibschwäche

Die vorangegangenen Beobachtungen und Argumente haben deutlich gemacht, dass es sinnvoll ist, *die Rechtschreibschwäche im Rahmen der allgemeinen Rechtschreibentwicklung zu betrachten.* Ist die Rechtschreibschwäche also *nur* eine Entwicklungsverzögerung? Nicht unbedingt. Der Ansatz behauptet nicht, dass die Entwicklung der Rechtschreibschwachen lediglich eine nur zeitlich verschobene »normale« Entwicklung ist. Es kann für rechtschreibschwache Kinder durchaus »erhöhte Hürden« geben. Wir wissen heute, dass vor allem im Frühstadium des Schriftspracherwerbs der bewusste Umgang mit den phonologischen Merkmalen der gesprochenen Sprache eine kritische Teilkompetenz ist und entsprechende Probleme bei der Phonemanalyse den Lernprozess hemmen (Downing/Valtin 1984). Während die meisten Kinder im Laufe des ersten Schuljahres die neue Aufgabe meistern, bleibt für manche Kinder diese Hürde zunächst unüberwindbar. Auch wenn allgemeinere phonologische Verarbeitungsprobleme – z.B. beim schnellen Benennen von Gegenständen – vorliegen, ist jedoch eine entwicklungsorientierte Betrachtung des Problems angemessen, die auch für diese Kinder das »nächste Ziel« beim Schriftspracherwerb definiert, das vielleicht aber erst mit zusätzlichen methodischen Hilfen erreicht werden kann.

Lösung zu Seite 45: Kind 2 ist das Vorschulkind.

Rosemarie Portmann

Förderdiagnostik beim Lesen und Rechtschreiben

Im Anschluss an die Empfehlung der Kultusministerkonferenz von 1979 (s. dazu S. 16ff in diesem Band) haben fast alle Bundesländer die so genannte »Zweitestschnelldiagnostik« (Rechtschreib- und Intelligenztest) per Erlass abgeschafft – die Testdiagnostik wohlgemerkt, nicht die Kinder mit besonderen Lese- und/oder Rechtschreib-Schwierigkeiten, wie böswillige Gegner behaupten.

Trotzdem ist der Glaube an Lese- und besonders an Rechtschreibtests zum Zweck der Diagnose von LRS oder Legasthenie bei vielen Personen ungebrochen. Häufig werden inzwischen vor allem von ärztlichen und Förder-Praxen Rechtschreib- und Lesetests verwendet. Das sinnentnehmende Lesen, für das es zahlreiche Gruppentests gibt, wird seltener überprüft. Ein Kind, das unbekannte Wörter richtig erliest, kann – vermeintlich – auch den gesamten Text verstehen, eine Annahme, die für einige Kinder spätestens nach dem Übergang auf die weiterführende Schule böse Folgen hat. PISA hat gezeigt, dass deutsche Jugendliche besondere Schwierigkeiten bei der Verarbeitung gelesener Texte haben (Baumert u. a. 2001). Vielfältige Tests werden aber auch zur Diagnose von Teilleistungs- oder Wahrnehmungsstörungen, die vermeintlich mit Lese-Rechtschreibproblemen verknüpft sind, eingesetzt. Einige LehrerInnen verlangen von Eltern, dass sie ihre Kinder mit Problemen in Einrichtungen der Kinder- und Jugendpsychiatrie oder bei bestimmten PsychologInnen oder ErgotherapeutInnen auf Wahrnehmungs- oder Aufmerksamkeitsstörungen als Ursache von Lernproblemen testen lassen. Daraus resultieren dann Diagnosen wie die folgende, die eine besorgte Mutter einer Lerntherapeutin vorlegte:

»1.Wahrnehmungsverarbeitungsstörung in den Bereichen – visuell: Speicherung für visuelle Reize, Augen-Hand-Koordinationsstörung, Raum-Lage-Probleme; motorisch: Gleichgewicht wie Graphomotorik; auditiv: Einschränkung des semantischen Gedächtnisses und seiner Verknüpfungsprozesse. 2. Lese-/Rechtschreibstörung sowie sensorischer Integrationsstörung, die zu Teilleistungsstörungen in den Bereichen Lesen und Schreiben führen können... bei schwankender Aufmerksamkeit und Konzentrationsleistung«. Die Therapievorschläge lauteten: »1. Medizinische Überprüfung der auditiven Funktionen, 2. Evt. Stimulanztherapie (Ritalin) im sechswöchigen Versuch, um Gedächtnisstrukturen zu verbessern und die schwankende Aufmerksamkeit und Konzentrationsleistung zu stabilisieren, 3. Lerntherapie, um LRS- Problematik wie Rechenprobleme zu bearbeiten, 4. Ergotherapie mit Sensorischer Integration«. Die verunsicherte Mutter wurde also aufgefordert, mindestens drei weitere Fachleute für eine verfeinerte Diagnose und für Therapien aufzusuchen.

Auch zur Kostenübernahme für außerschulische Förderung durch Krankenkassen oder Sozialämter müssen Testergebnisse vorgelegt werden und LehrerInnen sollen diese Diagnosen dann befürworten, obwohl sie ihren pädagogischen Erkenntnissen zuwiderlaufen. Hier wird ein deutliches Dilemma sichtbar: öffentliche Institutionen zahlen nur für die Therapie von Teilleistungsstörungen, nicht aber für die Behebung von Lese-Rechtschreibversagen. Die neuere Forschung hingegen hat festgestellt, dass Teilleistungsstörungen so gut wie keine Relevanz für das Entstehen und das Beheben von LRS haben (Klicpera/Gasteiger-Klicpera 1993, 1999, vgl. auch Valtin in Band 2 dieses Handbuchs).

Der Unterschied zwischen Diagnostik mit anschließender Förderung und Förderdiagnostik

Diagnostische Methoden und Vorgehensweisen sind abhängig von den Hypothesen über die Ursachen der zu untersuchenden Phänomene und über Art und Richtung der Handlungsziele. Bei defizitorientierter Sichtweise folgen Diagnostik und Förderung dem so genannten »medizinischen Modell«. Die quasi krankhaften Zustände, die im Kind für LRS – und zusätzliche Verhaltensauffälligkeiten – verantwortlich gemacht werden, sollen mit Hilfe medizinischer Experten, Ärzten und Psychologen aufgeklärt werden. Bis Schule und/oder Eltern den Weg zu diesen Experten finden, hat das Kind im Allgemeinen schon eine lange ungünstige Lerngeschichte hinter sich.

Mit der Diagnose »leichte – mittlere – schwere Lese-Rechtschreib-Schwäche« werden die Kinder oft zur pädagogischen Therapie in die Schule zurückgeschickt. Die Therapie wird dann – unabhängig von der Diagnostik und der medizinisch-psychologischen Behandlung – von Lehrkräften in Förderkursen mit häufig zu vielen Kindern, die unterschiedlichste und oft bereits verfestigte Schwierigkeiten aufweisen, durchgeführt. Diagnostiker und Therapeut lernen sich vielleicht nie kennen. In den Förderkursen wird in der Regel nicht auf den Lernvoraussetzungen der einzelnen Kinder aufgebaut. Im Allgemeinen werden fertige Programme verwendet, deren Wortschatz, Aufgabenstellung und Methoden naturgemäß nicht auf den Einzelfall zugeschnitten sein können.

Auch zum Regelunterricht haben die Fördermaßnahmen im Allgemeinen wenig Bezug. Der Erfolg der Förderung wird in der Regel wieder mit standardisierten Lese- und Rechtschreibtests überprüft, obgleich sie auch dafür denkbar ungeeignet sind: Da die Tests sich nicht auf das tatsächlich bearbeitete Förderprogramm beziehen, kann ein Kind, auch wenn das Testergebnis nicht besser oder sogar schlechter wird als vor Beginn der Förderung, etwas dazugelernt haben!

Im Regelunterricht wird der Erfolg der Förderung selten deutlich. Wenn der Unterricht sich nicht verändert, bleibt ein Kind mit LRS am unteren Ende der Rangreihe, auch wenn es individuell besser geworden ist.

Beim prozess- oder situationsorientierten Ansatz richtet sich die Diagnostik zwar auch auf das einzelne Kind, die Betonung liegt aber auf seinem Lernprozess und dessen Wechselwirkungen mit der Umwelt. Deshalb müssen außer den Lernvoraussetzungen, den Lernmöglichkeiten und dem Lernverhalten des Kindes auch alle unterrichtlichen Faktoren, das Verhalten der Lerngruppe und der Lehrkräfte, der Einfluss der Eltern und die jeweiligen Wechselwirkungen berücksichtigt werden. Ebenso muss die Sachstruktur des Lerngegenstands bekannt sein.

Eine prozess- oder situationsorientierte Diagnostik kann nicht von außerschulischen ExpertInnen, die ebenso selten Fachleute für Schriftspracherwerb sind und keinen Zugang zu den Lehr- und Lernprozessen haben, geleistet werden. Den unterrichtenden LehrerInnen kommt hier eine besondere Rolle als Diagnostiker zu. Sie brauchen dazu aber Unterstützung, z.B. durch KollegInnen oder durch den schulpsychologischen Dienst.

Prozessorientierte Diagnostik ist direkt auf die Förderung der Kinder und die Verbesserung der Lernsituation gerichtet. Für die Lehr- und Lernprozesse werden die günstigsten Konstellationen und Möglichkeiten gesucht. Förderdiagnostik ist nicht eine einmalige Aktivität, sondern ein Prozess.

Diagnostische Hinweise geben zunächst freie, dann stärker systematische Beobachtungen in unterschiedlichen Situationen: im Unterricht in verschiedenen Fächern, in verschiedenen Lerngruppen, mit unterschiedlichen Lehrkräften, in der Freizeit, in der Schule und zu Hause. Die Beobachtungen der Eltern müssen unbedingt mit einbezogen werden. Auch Tests oder einzelne Testaufgaben können bedeutsame Informationen liefern. Die Art und Weise, wie ein Kind einen Test oder einzelne Untertests bearbeitet, kann durchaus zur Klärung bestehender Schwierigkeiten herangezogen werden und den Blick für neue Lernmöglichkeiten öffnen. Fehler werden als Lösungsversuche interpretiert. Die Strategie, die ein Kind einsetzt, um ihm unbekannte Wörter in einem Rechtschreibtest zu schreiben, und ein Gespräch mit ihm darüber können mehr Ansätze zum Verständnis seiner Schwierigkeiten und zu seiner Förderung bieten als die korrekte qualitative Testauswertung. So verwendet, können selbst Intelligenztests eine Funktion bei der Diagnose von LRS behalten.

Schwerpunktbereiche der Förderdiagnostik

Der förderdiagnostische Ansatz betrachtet jedes Kind als »Einzelfall«. Jedes hat seine ganz persönlichen Lese-, Schreib- und Rechtschreibschwierigkeiten!

Sammelbezeichnungen wie »leichte – mäßige – schwere Lese-Rechtschreib-Schwäche« oder Etiketten wie echter »Legastheniker«, »ADS-Kind«, »Teilleistungsschwäche«, die in Schulen, bei klinisch orientierten Therapeuten und Hilfe suchenden Eltern noch gang und gäbe sind, verhindern eine Förderdiagnostik eher als dass sie die individuellen Schwierigkeiten erhellen und Veränderungsmöglichkeiten aufzeigen.

Ausgangssituation: Verhalten im Unterricht

Förderdiagnostik beim Lesen-, Schreiben- und Rechtschreibenlernen beginnt damit, die Lernprozesse aller Kinder im Unterricht zu beobachten und fördernd zu begleiten. Lernprobleme und damit zusammenhängende Befindlichkeitsstörungen von Kindern werden allerdings oft nicht oder nicht früh genug erkannt – und dementsprechend auch nicht aufgearbeitet. Auf Schwächen aufmerksam werden LehrerInnen meistens nur, wenn Kinder von Anfang an deutlich anders sind als andere oder ihr Verhalten aktiv störend ist.

Dabei können sich beginnende Lernschwierigkeiten sehr indirekt andeuten: Die Kinder ändern vielleicht kaum merklich emotionales und soziales Verhalten. Sie werden ein bisschen stiller oder etwas lebhafter, sie haben hin und wieder Kopfschmerzen und Bauchweh, werden schneller müde und anfälliger für Krankheiten. Vielleicht ändert sich unmerklich auch ihr Arbeitsverhalten: Sie schlagen das Lesebuch etwas langsamer auf und machen ein paar Fleißaufgaben weniger im Schreibheft. Sie »vergessen« ihre Hefte und Bücher und wissen nicht immer, was sie aufhatten.

Manche Kinder können die Lehrerin, die Eltern – und im schlimmsten Fall auch sich selbst – lange über Schwierigkeiten hinwegtäuschen, indem sie Kenntnisse durch Auswendiglernen ersetzen.

In einem von Anfang an differenzierten Unterricht, der auf den individuellen Lernvoraussetzungen jedes Kindes aufbaut, werden von vornherein weniger Lernschwierigkeiten auftreten, bzw. werden sie sofort erkannt. Das individuelle Lernangebot und die Lernhilfen werden kontinuierlich dem Lernprozess und dem Lernstand des Kindes angepasst, ehe sich bei ihm falsche Vorstellungen und Strategien verfestigen können. Der Lernerfolg wird am individuellen Fortschritt des Kindes gemessen, sodass sich Misserfolgserlebnisse und Selbstwerteinbußen weitgehend vermeiden lassen.

LehrerInnen müssen aufmerksam – aufmerksamer als bisher – die aktuelle Lernsituation jedes Kindes beobachten und schon kleine Verhaltensänderungen – im emotionalen, sozialen und im Lern- und Leistungsbereich – registrieren und deuten lernen. Hinweise der Eltern, die oft als übertriebene Fürsorge oder Ehrgeiz abqualifiziert werden, müssen ernst genommen werden.

In allen Persönlichkeitsbereichen, dem physischen, kognitiven und nichtkognitiven, finden sich Merkmale, bei denen bisher ein Zusammenhang mit Lese- und Rechtschreibschwierigkeiten nachgewiesen oder häufig behauptet wurde.

Schwerpunkt: Persönlichkeitsmerkmale des Kindes

Dass zwischen *körperlichen* Behinderungen oder Krankheiten und Lern- und Leistungsstörungen eine enge Wechselwirkung besteht, ist unumstritten. Für das Lesen- und Schreibenlernen sind Behinderungen, Funktions- oder Koordinationsstörungen von Auge, Ohr, Sprechapparat und Hand besonders relevant. Mit besonderer Skepsis sollten die LehrerInnen medizinische Erklärungen für Schwierigkeiten beim Lesen- und Schreibenlernen begegnen. Sie können für das betroffene Kind und seine Eltern – und auch für Lehrerin und Lehrer – eine große Entlastung bedeuten: Nun muss sich niemand mehr »Schuld« am Versagen des Kindes zuschreiben. Aufmerksamkeitsstörungen sind schwer diagnostizierbar und die Diagnose hat zudem für die schulische Förderung keine hinreichende Relevanz. Die Art und Weise, wie man unruhigen, impulsiven und konzentrationsarmen Kindern am ehesten zu Lernerfolgen verhelfen kann, bleibt die gleiche, ob man an das Vorhandensein einer ADS glaubt oder nicht. Im Gegenteil: Die Diagnose ADS kann die notwendige Förderung verhindern in der Annahme, dass bei einer quasiorganischen Störung schulische Maßnahmen nicht angezeigt sind.

Hat die ärztliche Untersuchung physischer Beschwerden keinen Befund ergeben, kann man davon ausgehen, dass sie eher psychische Verstimmungen oder eher noch das Ergebnis komplexer Wechselwirkungen sind. Von Beruhigungspillen gegen Diktatangst und Tropfen bei Flüchtigkeitsfehlern ist den Eltern dringend abzuraten, auch wenn sie – wie es häufig geschieht – vom Arzt verordnet sind! In solchen Fällen müssen die Versuche von Lehrerin und Lehrer, die Interaktionen zwischen Körper, Geist und Psyche und die Einflussfaktoren der Umwelt, besonders der schulischen Umwelt, besser kennen zu lernen, intensiviert werden. Als förderdiagnostische Methoden kommen hauptsächlich Gespräche mit Eltern und Kind und die Beobachtung des kindlichen Verhaltens in unterschiedlichen Situationen und bei veränderten Bedingungen in Betracht. Leidet das Kind bei Eigen- und Partnerdiktaten auch unter Übelkeit? Bekommt es schweißnasse Hände, wenn es eigene Texte drucken darf? Werden die Hustenanfälle weniger, wenn es der Lehrerin leise vorlesen darf? Ist es genauso unruhig wie sonst, wenn es seine Arbeit und sein Lerntempo selbst bestimmen kann? Ist es beim selbst gewählten Spiel auch unkonzentriert? Werden die Konzentrationsstörungen geringer, wenn Entspannungsphasen planmäßig in den Unterricht eingebettet werden? Usw. usw.

Dass *kognitive* Merkmale des Kindes seine Lese- und Rechtschreibleistungen beeinflussen können, leuchtet unmittelbar ein. Die hohe Plausibilität kann aber leicht dazu führen, dass diese Zusammenhänge bei weitem überschätzt werden. Lese- und Rechtschreibstörungen sind weitgehend unabhängig von der im Intelligenztest gemessenen Begabung. Sowohl intelligente als auch weniger intelligente Kinder können regelrecht lesen und schreiben lernen. Kognitive Merkmale sollten nur überprüft werden, wenn Fördermaßnahmen denkbar sind. Die Feststellung eines IQ hilft einem Kind nur, wenn er überdurchschnittlich ausfällt. Ist er »unterdurchschnittlich«, kann das für das Kind nicht wieder gutzumachenden Schaden anrichten: Es wird etikettiert, aber nicht gefördert. Zur Diagnose kognitiver Merkmale sollten standardisierte Testverfahren, die gerade in diesem Bereich zahlreich sind, nur verwendet werden, wenn die Möglichkeit der förderdiagnostischen Umdeutung besteht. *Nichtkognitive* Personfaktoren, die als Erklärungsursachen für schriftsprachliche Lernstörungen herangezogen werden, sind (vgl. Grissemann 1986, S. 133):

- Persönlichkeitsmerkmale im engeren Sinne wie Ängstlichkeit, Kontaktscheu, Depressivität, Infantilität, Verträumtheit, Reizbarkeit, Stimmungslabilität, verminderte Frustrationstoleranz,
- Motivation und Einstellungen, z.B. mangelnde Leistungsmotivation, mangelnde Motivation zu sprachlichem Lernen, Schulunlust, geringe Hoffnung auf leistungsmäßigen Erfolg,
- kognitiver Verhaltensstil, z.B. Hast, besondere Impulsivität bei Belastbarkeitssituationen, Unselbstständigkeit, geringe Ausdauer.

Noch stärker als körperliche und kognitive Merkmale unterliegen Entstehung und Ausprägung nichtkognitiver Persönlichkeitsmerkmale der Wechselbeziehung mit sozialen Systemen wie Familie und Schule.

Hierzu zwei Beispiele: Ein ängstliches Kind, dessen Lese- und Schreiblernprozess den Eltern zu langsam und unsicher verläuft, erhält deshalb täglich häusliche Nachhilfe und muss »vorarbeiten«. Dafür wird es wiederum von der Lehrerin gerügt. Diese Rüge kann es aber an die Eltern – aus Angst – nicht weitergeben. Die Angst vor dem Lesen und Schreiben wird größer und damit die Lernblockade ebenfalls. Ein Teufelskreis entsteht, wenn die Lehrerin ihn nicht generell schnell durchschaut und unterbricht.

Die Persönlichkeit eines Kindes zu kennen ist eine wichtige Voraussetzung für seine Unterrichtung und Förderung. Persönlichkeitsmerkmale aber als Eigenschaften – wie das in Schulen üblich ist – zu beschreiben ist gefährlich: Eine Eigenschaft ist ein stabiles Merkmal, was soll man da noch fördern? Für eine Förderdiagnostik ist es weniger wichtig zu wissen, wie ein Kind *ist,* sondern wie es sich *verhält* und ob dieses Verhalten eher überdauernd oder eher situationsabhängig ist und in welchen Situationen es besonders häufig vorkommt. Reagiert das Kind z.B. immer ängstlich oder nur, wenn es lesen oder rechtschreiben soll? War es vom ersten Schultag an so, oder hat es sich im Lauf der Zeit verändert? Arbeitet es immer unüberlegt und überhastet oder nur beim Diktatschreiben?

Zur Feststellung nichtkognitiver Persönlichkeitsmerkmale sind standardisierte Tests weniger geeignet als zur Feststellung kognitiver Faktoren. Angst, Konzentration, Leistungsmotivation, Impulsivität usw. können nicht in einer Testsituation festgestellt werden. Gerade im nichtkognitiven Bereich gehen Diagnose und Förderung ineinander über, wenn die Situationen lernrelevant verändert werden.

Nur wenn Lehrerin und Lehrer die Gesamtheit der Handlungsbezüge und Lern- und Lebensbedingungen des Kindes in ihren wesentlichen Zusammenhängen durchschauen, finden sie auch Zugang zu den Ursachen bestimmter Verhaltensweisen und Möglichkeiten, sie fördernd zu beeinflussen.

Schwerpunkt: Biografie und Lerngeschichte

Um die aktuelle Situation verstehen und verbessern zu können, muss man die Entwicklung und Biografie eines Kindes kennen lernen: Hat es sich »regelrecht«, verzögert oder beschleunigt entwickelt? War die Sprachentwicklung verlangsamt? War das Kind längerfristig krank? Gab es besonders belastende Erlebnisse in der Familie? Wie ist – bei älteren Kindern – die bisherige Schulzeit verlaufen? Hatte das Kind außerschulischen Förderunterricht? Bei wem? Wie lange?

Wichtig sind auch die Reaktionen seiner Umwelt. Wie ist es auf Fehler hingewiesen worden? Oder »musste« es vor der Schule schon lesen und schreiben lernen, um einen besseren Start zu haben? Haben die Eltern seine ersten Schreibversuche ernst genommen? Darf das Kind in seinem Tempo lernen oder wird es ständig mit anderen – Besseren – verglichen? Mag es keine Briefe schreiben, weil es nach jedem Geburtstag dem Onkel für unerwünschte Geschenke freudige Dankesbriefe schicken muss?

Zur Aufdeckung der Lerngeschichte bedarf es behutsamer Fragen an das Kind selbst, seine Eltern, eventuell an die Erzieherinnen aus dem Kindergarten, die Vorklassenleiterin und andere KollegInnen in der Schule. Die im Handel erhältlichen oder in der Literatur mitgeteilten Fragebögen oder Interviewleitfäden sind zu diesem Zweck höchstens als Gedächtnisstütze oder Strukturierungshilfe für Gespräche zu verwenden, da sie meistens die situativen Zusammenhänge nicht – oder nicht in ausreichendem – Maße berücksichtigen. Die Intimsphäre von Kind und Eltern muss auf jeden Fall gewahrt bleiben. Vor Gesprächen mit Dritten über ein Kind muss in jedem Fall die Erlaubnis der Eltern eingeholt werden.

Schwerpunkt: Außerschulische Situation

Für das Lesen- und Rechtschreibenlernen ist die folgende Frage besonders relevant: Ist Lesen und Schreiben in der Familie selbstverständlich oder nicht? In Familien, in denen Lesen und Schreiben eine besondere Bedeutung haben, kann ein Kind besonders leicht Zugang zur Schriftsprache finden. Es kann ihn aber auch besonders leicht verweigern, um die Eltern zu zwingen, sich statt mit ihren Büchern und Schriftstücken mit ihm zu beschäftigen.

Über die außerschulische Situation werden Gespräche mit Eltern und Kind und Beobachtungen Auskunft geben. Oft lohnt auch ein Blick in die Schulakten und das Gespräch mit KollegInnen. Ist die Kontaktaufnahme mit den Eltern schwierig oder die Beziehung aus irgendwelchen Gründen belastet, können Beratungslehrer oder -lehrerin oder schulpsychologischer Dienst zu den Gesprächen hinzugebeten werden. Außerschulische Einflüsse wie Liebesentzug, Panik, Strafen, zu viel und falsches Üben zu Hause können die schulische Förderung behindern und müssen gleichlaufend mit ihr abgebaut und verändert werden.

Schwerpunkt: Schulische Situation

Schulschwierigkeiten können als »Resultat einer unzureichenden Passung zwischen lebenslagenspezifischen Lernvoraussetzungen und institutionellen Lernanforderungen der Schule verstanden« werden, bei denen »die institutionellen Anforderungen an normativ-soziale, motivationale, emotionale, kognitive und sprachliche Kompetenzen nicht mit den aktuell vorhandenen, in der familialen – und schulischen – Sozialisation erworbenen Fähigkeiten eines Schülers bzw. einer Schülerin übereinstimmen« (Mürmann/Wissinger 1986, S. 12). Deshalb muss auch der »normale« Unterricht in einer »normal großen« Schulklasse mit »normal qualifizierten« Lehrkräften in eine Förderdiagnostik einbezogen werden.

Besonders zu beachten sind:

- allgemeine institutionelle und methodenimmanente Mängel,
- Störungen der Beziehungen zwischen Lehrerin oder Lehrer und Kind – und seiner Familie – und zwischen einzelnen Kindern und Lerngruppe,
- diskrepante Unterrichtsmethoden, Verhaltensstile, Einstellungen und Persönlichkeitsmerkmale verschiedener Lehrkräfte (Grissemann 1980, S. 230).

Im Rahmen einer Förderdiagnose müssen auch Fragen gestellt werden wie: Haben Schüler die Möglichkeit, einen eigenen, begrenzten Wortschatz aufzubauen, auf den sie als »sicheren« Bestand für eigene Texte zurückgreifen und von dem aus sie Analogien und Regelhaftigkeiten der Schriftsprache entdecken können? Kann das Kind in seinem persönlichen Tempo und mit dem ihm entsprechenden Material lernen? Sind Lehrerin oder Lehrer sehr leistungsbewusst, und ist die Lerngruppe sehr leistungsstark?

Je länger ein Kind zur Schule geht, desto wichtiger werden auch solche Fragen: Wie gehen unterschiedliche Lehrkräfte mit Kindern mit besonderen Schwierigkeiten beim Lesen und Schreiben um? Gibt es ein einheitliches pädagogisches Konzept?

Die meisten Informationen über die schulische und unterrichtliche Situation werden Lehrkräfte durch Selbst- und Fremdbeobachtung, durch das Gespräch mit den Kindern und KollegInnen erhalten. Gegenseitige Hospitationen und Unterrichtsbeobachtungen durch so genannte »neutrale« Beobachter wie BeratungslehrerInnen, SchulpsychologInnen liefern wichtige Informationen. Unverzichtbar ist auch das Feedback der SchülerInnen zum Unterrichtsstil und Lehrerverhalten. Wem ein Kreisgespräch zu diesem Zweck zu belastend ist, kann es auch durch anonyme Befragungen einholen.

Zur Förderdiagnose sind Bereitschaft und Fähigkeit zur Selbstreflexion und Selbsterkenntnis notwendig. Zur persönlichen Rückenstärkung, zur Erfahrung, dass ungünstige Verhaltensweisen meist nicht persönliche »Stile« sondern professionelle Deformierungen sind, zum Überdenken und zur Verbesserung der Unterrichtssituation und der Lehrer-Schüler-Beziehung können Lehrergruppen hilfreich sein. Wenn in der Region keine angeboten werden, denen man sich noch anschließen kann, wird die regionale Lehrerfortbildung auf Anfrage vielleicht neue Gruppen einrichten. Am besten bewährt haben sich kontinuierliche kollegiumsinterne »Supervisions«gruppen.

Methoden der Förderdiagnostik

Für förderdiagnostische Zwecke eignen sich alle Methoden und Verfahrensweisen, die den individuellen Lernprozess des Kindes mit all seinen Bedingungen beschreiben und die natürliche Lernsituation erfassen.

Beobachtung

Die natürliche förderdiagnostische Methode ist die Beobachtung der Kinder im Unterricht. Sie dient der Steuerung des Lehr-Lern-Prozesses und ist gleichzeitig Grundlage der Beurteilung der SchülerInnen. Besonders gute Beobachtungsmöglichkeiten haben KlassenlehrerInnen, die ihre Kinder in vielen verschiedenen Situationen beobachten und demzufolge viele Facetten ihres Verhaltens kennen und verstehen lernen können.

Die alltägliche unterrichtsbegleitende Beobachtung und die Schlüsse, die daraus gezogen werden, bleiben allerdings meistens relativ willkürlich und unkontrolliert. Zur Feststellung besonderer Schwierigkeiten beim Lesen- und/oder Schreibenlernen sollte die Beobachtung bestimmter Verhaltensbereiche bewusst erfolgen und gegebenenfalls intensiviert und systematisiert werden.

Die Beobachtungsergebnisse müssen möglichst unmittelbar festgehalten werden, z.B. schon während einer Stillarbeitsphase im Unterricht. Notiert werden muss das tatsächlich beobachtete Ereignis mit einer kurzen Beschreibung der Situation, in der es stattgefunden hat – nicht seine Interpretation. Also nicht: »Peter war beim Lesen wieder sehr aggressiv«, sondern: »Als Peter vorlesen sollte, musste Jochen laut husten. Peter schmiss sein Buch nach ihm und schlug auf ihn ein. Trotz meines Zuredens war er dann nicht mehr zum Lesen zu bewegen.« Zugegeben, der zweite Text ist länger und kostet mehr Zeit. Er enthält aber auch mehr Informationen und vor allen Dingen Hinweise darauf, warum sich Peter so verhält und wie ihm vielleicht zu helfen wäre.

Um einen ersten Überblick über den Lernstand der einzelnen Kinder einer Lerngruppe zu erhalten, kann man innerhalb eines bestimmen Zeitraumes oder in vergleichbaren Unterrichtssituationen nach und nach alle Kinder beobachten: beim – lauten – Vorlesen, beim leisen Lesen, im Gesprächskreis, beim Abschreiben von der Tafel, beim Diktat, beim Produzieren eigener Texte, bei Sprachspielen usw. Dabei genügt es vollkommen, die Beobachtungsergebnisse für jedes Kind auf einer gesonderten Karteikarte oder einem Extrablatt in einem Ordner zu notieren. Das Blatt könnte der Einfachheit halber wie folgt eingeteilt werden:

Datum	Stunde Fach	Besonderes Ereignis Verhalten des Kindes	Reaktionen darauf

Bei Durchsicht der Kartei oder des Ordners merkt man sofort, ob man ein Kind »vergessen« hat. Außerdem werden dabei Auffälligkeiten, Schwierigkeiten, Ungereimtheiten sichtbar, die weitere, nun aber gezielte Beobachtungen – verstärkt auf bestimmte Kinder in bestimmten Situationen gerichtet – einleiten können. Diese zusätzlichen Beobachtungsnotationen können für jedes Kind leicht auf einem 2. oder 3. Blatt beigeheftet werden.

Die Beobachtung aller Kinder einer Lerngruppe sollte in regelmäßigen Zeitabständen wiederholt werden, z.B. vierteljährlich, um neu aufgetretene Schwierigkeiten sofort zu entdecken und abzustellen, ehe sie sich verfestigen können. Zur allgemeinen Beobachtung hat sich die Verwendung von Leitfragen bewährt, die, bezogen auf den Beobachtungsgegenstand, zusammengestellt und für jedes einzelne Kind in bestimmten zeitlichen Abständen beantwortet werden müssen. Ein Leitfragensystem zur Beobachtung der Sprachlernprozesse im Anfangsunterricht hat Spitta (1993b) veröffentlicht.

Die vertiefte Beobachtung einzelner Kinder mit besonderen Schwierigkeiten muss daran anschließend kontinuierlich lernprozessbegleitend erfolgen. Sie ist integrierter Bestandteil jeder förderdiagnostischen Arbeit. Da nur wenige Kinder unter »Dauerbeobachtung« bleiben müssen, sollte sie – bei normaler Klassenfrequenz und zunehmender Routine – von jeder Lehrkraft im Unterricht leistbar sein.

Für die Aufzeichnung aller förderdiagnostischen Maßnahmen für einzelne Kinder mit besonderen Schwierigkeiten beim Lesen- und Schreibenlernen kann ein *Unterrichtstagebuch* geführt werden. Dort werden für jede Unterrichtsstunde der Stand im Lernprozess und die darauf aufbauenden besonderen Übungen notiert. Insgesamt ergibt sich eine detaillierte Beschreibung der Lerngeschichte jedes Kindes. Beispiele für eine Förderdiagnostik besonderer Lese- und Rechtschreib-Schwierigkeiten im Anfangsunterricht mit Hilfe eines Unterrichtstagebuchs gibt Dehn (1994a).

Über den Verlauf besonderer Förderkurse können *Unterrichtsprotokolle* Auskunft geben, entweder von der Lehrerin und/oder von den Kindern geführt. Von den SchülerInnen ausgefüllte Protokollblätter beschreiben nicht nur ihre Arbeit, sondern auch ihre Motivation, ihre Gefühle, ihre Selbsteinschätzung und ihre Situation in der Lerngruppe.

Gespräch

Das zweite wichtige Verfahren der Förderdiagnostik ist das Gespräch mit den Betroffenen: mit dem LRS-Kind, seinen Eltern, eventuell auch mit den ErzieherInnen, die es vor der Einschulung im Kindergarten betreuten, und anderen KollegInnen, die es nun in der Schule unterrichten.

In förderdiagnostischen Gesprächen mit dem Kind will man möglichst viele Informationen über seine bisherige Lerngeschichte und seine aktuelle Lernsituation – und die Gefühle, die es dabei entwickelt – erhalten. Insbesondere möchte man erfahren, wie das Kind seine Schwierigkeiten erklärt und welche Möglichkeiten zur Verbesserung es selbst sieht.

Solche Gesprächsversuche verlaufen in der Schule oft zu wenig erfolgreich. LehrerInnen verstehen zu wenig von den unterschiedlichen Formen der Gesprächsführung. Das übliche »Ausfragen« nach dem »Warum«, »Wieso«, »Wer«, »Wann« und »Wie lange schon« führt eher dazu, dass das Kind sich immer mehr verschließt und nur noch das antwortet, was es für erwünscht hält. Die meisten Kinder erklären ihre Schwierigkeiten zunächst einmal mit mangelndem Fleiß und beteuern, von nun an wirklich mehr üben zu wollen. Sie sagen genau das, was die Erwachsenen ihnen erklärt haben und was sie von ihnen erwarten. Kinder können auch mit weitschweifigen Erklärungen von sich selbst und dem eigentlichen Problem ablenken oder durch hartnäckiges Schweigen die Lehrerin dazu bringen, immer stärker auf sie einzureden. Sie können auf alle »Warum«-Fragen auch mit »Ich weiß nicht« antworten und damit alle die bestätigen, die immer schon gewusst haben, dass solche Gespräche mit Kindern, besonders mit kleineren Kindern, »nichts bringen«.

Die erste Voraussetzung für jedes förderdiagnostische Gespräch ist der Aufbau von Vertrauen. Dazu müssen Lehrerkräfte emotionale Wärme, Akzeptanz und Achtung, einfühlendes Verstehen und Echtheit gegenüber dem Kind entwickelt haben (Bachmair u.a. 1996).

Als Strukturierungshilfen für förderdiagnostische Gespräche können alle Strategien verwendet werden, die auch beim *kooperativen Problemlösen* (Bachmair u.a. 1996) hilfreich sind:

- *Das Problem, die Schwierigkeiten werden benannt und beschrieben.*
  Das Kind wird gebeten, die Lese- und Rechtschreib-Schwierigkeiten aus seiner Perspektive darzustellen, besonders auch, welche Gefühle und Gedanken es dabei hat. Am besten lässt man sich dazu eine konkrete Situation beschreiben, z.B. ein Diktat im Unterricht: Was tut die Lehrerin, was tut das Kind, wie geht es seiner Meinung nach den anderen Kindern? Weitere »Schlüssel«situationen können sein: das Aufgabenmachen und Üben zu Hause, die Reaktion der Eltern auf eine schlechte Note in einer Deutscharbeit, das laute Vorlesen im Unterricht oder überhaupt das »Drankommen«. Schon kleinere Kinder sind durchaus in der Lage, ihre Situation zu beschreiben und einzuschätzen, wenn man sie nur lässt und ihnen zuhört. Ältere Kinder können den Auftrag erhalten, ihre Lese- und/oder Rechtschreibsituation über einen längeren Zeitraum hinweg selbst zu beobachten und zu beschreiben, z.B. den Verlauf einer Deutschstunde, ihren Tages- oder Wochenablauf.
- *Die Schwierigkeiten werden analysiert.*
  Ausgehend von den konkreten Beschreibungen, können die Bedingungen geklärt werden, die zu den Schwierigkeiten führen bzw. sie verstärken und auf-

rechterhalten. Wann macht das Kind z.B. besonders viele Fehler, wann weniger? Behält es neue »Rechtschreib«wörter besser, wenn es sie gleichzeitig sehen, hören, »anfassen« kann? Helfen ihm »Eselsbrücken«? Welche Bemerkungen der Lehrerin sind hilfreich, welche hindern es am Lernen? Hat die Lehrerin eine Angewohnheit, die das Kind verunsichert oder wütend macht? Seufzt sie z.B. – vielleicht unbewusst, für das Kind aber deutlich vernehmbar – jedes Mal schon, wenn sie ihm etwas erklärt oder es aufruft? Schon vermeintliche »Kleinigkeiten« können für das Kind lernhemmende Wirkungen haben.

- *Mögliche Lösungen zur Bewältigung der Schwierigkeiten werden gesammelt.*
Gemeinsam mit dem Kind werden Ideen zur Lösung des Problems – zunächst ohne Wertung – gesammelt. In einem zweiten Schritt werden sie auf ihre Brauchbarkeit hin bewertet. Es ist sinnvoller, sich langsam – eventuell in einem zweiten oder dritten Gespräch – an eine vom Kind mitgetragene, noch besser: vorgeschlagene Lösung heranzutasten, als es im ersten Gespräch zu einer direkten Lösungsstrategie zu überreden, die dann doch nicht eingehalten werden kann und dadurch den Unwillen des Kindes, sich mit seinen Schwierigkeiten auseinander zu setzen, nur vergrößert. Die Lösung darf sich dabei nicht auf eine Veränderung des Kindes beschränken, sondern muss in gleicher Weise die Lernbedingungen betreffen. Auch die Eltern müssen Verpflichtungen zur Verhaltensänderung übernehmen. Absprachen sollten schriftlich festgehalten werden, sie sollten gleichwertige Aufgaben für alle Beteiligten – Kind, Eltern, Lehrkräfte – enthalten und vor allem unterschrieben werden.

- *Die gemeinsam beschlossenen Lösungsschritte werden realisiert.*
Die Durchführung der Maßnahmen wird geplant und organisiert. Ein Beispiel: Die Lehrerin gibt dem Kind Arbeitsaufträge für einen begrenzten Zeitraum, z.B. 15 Wörter zu einem bestimmten Rechtschreibproblem mit Hilfe der Rechtschreibkartei innerhalb der nächsten drei Tage sicher zu beherrschen. Das Kind verpflichtet sich, jeden Tag eine Viertelstunde zusätzlich zu den Hausaufgaben mit Rechtschreibkartei und Kassettenrekorder zu üben. Die Eltern verpflichten sich, keine weiteren Übungen zu verlangen, sondern das Kind schon für das Einhalten der täglichen Übungszeit zu belohnen – auch wenn es nach drei Tagen vielleicht nur zwölf der 15 aufgegebenen Wörter richtig reproduzieren kann.

- *Die Lösungsversuche werden auf ihre Wirksamkeit hin überprüft und gegebenenfalls verändert.*
Die Lösungsversuche werden von Zeit zu Zeit kontrolliert und mit dem angestrebten Zielverhalten verglichen.
Wenn sich die ursprünglich beschlossenen Lösungswege nicht als gangbar erwiesen haben, sollten sie in einer gemeinsamen »Strategiesitzung« verändert werden.

Schulpraxis

Erika Brinkmann/Hans Brügelmann

Beobachtungshilfen für den Anfangsunterricht im Lesen und Schreiben

Um besser zu verstehen, mit welchen Vorstellungen von Schrift Kinder in die Schule kommen und welche konkreten Umgangsformen mit Schriftsprache sie mitbringen, haben wir im Projekt *Kinder auf dem Weg zur Schrift* die »Lese- und Schreibaufgaben für Schulanfänger« entworfen und erprobt. Am Beispiel von Andrea stellen wir ihren jeweiligen Schwerpunkt und ihre Durchführung/Auswertung kurz vor. Die Aufgaben beziehen sich auf die Lernfelder unserer didaktischen Landkarte und die dazu publizierten Beobachtungs- und Förderhilfen (vgl. Brinkmann/Brügelmann 1995; Brügelmann/Brinkmann 1998).

Bei der Vorstellung vor Schulanfang fiel Andrea u.a. als bockig-aggressiv auf (»Mach ich nicht!«, »Will ich nicht!«). Sie verweigerte sich mehrfach, und der Mutter wurde empfohlen, das Mädchen in den Schulkindergarten (Vorklasse) zu geben. Die Eltern bestanden aber auf Andreas Einschulung.

Sprachanalytische Leistungen

Robotersprache: Gliederung von Wörtern in Silben

Bei dieser Aufgabe bitten wir Kinder, so abgehackt wie ein Roboter zu sprechen, also ein Wort wie »Rosine« in drei Einheiten zu gliedern: »RO-SI-NE«.
Die Silbengliederung ist ein erster Schritt zur Lautanalyse des Wortes und erfasst damit eine Teilleistung des Schreibens: Gliederung des Wortes in Lautelemente, denen dann Schriftzeichen zugeordnet werden.

Andrea kann nur die Wörter »Schule«, »Eis« und »Strumpf« silbisch richtig erfassen. Bei durchschnittlich 8 richtigen (von 10) Wörtern in der Klasse (und 6–7 in anderen Gruppen) ist dies das schlechteste Ergebnis. »Brief-marke« und »Banane« gliedert sie in nur zwei Silben, die übrigen Wörter verweigert sie.

Der kaputte Roboter: Erkennen gedehnter Aussprache

Hier erzählen wir den Kindern, dass der Roboter nicht mehr richtig funktioniert und die Wörter künstlich lang spricht, z.B. »BAA-NAA-NEE«. Sie sollen herausfinden, was der Roboter wohl sagen will.

Eine solche gedehnt gesprochene Lautfolge ergibt sich fast immer beim lautierenden Erlesen. Der »kreative Sprung« zum natürlichen Wortklang erfasst deshalb eine Teilleistung des Lesens, die besonders in frühen Phasen (und später bei schriftlich weniger vertrauten Wörtern) wichtig wird: Wie beweglich können die Kinder mit der Lautform umgehen und über ein probierende »Spielen« in der Bandbreite der Laute zur üblichen Aussprache gelangen? Eine Erleichterung (und zugleich eine Verknüpfung mit der Nutzung eigener Sinnerwartung) würde die Vorgabe von mehreren Auswahlbildern bieten, denen das vorgesprochene Wort dann zuzuordnen ist

> *Mit 4 auf Anhieb und 4 im zweiten Versuch richtig (oder im Wesentlichen richtig) erkannten Wörtern erreicht Andrea ein durchschnittliches Ergebnis. Sie scheitert nur bei »Ige:l« und »Ro:le:r« Letzteres gehört mit »Se:ße:l« und »Zu:ke:r« zu den schwierigen Wörtern (jeweils nur von etwa einem Fünftel der Kinder erkannt), weil sowohl Stammvokal als auch Auslaut üblicherweise kurz gesprochen werden.*

Ein durchgängiges Ergebnis unserer Untersuchung bestätigt sich auch bei Andrea: Die so genannten »auditiven« Leistungen lassen sich nicht auf eine allgemeine Fähigkeit (oder Schwäche) zurückführen. Solche Aufgaben (wie: Anlaute erkennen; Reime bilden; Wörter in Silben oder Laute gliedern; Wörter aus Einzellauten oder einer gedehnten Zwischenform erkennen) erfassen spezifische Leistungen, die erfahrungsabhängig und bei Schwierigkeiten nicht auf eine allgemeine auditive Wahrnehmungsschwäche zurückzuführen sind. Technisch gesprochen: Die Korrelationen zwischen den Ergebnissen in diesen Aufgaben sind mit meist weniger als .30 sehr niedrig.

Trotzdem kann es Andrea nützen, die Roboteraufgaben häufiger zu spielen; dann aber mit dem Ziel, eine »spielerische Haltung« gegenüber den Lautelementen der Sprache oder spezifische Teilleistungen des Lesens und Schreibens zu fördern. Dies ist keine Voraussetzung für ihre Teilnahme am Lese- und Schreibunterricht, wird vielmehr durch die Materialisierung der flüchtigen Laute in der Schriftform eher erleichtert. Das gilt besonders für die noch schwierigere Aufgabe, Wörter aus einzelnen Lauten zu synthetisieren (»L-O-S«, »los« dabei erreichen nämlich drei Viertel unserer Schulanfänger nur 0–1 von 10 möglichen Punkten. Ein erneuter Hinweis, wie schwierig eine Synthese ohne Sinnerwartung und ohne Stütze durch die (erfahrenen Lesern vertraute) Schriftform häufig gelesener Wörter ist.

Wie aber steht es mit Andreas konkreten Schriftkenntnissen?

Buchstaben-, Ziffern- und Wortkenntnis

Buchstaben und Ziffern benennen

Auf Kärtchen legen wir den Kindern die 26 Großbuchstaben vor. Die Kleinbuchstaben bringen kaum zusätzliche Erkenntnisse: In der Regel kennen die Kinder halb so viele kleine wie große.

> *Andrea kann keinen benennen (Klasse im Durchschnitt 6–7; Streuung 0–26). Aber bei 8 Buchstaben kann sie auf ein Wort verweisen, in denen sie vorkommen (dabei 6 aus ihrem Namen, außerdem <K> und <M>). Das <X> gehört ihrer Meinung nach zu den Zahlen. Sie bezeichnet aber die beiden Kartenhaufen zutreffend als »Buchstaben« und »Zahlen«.*
> *Die Kärtchen mit den Zahlen <0> bis <4> und <100> kann sie ebenfalls benennen; die <5> bis <9>, <27>, <41> und <55> dagegen nicht. Mit 6 von 14 Zahlen erzielt sie wiederum das schlechteste Ergebnis (Klasse: 11; Streuung 6–14).*

Der Umfang der Buchstabenkenntnis zum Schulanfang ist einer der besten Prädikatoren für die Entwicklung der Lese-/Schreibfähigkeit im ersten Schuljahr. Das bedeutet aber nicht, man müsse nun das Benennen von Buchstaben trainieren. Vielmehr handelt es sich um ein Symptom für das Ausmaß technischer Schrifterfahrung vor der Schule (das im Übrigen ähnlich einfach und gut über die beiden nächsten Aufgaben eingeschätzt werden kann).

Eigene Wörter

> *Schreiben will Andrea gar nichts. Sie legt aber ihren Namen aus den Kärtchen der Buchstabenaufgabe – von rechts nach links – rechtschreiblich korrekt. Das zweite <A> ersetzt sie durch ein umgedrehtes <V>.*

Die anderen Kinder in der Klasse schreiben im Schnitt 1–2 Wörter, meist den eigenen Namen. Diese Wörter werden meist auch orthografisch richtig, fast nie als Lautumschrift, nur selten als willkürliche Buchstabenfolgen geschrieben.
    In diesen Bereich gehört auch die Aufgabe »Formen und Zeichen« (s. auch Beier 1987), bei der Andrea nach der Art der Zeichen sortiert und die räumliche Anordnung unberücksichtigt lässt. Als »gut zum Lesen« betrachtet sie neben der Block- und Schreibschrift auch die Zahlziffern und – vermutlich als schlecht geschriebene Handschrift – die Kritzellinien.

Zwischenbilanz

Andrea hat durchaus eine Vorstellung von Buchstaben als besonderen, z.B. von Zahlen und geometrischen Formen zu unterscheidenden Zeichen. Sie kann die Buchstaben jedoch noch nicht benennen und hat erst recht keine Vorstellung von der Logik, in der sie mit der Lautsprache verknüpft sind.
Mit den folgenden Aufgaben wollen wir nun genauer untersuchen, ob Andrea schon erste Vorstellungen vom Lesen und Schreiben in die Schule mitbringt oder ob ihre Konzepte von Schrift und Sprache auf einer früheren Entwicklungsstufe als bei den anderen Kindern ihrer Klasse anzusiedeln sind.

Zugriffsweisen beim »Lesen«

Embleme erkennen

In dieser Aufgabe werden den Kindern zwölf Firmenlogos vorgelegt, und zwar in vier Varianten: als komplettes Emblem mit Schriftzug und Grafik; lediglich der typische Schriftzug; lediglich die Grafik; der Name in Standardschrift (vgl. Abb. 1). Hier interessiert uns, ob die Kinder auf häufige Zeichen in ihrer Umwelt achten und woran sie diese erkennen.

Abb. 1

Andrea kann 2 komplette Embleme (<Post>, <Coca-Cola>) genau und 5 weitere (<ARD>, <Langnese>, <ARAL>, <Fanta> und <BP>) ungefähr (etwa: »Sprudel« statt »Fanta« benennen) (Klasse: 4 + 4).
Ohne die Grafik kann sie den typischen Schriftzug nur noch 3-mal (Klasse 3,3) benennen (<Coca-Cola>, <Fanta> und <BP>). In Standardschrift erkennt sie nur <BP> (Klasse: 1,3). Dagegen reicht ihr die Grafik ohne Schrift, um 9 Embleme (<Post>, <Iglo>, <ARD>, <Coca-Cola>, <Langnese>, <Aral>, <Fanta>, <Opel>, <BP>) zutreffend zu benennen (Klasse: 7,6).
Andrea kann sich in ihrer Zeichenumwelt durchaus erfolgreich orientieren. Aber sie hält sich dabei nicht an die Schrift bzw. nicht an deren wesentliche Merkmale. Ihre Aufmerksamkeit gilt dem besonderen Schriftzug als grafischer Form bzw. dem (grafischen) Kontext, nicht der Identität und Folge der einzelnen Buchstaben.

Ein weiteres Spiel in dieser Kategorie ist das »Gezinkte Memory« bei dem die Schrift sichtbar auf die Rückseite der Bildkarten gedruckt ist. Mit neun Fehlversuchen beim ersten Durchgang gehört Andrea zu den unteren 30%. Zwei Wochen später findet sie die zwölf Kartenpaare ohne Fehlversuch – die höchste Verbesserungsrate in der Gruppe.

Das verrückte Buch

Dem Kind wird aus einem Heft vorgelesen, zu dessen (teilweise manipulierten) Textmerkmalen verschiedene Fragen gestellt werden. Sie zielen auf ein (Vor-)Verständnis der technischen Konventionen des Lesens/Schreibens, z.B.: Welche Wörter werden in der Schrift überhaupt dargestellt und in welcher Anordnung (nach einer Vorlage von Marie M. Clay)? Damit gewinnen die Kinder einen gedanklichen Rahmen für die Zuordnung von Elementen der Schrift zu Lauteinheiten.

In Abbildung 2 ist eine Doppelseite als Beispiel wiedergegeben, zu der wir folgenden Fragen stellen:

- Wo geht es jetzt los mit dem Lesen?   (Text, nicht Bild)
- Wo genau muss ich anfangen?   (links oben)
- Und wie geht es dann weiter?   (Zeile nach rechts)
- Und wenn ich dann hier (Zeilenende) bin?   (neue Zeile links)

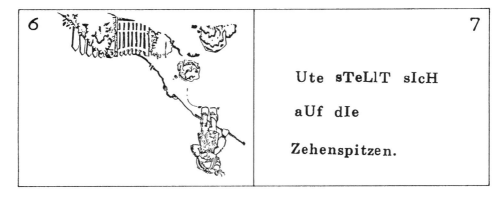

Abb. 2

Nach dem Vorlesen des Textes:

- Was meinst du:
  Steht hier irgendwo »Ute«?   Wo?
  Und was steht noch da?   Wo?

Andrea erreicht 44% der möglichen Punkte (Klasse: 66%; Streuung 40–92%). Sie bezieht sich dabei nicht eindeutig auf Schrift als Informationsträger (2 von 6 gegenüber durchschnittlich 2,6 Punkten). Vor allem kann sie vorgelesene Wörter nicht im Text zeigen, ist sich auch unsicher, welche Wörter (Substantive, Verben usw.) überhaupt in der Schrift festgehalten sind. Andrea hat also noch keine Vorstellung von »Wörtern« (bzw. ihrer Abbildbarkeit in Schrift und den Regeln dieser Darstellung) und von den Merkmalen, an denen man sie erkennen kann (2 von 20 Punkten; Durchschnitt: 11,1).

Bei der Vorgabe unzulässiger Schriftdarstellungen (Groß-/Klein-Wechsel im Wort; keine Wortzwischenräume; mehrfache Wiederholung desselben Buchstabens) erreicht Andrea ebenfalls nur 2 von 6 Punkten (Klasse: 2,5). Von den Konventionen des Schreibens/Lesens dagegen (wie Satzanfang und -ende, Raumlage und Richtung des Textes) hat Andrea schon eine Vorstellung: Sie erreicht 16 von 18 möglichen Punkten. Durchschnitt der Klasse: 17).

Dem Wortbegriff und damit ersten Einsichten in die Beziehungen zwischen gesprochenen und geschriebenen Spracheinheiten gehen die beiden folgenden Aufgaben genauer nach. Vielen Kinder fehlt die Einsicht, dass Schrift sich an der Lautform von Wörtern orientiert und nicht an der Bedeutung (also nicht: viele Buchstaben für mehrere Gegenstände oder für einen großen Gegenstand).

Wortlänge

Den Kindern werden auf Karten zwei unterschiedlich lange Wörter vorgelegt (von denen das kurze einen großen, das lange einen kleinen Gegenstand bezeichnet, z.B. <Zug>/<Lokomotive> oder <Salat>/<Salatblatt>). Dann werden die Kinder gefragt, auf welcher Karte z.B. »Zug« und auf welcher »Lokomotive« steht. Uns interessiert also, ob die Kinder Wort und Schriftform nach der Bedeutung oder nach der Form (Dauer der Aussprache) zuordnen. Da sie jeweils eine Rückmeldung zu ihrer Lösung bekommen, lässt sich erkennen, ob die Kinder die Orientierung an der Lautform leicht oder nur mit Schwierigkeiten übernehmen können.

Andrea löst 5 der 7 Aufgaben richtig (62%; Klasse: 82%; Streuung 37–100%) und gibt jeweils auch eine zutreffende Begründung. Erstaunlicherweise sind dies die ersten 5 Aufgaben (unmittelbar nach dem Demonstrationsbeispiel); die letzten drei beantwortet Andrea nach der Bedeutung (Größe des Gegenstandes). Lässt ihre Konzentration oder ihre Lust nach?

Wortähnlichkeit

Dem Kind werden zwei in der Schriftform ähnliche Wörter vorgelegt (z.B. <Schule> und <Schuhe>). Dann wird ihm gesagt: »Dies heißt Schule. Was heißt wohl dieses: Lehrerin oder Schuhe?« Es geht also darum, ob das Kind die offensichtliche grafische Ähnlichkeit auf inhaltliche Verwandtschaft oder auf Lautähnlichkeit bezieht.

In dieser Aufgabe schneidet die Klasse insgesamt, besonders aber Andrea, schlechter ab (1 von 8, also 14% richtig; 61% im Klassendurchschnitt; Streuung 14–100%). Für die richtige Lösung kann sie auch – anders als bei ihren 5 Lösungen in der vorigen Aufgabe – keine zutreffende Begründung geben.
Andrea hat also noch keine Vorstellung davon, an welchen Einheiten und Merkmalen der Sprache die schriftliche Darstellung anknüpft. Es ist wichtig, dass sie erlebt, wie gesprochene Wörter oder Sätze niedergeschrieben und wieder vorgelesen werden, um eine intuitive Vorstellung von der Passung der Schrift auf die gesprochene Sprache zu gewinnen. Besonders eindrucksvoll kann für sie sein, wenn ein Text nach ihrem eigenen Diktat geschrieben wird.

Zugriffsweisen beim Schreiben

Wir haben bereits gesehen, dass Andrea nicht schreiben wollte, dass sie aber – wie die meisten Schulanfänger – ihren Namen aus Buchstaben legen konnte. Wie verhält sie sich in einer Situation, in der das Schreiben unmittelbar nützlich sein kann?

Eine weitere Aufgabe in diesem Bereich ist das »KIM-Spiel mit Schrift«. Andrea kommt von selbst auf die Idee, sich die Gegenstände zu notieren, um sich besser an sie erinnern zu können. Sie fasst sie aber nicht zu Oberbegriffen zusammen, sondern bildet sie einzeln ab, teils naturalistisch, teils stilisiert, teils mit einem formalen Zeichen (Rechtecke für die Tiere). Konventionelle Zeichen wie Buchstaben oder Zahlziffern verwendet sie aber nicht.

Versucht sich Andrea nur deshalb nicht am Schreiben und Lesen, weil sie die technische Logik und die Elemente der Schrift nicht zureichend kennt oder weil ihr schon die Funktion der Schriftsprache fremd ist? Zu prüfen bleibt also – über die (fehlende) Einsicht in den Aufbau der Schrift hinaus –, ob Andrea eine Vorstellung davon hat, wozu Lesen und Schreiben überhaupt gut sind.

Funktionen von Schriftsprache im Alltag

Bilder von Schrift im Alltag

Bei der Aufgabe, auf Bildvorgaben alles einzukreisen, »was man lesen kann« (s. Abb. 3; nach einer Vorlage von Downing, adaptiert von Valtin), erreicht Andrea 76% der möglichen Punkte, genau den Durchschnitt in ihrer Klasse (34–100%). Auch bei den Fragen, wer liest oder schreibt und womit man schreiben kann, erreicht Andrea mit 86% die Durchschnittsleistung ihrer Klasse (82–100%). Besonders gut schneidet Andrea bei Situationen ab, in denen die Motive bzw. Zwecke des Lesens und Schreibens gedeutet werden müssen (z.B.: »Male einen Kreis um jeden Menschen, der zeigt, wie man sich merken kann, was man einkaufen will«): 100% gegenüber 87% im Durchschnitt der Klasse (62–100%). Bei dieser Teilaufgabe haben sonst vor allem die Kinder Schwierigkeiten, die wenig Erfahrung mit der Schriftsprache im Familienalltag sammeln konnten oder die Lesen und Schreiben nur als Oberflächenhandlungen (ohne verstandene Bedeutung) erlebt haben.

Abb. 3

Zusammenfassung

Die Funktionen der Schriftsprache sind Andrea durchaus vertraut; sie erkennt nicht nur das entsprechende Oberflächenverhalten, sondern kann es auch mit bestimmten Motiven, Zwecken verbinden. Zeichen und Schrift aus der Umwelt erkennt sie ebenfalls, ist zu ihrer Deutung aber auf zufällige grafische Merkmale bzw. den Kontext angewiesen. Die Bezeichnungsfunktion beim gezinkten Memory begreift sie rasch, und sie kann auch Bedeutungen mit eigenen Zeichen festhalten. Über einen ersten Sicht-Wortschatz verfügt sie allerdings noch nicht. Auch die Elemente der Schrift scheinen ihr vertraut – zumindest als grafische Einheiten mit bestimmten »legalen« Formen. Sie kann sie aber nicht benennen. Und vor allem hat sie ihre Logik, d.h. die Regeln der Verknüpfung untereinander und mit den Elementen der mündlichen Sprache »Wortbegriff«, noch nicht durchschaut. Sie besitzt jedoch eine Vorstellung von grundlegenden Textkonven-

tionen. Unsicher ist sie noch beim spielerischen Umgang mit Wörtern und bei ihrer lautlichen Gliederung. Für Andrea ist alles hilfreich, was die Beziehung zwischen gesprochenen Wörtern und ihrer schriftlichen Darstellung klärt:

- *beim Vorlesen auf wichtige Wörter im Text zeigen (später: von ihr suchen lassen);*
- *vor ihren Augen Wörter verschriften;*
- *auf Ähnlichkeiten/Unterschiede von Wörtern und ihre Beziehung zu den entsprechenden Lauteinheiten aufmerksam machen;*
- *Sprachspiele wie: Reime, gleiche Anlaute finden; Wörter umbauen; Wörter gliedern oder Laute in Wörtern wieder finden.*

Über ihr inhaltliches Interesse an Lokomotiven ist Andrea zu motivieren, Bücher in die Hand zu nehmen. So malt und schreibt sie aus »Fahrt mit Hermann« (aus Balhorn u.a. 1987b) ab, und sie diktiert einer Helferin Sätze zu Bildern von Lokomotiven und druckt danach ein Buch für die Klasse.
Im Vergleich zur Klasse entwickeln sich Andreas schriftsprachliche Fähigkeiten nur langsam. Das ist bei ihrem vorschulischen Rückstand an naiven Lese- und Schreiberfahrungen nicht verwunderlich. Dies allein ist aber nicht der Grund, dass Andrea nach drei Monaten doch noch in den Schulkindergarten zurückgestellt wird. Ausschlaggebend dafür sind ihre Schwierigkeiten, in der Gruppe mitzuarbeiten und sich auf die Arbeitsformen in der Klasse einzustellen.

Damit wird deutlich, dass die Erfahrungen mit dem Gegenstand des Lernens nur ein Element unter anderen sind, die über die Möglichkeiten des Kindes entscheiden, vom Unterricht zu profitieren. Trotzdem ist es wichtig, sie differenziert zu erfassen, weil auch die Förderung in einer anderen Einrichtung an diesem Entwicklungsstand anknüpfen sollte.

Lese- und Schreibaufgaben zum Schulanfang

So umfassend wie bei Andrea wird man zum Schulanfang die Erfahrungen mit Schriftsprache nur selten erheben. Das ist auch gar nicht nötig. Denn beobachten lassen sich viele dieser Kenntnisse, Fertigkeiten und Einsichten im Rahmen der üblichen Aktivitäten, wenn – ja, wenn – man über ein entsprechendes Interesse, geeignete Materialien und sinnvolle Kriterien verfügt.

Unsere »Lese- und Schreibaufgaben für Schulanfänger« sind also nur Prototypen. An ihnen lässt sich modellhaft demonstrieren, worauf man achten sollte, wenn der Schriftspracherwerb in der Schule an die Erfahrungen der Kinder vor der Schule anknüpfen soll. Im Sinne einer Selbstfortbildung ist es dann auch nützlich, mit einigen Kindern diese Aufgaben systematisch durchzuführen und auszuwerten. Dafür bieten sich natürlich die Kinder an, bei denen man nach beiläufigen Eindrücken am ehesten vermutet, dass sie Schwierigkeiten im Unterricht bekommen könnten.

Im Übrigen liegt der pädagogische Reiz der Aufgaben darin, dass auch die Kinder etwas lernen. Es handelt sich nicht um statische Tests, sondern um Sachprobleme, die zu lösen sind. Zumindest in variierter Form lassen sie sich immer wieder einsetzen, um Kinder zum Nachdenken anzuregen, um bestimmte Strategien zu fördern.

In unserer Sammlung »Die Schrift entdecken« haben wir weitere Aktivitäten nach der »didaktischen Landkarte« geordnet, um einen offenen, aber sachbezogenen und zielgerichteten Anfangsunterricht zu ermöglichen. Sinn eines solchen Angebots ist in erster Linie, dass die Kinder unterschiedliche Zugänge zur Schrift(sprache) finden, dass sie sozusagen selbst differenzieren und nicht wir ihnen individuelle Programme zuweisen müssen (was jede Lehrerin und erst recht alle LehrgangsautorInnen überfordern würde).

Schrift(sprache) ist ein schwieriger Gegenstand. Damit sind »Lernschwierigkeiten« unvermeidbar. Wir haben an anderer Stelle gezeigt, dass Fehler nicht nur notwendige, sondern produktive Zwischenformen darstellen (vgl. die Beiträge in Brügelmann 1995). Zu »Lernstörungen« werden solche Schwierigkeiten erst, wenn die Schule sie verdrängt, negativ sanktioniert oder es den Kindern durch ein Einheitsangebot erschwert, auf ihrem jeweiligen Entwicklungsstand einzusteigen. Auf Dauer können sich Störungen als Folge solcher Fehlpassung dann auch zu individuellen »Lernschwächen« verfestigen. Diese aber – und das ist uns sehr wichtig – sind die *Folge* und nicht die *Ursache* von Lernschwierigkeiten.

Anders gesagt: Ob ein Kind, das in unseren Aufgaben deutliche Rückstände gegenüber seinen Altersgenossen zeigt, »schulreif« ist, hängt von den Bedingungen ab, unter denen es unterrichtet werden wird. »Schulreife« an sich gibt es nicht: Zahl der Kinder und Zusammensetzung der Klasse; Erfahrung und Schwerpunkte der Lehrerin; Verfügbarkeit und Aufbau von Materialien; Umfang, Organisation und Arbeitsformen des Unterrichts; Stützung des Kindes im Elternhaus und andere Bedingungen entscheiden, welche Chancen Kinder mit unterdurchschnittlichen Voraussetzungen in der Schule haben. Hilfen und Anregungen für eine Verbesserung der Unterrichtsbedingungen bieten Balhorn/Brügelmann (1995), Bambach (1993), Bergk (2000), Sennlaub (1984), Spitta (1985, 1998), Valtin/Naegele (1993), Weigt (1994) sowie Beiträge in Band 2 dieses Handbuchs.

Mechthild Dehn/Irmtraut Schnelle/Ingeborg Wolf-Weber

Grundsätze für pädagogische Lernhilfen

Nicht nur in Klasse 1

Lernschwierigkeiten beim Schriftspracherwerb können wir frühzeitig erkennen. Wir können zum Beispiel beobachten, ob ein Kind die Beziehung von Lautung und Schreibung erfasst hat, ob es die Synthese von zwei oder drei Buchstaben beherrscht, ob es seine Teilschritte beim Erlesen auf das Ziel, das Geschriebene zu verstehen, koordinieren kann und welcher Art seine Lernfortschritte beim Schreiben und Lesen sind (Dehn 1994a, S. 210–271). Dabei erfassen wir kognitive Aspekte von Lernschwierigkeiten.

Schriftspracherwerb aber gründet immer auf Erfahrung im Umgang mit Schrift, auf Erfahrung in sozialen Kontexten. Das gilt es zu berücksichtigen, wenn wir Kindern, die Lernschwierigkeiten beim Schreiben und Lesen erkennen lassen, Lernhilfen anbieten. Wichtig ist, frühzeitig damit zu beginnen, also nicht erst im 2. Schulhalbjahr, wenn kognitive Aspekte von Lernschwierigkeiten sehr markant zu erkennen sind, sondern bereits in den ersten Schulwochen. Am Beispiel von drei Kindern zeigen wir Formen der Lernbeobachtung, Aufgabenstellungen, Unterrichts- und Interaktionsformen, die sich als pädagogische Lernhilfen bewährt haben, und formulieren pädagogische Grundsätze dafür.

Lernvoraussetzungen bei Schulbeginn

Die Kinder, von denen wir hier berichten, haben bereits eine Vorschulklasse besucht. Vorschulklassen sind eine Hamburger Besonderheit: Etwa die Hälfte aller künftigen Schulanfänger besucht eine Vorschulklasse. Dieses Jahr haben die Lehrerinnen dazu genutzt, Erfahrungen im Umgang mit Schrift anzubahnen: Sie haben viele Bilderbücher und Geschichten vorgelesen und für die individuelle »Lektüre« unterschiedliche Lesestoffe bereitgestellt; die Kinder haben Verse, Rätsel und Lieder gelernt und zu den Texten gezeichnet und gemalt – ein ganzes Heft voll; sie haben ihren Namen geschrieben und gelesen und hatten vielfältige Gelegenheit, mit Schrift zu hantieren (z.B. das »Memory mit Schrift«, das »Leere Blatt«, die »Namenskette«, das »Hosentaschenbuch«, vgl. Dehn 1994a, S. 87ff.).

Dadurch haben die Lehrerinnen auch die Lernvoraussetzungen der einzelnen Kinder kennen gelernt und wissen, welche Kinder sie nun beim Schriftspracherwerb mit besonderer Aufmerksamkeit betreuen müssen. Wenn sie die Kinder nicht schon aus einer Vorschulklasse kennen, sollte eine solche Anbahnung von

Schrifterfahrung den Unterricht der ersten Schulwochen bestimmen – zugleich auch als Basis für die Lernbeobachtung (vgl. zur Schulanfangsbeobachtung Hüttis-Graff/Baark 1996).

Zwei Kinder sind den Lehrerinnen aufgefallen: Daniel und Ivonne. Sie kommen beide aus schriftferner Umgebung und leiden unter erheblichen familiären Belastungen und wohl auch unter materieller Einschränkung.

Daniel treibt eine starke innere Unruhe, die häufig sogar im Zittern der Hand sichtbar wird. Sie hindert ihn, Arbeiten zu Ende zu führen. Das gilt vor allem für den Klassenunterricht. Wenn er einen Ansprechpartner in der Nähe weiß, gelingt es ihm eher, sich immer wieder seiner Aufgabe zuzuwenden.

Daniels sprachliche Ausdrucksfähigkeit ist begrenzt; seine Aussprache so verwaschen, dass ihn die anderen Kinder oft nicht verstehen. Aber die Mutter ist nicht zu bewegen, ihn zum Sprachheilunterricht zu bringen. Grob- und feinmotorisch ist Daniel ungelenk; er hat bei Schulbeginn immer noch große Schwierigkeiten, ein Bild zu konzipieren und die Malidee auszuführen. Wörter auditiv zu gliedern (z.B. nach ihrem Anfang oder der Wortlänge zu unterscheiden), gelingt ihm nicht.

Ivonne verhält sich im Unterricht eher stumpf und abwartend, manchmal auch widerstrebend. Aufforderungen wie »Nimm deine Stifte aus dem Ranzen« kann sie nur ausführen, indem sie andere Kinder nachahmt. Es fällt ihr schwer, beim Vorlesen und Erzählen zuzuhören – sie räkelt sich dann gern über dem Tisch oder auf einem zweiten Stuhl, will spielen oder zur Toilette gehen.

Am liebsten macht Ivonne etwas Mechanisches: Sie möchte abschreiben – die Wortkarten, die im Klassenzimmer hängen, die Namensschilder ihrer Sitznachbarn oder auch eine ganze Seite aus einem Bilderbuch. »Ich schreib die Zahlen ab«, sagt sie dann. Anfang September (Klasse 1) klebt sie Briefumschläge in großer Menge. Die Briefe darin enthalten hieroglyphenartige Zeichen und Buchstaben. Bei solchen Tätigkeiten wirkt sie gelöst, sogar freudig; aber sie erwartet viel Bestätigung von der Lehrerin. Ihrer Nachbarin berichtet sie: »*Sie hat gesagt, ich mach das ganz toll.*« Mit ihrem eigenen Namen hat Ivonne große Schwierigkeiten; immer wieder vertauscht sie die Reihenfolge der Buchstaben und mischt andere Zeichen darunter.

In der Vorschulklasse hat Ivonne gern Verse und Gedichte auswendig gelernt. Sie sagt sie vor sich hin, fährt dabei gern mit angefeuchtetem Finger über die Tischplatte und wiegt den ganzen Körper im Rhythmus mit. Aber reimen kann sie nicht, auch nicht Anlaute unterscheiden. Kurz vor den Sommerferien steht sie einmal vor den »M-Bildern« und spricht akzentuiert vor sich hin: »*M:aus, M:ütze, M:auer ...*« Auch dies wiederholt sie monoton.

Zu Schulbeginn allerdings ist von diesen Ansätzen einer auditiven Gliederungsfähigkeit nichts mehr zu erkennen.

In den ersten Wochen von Klasse 1 merken die Lehrerinnen, dass sie auch *Sebastians* Lernprozess mit besonderer Aufmerksamkeit fördern müssen. In der Vorschulklasse war er noch nicht aufgefallen. Sebastian kommt aus einem behüteten Elternhaus und materiell gesicherten Verhältnissen. Sein Lernprozess erscheint zunehmend erschwert, weil seine Sprachentwicklung erheblich verzögert und seine Sprechweise oft kaum verständlich ist – obwohl er seit dem 3. Lebensjahr Sprachtherapie erfährt. Er ist bei den anderen Kindern beliebt, fügt sich in Spielsituationen ein; trägt aber selbst kaum Ideen bei. Sebastian arbeitet langsam und ist – wie Daniel – leicht ablenkbar.

Die Lernhilfen, die diese Kinder brauchen, sind sicher unterschiedlicher Art; inhaltlich geht es trotz des langen Vorschuljahres bei *Ivonne* und *Daniel* immer *noch um Anbahnung und Vertiefung von Schrifterfahrung;* bei *Sebastian* auch um *spezifische Lernvoraussetzungen;* bei allen außerdem um Teilhabe am »Stoff« des Lehrgangs, wie er in den eher offenen und den stärker gelenkten Formen im Unterricht thematisiert wird. Und – vor allem – darum, dass die Kinder ihre *Anstrengungsbereitschaft festigen* und *Selbstsicherheit gewinnen*. Dazu die folgenden Beispiele aus dem Schulalltag.

Beispiele für Lernhilfen in Klasse 1

Anregen im gemeinsamen Unterricht – Differenzieren der Anschlussaufgabe

Die Lehrerin hat das »A« eingeführt und mit allen Kindern dazu verschiedene Übungen gemacht. Viele Kinder kannten den Buchstaben bereits. Bei der anschließenden Stillarbeit geht es um die Zuordnung von Laut und Buchstabe, um Groß- und Kleinbuchstabe und um die Unterscheidung von Lang- und Kurzvokal auf Arbeitsbögen, die vorher an ausgestanzten Abbildungen aus dickem Karton (z.B. Ball – Kran) und Plastikbuchstaben erprobt worden sind. Ivonne hält noch das große »A« in der Hand. Sie legt es auf ihren Schreibblock und malt es nach. Die Lehrerin fragt sie wiederholt, welches Wort mit diesem Buchstaben beginne. Ivonne weiß es nicht immer, aber sie schaut auf die große Tabelle an der Wand und orientiert sich dort an Zeichen und Abbildung.

Solche Phasen gelenkten Unterrichts, z.B. das Einführen eines Buchstabens oder das gemeinsame Erlesen eines Tafel»textes« sind auch wichtig, um das Gemeinschaftsgefühl zu stärken. Immer wenn ein Lehrstoff für die Klasse explizit thematisiert wird, ist ein Teil der Kinder unter-, ein anderer überfordert. Aber die langsam Lernenden, die – auf sich gestellt – den Stoff nicht sicher bewältigen könnten, haben in der Gruppe Gelegenheit, Lernprozesse anderer zu beobachten und einzelne Anregungen selbst aufzunehmen. Diese Erfahrungen können als Ansporn wirken, sofern niemand diskriminiert wird. Zudem enthält der gemeinsame Unterricht – wie auch Formen offenen Lernens – die Möglichkeit, dass das Kind sich innerlich zurückziehen und entspannen kann. (Das ist ein wesentlicher Unterschied zur Fördersituation in der Kleingruppe oder gar im Einzelunterricht, wo die direkte und stets kontrollierte Anspannung sich durchaus lernhemmend auswirken kann.)

Für die anschließende Stillarbeit ist wichtig, dass *jedes* Kind unmittelbar Erfolg erfährt und mit sich zufrieden sein kann. Deshalb ist hier Differenzierung unerlässlich. Sie kann sich auf die Quantität (wie bei den Lesewörtern) oder auf die Art der Aufgabe (wie bei der Einführung des Buchstabens) beziehen und sollte durchaus auch ganz individuell gestaltet werden (wie bei Ivonne).

Anstöße und Bestätigungen bei offenen Lernformen

Im September (Klasse 1) ist das »Memory mit Schrift« ein beliebtes Spiel (vgl. Hüttis-Graff/Baark 1996). Jeweils zwei Kinder sitzen beim Spielen allein im Gruppenraum. Die Kinder kennen es schon aus der Vorschulklasse. Auf einer Karte des zusammengehörenden Kartenpaares steht jeweils auf der Rückseite das Wort. Man deckt zunächst eine Karte ohne Schrift auf, dann sucht man die dazugehörige mit Schrift. Man kann sich an verschiedenen Merkmalen orientieren, an der Wortlänge, am Anfangsbuchstaben oder anderen Elementen. Dabei können verschiedene Aktivitäten angeregt werden, die für das Lesenlernen wichtig sind: die auditive Gliederung des Wortes, das am Schriftbild kontrollierte Sprechen, die Kontrolle der Sinnerwartung, die Zuordnung von Laut und Schreibung; die Kinder nutzen diese Möglichkeiten in ganz unterschiedlicher Weise und verschiedenem Ausmaß. Zum Vergleich der Zugriffsweisen zunächst zwei andere langsam lernende Schüler:

Manuela und Mevlit

Sie suchen die »Tomate«.
»Tomate. – To. – To To to. – To, hier! To To To To To, hier, To To to, hier. – Zeig, zeig mal, zeigen, nur zeigen. – Diesen! – (To To.) – Ja.«

Nach einer Weile geht es mit dem »Blatt« so ähnlich:
»Bl: Bl: – Bl: – Mit Bee. – Bl: Bl: Blatt! sag ich. Bl Bl:a:at, is 'n Bee – Bee. Das kann man gar nicht hörn! – Blatt Blatt Blatt ...«

Die Kinder ordnen die ersten beiden Laute und Buchstaben selbstständig dem Wort zu. Das ist ein wichtiger auditiver Analyseschritt beim Lesenlernen. Schwierigkeiten macht das »B«. Wie klingt es? Laut und Buchstabenname gehen durcheinander. »Bee. Das kann man gar nicht hören.« Wie es sich damit genau verhält, ist den beiden Kindern allerdings nicht deutlich.

Daniel und Sebastian

D.: »Du bist!« S.: »Banana Ba Ba.« – D.: »Ba. – S.: »Ban Ba Ba Ba Ball Ball Ball Ba.« – D.: »(Ba Ba) Ba (singt) … So! Du bist!« – S.: »Ban Ban Ban Ban Ban Ban.« – D.: »Du bist.« – Gemeinsam: »Banane.«

Hier ist es so ähnlich, allerdings gibt Sebastian jeweils den Anstoß für den Analyseschritt. Daniel verteilt die Rollen (du bist) und beurteilt: »Ich hab schon zwei«, »Ich bin ein guter Spieler, wa?« Sebastian festigt, was er schon kann; Daniel nimmt die Vorgaben auf und eignet sich vielleicht einiges davon an.

Bei *Ivonne* und *Iris* steht die soziale Situation des Spiels noch ganz im Vordergrund. Sie spielen das Spiel, ohne auf die Schrift überhaupt zu achten. Ihnen geht es darum zu gewinnen. Aus der Schulanfangsbeobachtung (Hüttis-Graff/ Baark 1996) wissen wir, dass das »Memory mit Schrift« bei relativ leistungshomogener Gruppierung der Partner eher eine bestätigende als eine herausfordernde Funktion hat und so wesentlich der Sicherung von Gekonntem dient. Das aber ist für die Prävention von Lese-Rechtschreib-Schwierigkeiten gerade wichtig. Wichtig ist auch, dass es dabei so entspannt zugeht. Deshalb betrachten wir solche Spiele durchaus als Lernhilfen, auch wenn manchmal ein inhaltlicher Lernfortschritt nicht erkennbar ist.

Individuelle Anregungen

Während der Stillarbeit im Anschluss an Phasen gemeinsamen Unterrichts, während offenerer Lernsituationen und schließlich in Situationen direkten Förderns versuchen wir, diesen Kindern zunehmend Aufgaben zu geben oder Aktivitäten anzuregen, die ihren Lernbedürfnissen und -fähigkeiten möglichst unmittelbar entsprechen (November, Klasse 1).

- *Sebastian* möchte oft Texte lesen, die sein Vermögen übersteigen. Die Lehrerin hat ihm gezeigt, wie er sich in einem solchen Text orientieren kann, indem er zunächst alles heraussucht, was er kennt (Wörter, Wortteile, Buchstaben). Er erhält häufiger Gelegenheit, Texte, die er sich auf diese Weise halbwegs erarbeitet hat, zu erlesen. Das beflügelt ihn und spornt ihn an.
- *Daniel* möchte gern viel »Stoff« schaffen. Er ordnet Wort- und Bildkarten einander zu oder stempelt zu Wörtern die entsprechenden Abbildungen, zählt dann seine sichtbaren Ergebnisse, stapelt sie nach Möglichkeit. Indem wir ihm Materialien mit steigendem Schwierigkeitsgrad geben, ist er herausgefordert, sich neuen Lernstoff anzueignen. In den Fördersituationen am Ende des Schulvormittags hat er häufig Buchstaben sortiert und dadurch seine Kenntnisse gefestigt und erweitert. Nun gibt es im Klassenunterricht ab und zu Gelegenheit, dieses »Mehrwissen« oder »Vorlernen« mitzuteilen. Das tut dem sonst häufig langsamen Daniel sichtlich gut.

- Die individuellen Lernhilfen, die die Lehrerin *Ivonne* gibt, sind unterschiedlicher Art; sie betreffen zunächst basale Erfahrungen mit Schrift: Notizen für Briefe, die anschließend für die Lehrerin auch gefaltet und geklebt werden; Illustrieren von geschriebenen Versen, die Ivonne gern spricht und dabei auch den Text mit Auge und Hand verfolgt; das Abschreiben und Aufschreiben des eigenen Namens. Außerdem die Sicherung von Buchstabenkenntnis und Anregungen, Laute und Buchstaben wichtigen Wörtern zuordnen, beim Sprechen und beim Schreiben, z.B. bei »PAPA«. Das sind zugleich Versuche, die Synthesefähigkeit vorzubereiten. Dazu sind kurze Einzelsituationen erforderlich, die die Lehrerin täglich während der Stillarbeit oder in Phasen offenerer Lernformen schafft.

Selbstständigkeit und Kontrolle in der Fördersituation

Daniel arbeitet täglich eine halbe Stunde zusammen mit *Banu* an extra Aufgaben. Anfangs sind sie öfter etwas ungeduldig; aber wenn sie sich für eine Lese- oder Schreibaufgabe entschieden oder die Erklärung der Lehrerin aufgenommen haben, sind sie meist mit Feuer bei der Sache.

Einmal sollen sie zu der Leiste der geschriebenen großen und kleinen Buchstaben, die schon im Unterricht behandelt sind, aus dem Kasten mit Holzbuchstaben die passenden heraussuchen und den geschriebenen zuordnen. Die Lehrerin bereitet an ihrem Tisch Arbeitsmaterialien für den nächsten Tag vor. Daniel schimpft wiederholt lauthals und mit expressiver Gestik: »Das ›große A‹ (das ›kleine m‹) ist überhaupt nicht dabei. Das gibt's hier nicht!« Die Lehrerin geht nicht auf sein Ansinnen um Mitsuche ein, bestätigt nur, alle Buchstaben seien vorhanden, und weist auf ihre eigene Arbeit hin. Allmählich beruhigt sich Daniel, und schließlich haben Banu und er alle Buchstaben gefunden. Voll Stolz ruft er die Lehrerin. Sie unterbricht jetzt ihre Arbeit und lobt das Ergebnis der beiden Kinder.

Gewiss eine alltägliche Situation: Die gestellte Aufgabe enthält einen Anspruch, dem sich Daniel zu entziehen sucht. Aber sein Hilfesuchen wird nicht anerkannt, denn die Anforderung entspricht seinem Vermögen; zu zweit lässt es sich ohnehin leicht suchen, und so bleibt ihm das Erfolgserlebnis erhalten, die Aufgabe mit Banu gelöst zu haben.

Vordergründig geht es um visuelle Differenzierung und Zuordnung. Durch die Holzbuchstaben wird auch das taktile Empfinden angesprochen. Aber es geht auch darum, eine Aufgabe zu akzeptieren, durchzuhalten, nicht gleich aufzugeben, den Lern*willen* zu stärken. Und für uns als LehrerInnen gilt es, dem Rufen nach Unterstützung auch widerstehen zu können.

Entwicklung der Kinder in den ersten Schulmonaten

Alle Kinder haben Lernfortschritte in den ersten vier Schulmonaten gemacht. Das zeigt auch die Lernbeobachtung im Schreiben, bei der wir Ende November die Kinder einige Wörter zu schreiben bitten, die noch nicht im Unterricht behandelt sind (vgl. Dehn 1994a, S. 210–273). Sebastian und Daniel (Abb. 1 und 2) können bereits die Wörter in ihrer Struktur ziemlich vollständig beim Schreiben wiedergeben. Die Kinder orientieren sich an ihrer Hamburger Aussprache und setzen bei »Mund« und »Turm« o statt u, Sebastian auch a statt r; einmal vertauscht er (bei »Limonade« die Reihenfolge der Buchstaben. Über Ivonnes Arbeit (Abb. 3) kann man erschrecken, weil sie immer noch beliebige Zeichen (»Pseudowörter«) notiert. Einige Tage später aber schreibt sie in der Einzelsituation zu jedem Wort den Anfangsbuchstaben. Sie hat Grundlagen doch wohl verstanden. Aber dieses Verständnis ist noch ganz labil.

Abb. 1: Sebastian: Lernbeobachtung. November Klasse 1.

Abb. 2: Daniel: Lernbeobachtung. November Klasse 1.

Von Sebastian und Daniel kann man nun mit Sicherheit sagen, dass der Erwerbsprozess in Klasse 1 ohne gravierende Lernhemmungen ablaufen wird. Bei Ivonne sind die Lernfortschritte nach dem starken Leistungsabfall im Anschluss an die Sommerferien am geringsten. Aber sie ist wieder fröhlich und hat Zutrauen zur Schule gefasst (vgl. Abb. 3). Dass sie immer noch so stark auf die Bestätigung der Lehrerin angewiesen ist, zeigt, wie unsicher sie sich fühlt. Sie beginnt schließlich – vor Weihnachten –, sich in der Beziehung von Laut und Schreibung zurechtzufinden. Dennoch sind weiterhin massive Lernschwierigkeiten zu bewältigen. Wir werden sie nur mildern, wenn Ivonne selbst ihre Zuversicht behält und wir die Geduld nicht verlieren und beharrlich Lerngelegenheiten anbieten.

Ende Januar hat auch Ivonne deutliche Fortschritte gemacht (Abb. 4). Sie schreibt »Sofa« ganz richtig, notiert bei vier weiteren Wörtern Zeichen, die man als regelgeleitet erkennen kann (nur für das T bei Kinderwagen gilt das wohl nicht), und erfragt sogar das Zeichen für den letzten Laut bei »Mund« (»Wie geht das /t/?«).

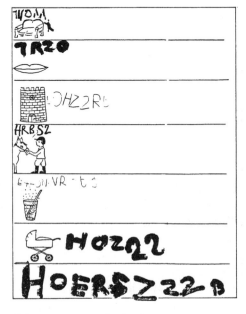 

Abb. 3: Ivonne: Lernbeobachtung. November Klasse 1.

Abb. 4: Ivonne: Lernbeobachtung. Januar Klasse 1

Grundsätze für pädagogische Lernhilfen

- Die detaillierte Einsicht in die Schwierigkeiten des Kindes sollte verbunden sein mit der Zuversicht in seine Lernfähigkeit. Deshalb sollten wir uns ganz ausdrücklich immer wieder die Fähigkeiten des langsam lernenden Kindes vergegenwärtigen.
- Unterricht in der Gesamtgruppe und zeitweise individuelle Förderung in homogenen Leistungsgruppen dienen dazu, dass das Kind ein individuelles Anspruchsniveau findet, das auch für es selbst als Herausforderung wirkt.
- Wenn die Aufgabenstellungen den Fähigkeiten des Kindes entsprechen, sollte die Forderung zur Selbstständigkeit auch bei Widerständen des Kindes nicht

so leicht aufgegeben werden. Denn die Erfahrung von Eigenverantwortung stärkt die Lernbereitschaft, wenn die Aufgabe gelöst werden konnte.
- Lernsituationen zur Anbahnung von Schrifterfahrung (s. das »Memory mit Schrift«) schaffen bei einem Teil der Kinder noch bis weit ins erste Schuljahr hinein Lernvoraussetzungen für das Lesen- und Schreibenlernen. Sie können zeitlich durchaus bereits mit Übungen zu Teilleistungen verbunden sein.
- Bei der Unterrichtsgestaltung sind Entspannungsphasen gerade für Kinder wichtig, die Lernschwierigkeiten bewältigen müssen; denn sie müssen sich besonders anstrengen.

Drei Fragen für Lernbeobachtung und Aufgabenstellung

- Was kann das Kind schon?
- Was muss es noch lernen?
- Was kann es als Nächstes lernen?

- *Die erste Frage* (vgl. Dehn 1994b, S. 20f.) scheint einfach, ja trivial; aber sie ist häufig außerordentlich schwer zu beantworten, wenn der Schüler, wenn die Schülerin doch – gerade im Vergleich mit der Lerngruppe – so vieles eben nicht kann. Aber jeder Schulanfänger verfügt über vielfältige Kompetenzen; in schulischen Kontexten fällt es freilich manchmal schwer sie zu erkennen. Für die Lehrperson ist die Konzentration auf das Können – auch bei ganz offensichtlichen Schwächen – ein wichtiger Schritt, um für das Kind und mit dem Kind eine produktive Lernsituation zu gestalten.
- *Die zweite Frage* richtet sich auf das Gesamt des im Bereich Schrift zu Lernenden. Mit dieser Perspektive kann der Gefahr vorgebeugt werden, dass Kindern mit Schwierigkeiten beim Schrifterwerb von Anfang an auch wenig zugetraut wird, sie also Weniges kleinschrittig lernen sollen. Auch bei diesen Kindern muss die Schriftsprachkompetenz im Ganzen in den Blick genommen werden – bezogen auf die Grundschulzeit insgesamt, damit von einer Zielvorstellung aus ein Entwurf für das Anspruchsniveau formuliert werden kann.
- *Die dritte Frage* gilt dem nächsten Lernschritt. Hier kann der Unterricht keine Vorschrift machen, sondern Angebote, die die Lese- und Schreibanfänger herausfordern. Deshalb geht es gerade nicht darum, was das Kind lernen muss, sondern darum, was es als Nächstes lernen kann. Wenn es eine Aufgabe, ein Lernangebot nicht annehmen kann, müsste die Lehrperson – gerade in den ersten Schulmonaten – weiter nach etwas Geeignetem suchen, damit der schulische Schrifterwerb in Gang kommt und das Kind seinem höchsten Vermögen entsprechend lernt.

Renate Valtin

Erfolgreich Lesen und Schreiben lernen auch gemeinsam mit lernbehinderten Kindern

Kinder kommen mit höchst unterschiedlichen Lernvoraussetzungen zur Schule. Während Kinder aus kulturell anregendem Milieu schon recht gute Kenntnisse über die Funktion von Schriftsprache mitbringen, fehlt Kindern aus schriftfernem Milieu fast jeglicher Anreiz zum Lesen- und Schreibenlernen. Die Aufgabe der Lehrkräfte besteht hier – vor allem in Integrationsklassen mit lese-rechtschreib-schwachen und lernbehinderten Kindern – darin, Kinder durch das Bewusstmachen des Gebrauchswerts von Schrift zu motivieren. Auch die Lernvoraussetzungen (Fähigkeit zur Vergegenständlichung von Sprache, Einsicht in das Wortkonzept, vgl. Bosch 1984) sind höchst unterschiedlich. Klaffen die Lernvoraussetzungen und der Unterrichtsstoff zu weit auseinander, können die Kinder von den Lernangeboten nicht mehr profitieren und bleiben immer weiter zurück.

Das Kind dort abholen, wo es steht

Die für den Schriftspracherwerb grundlegenden Kenntnisse und Einsichten werden von Kindern nun nicht schlagartig von heute auf morgen und auch nicht kontinuierlich erworben. Vielmehr lassen sich charakteristische Stufen beobachten, die jeweils durch eine dominante Strategie gekennzeichnet sind. Sie lassen sich – so zeigt eine einjährige Längsschnittuntersuchung an Vorschülern und Erstklässlern (Valtin u.a. 1993) – bei jedem Kind beobachten (vgl. in diesem Band Scheerer-Neumann, S. 58ff.). Das sich hieraus ergebende Entwicklungsmodell verdeutlicht, dass alle Kinder charakteristische Schwierigkeiten haben können, die in der Natur der Sache liegen, aber nicht in Defiziten der Kinder. Fast alle Kinder in der Anfangsphase vertauschen spiegelbildliche Buchstaben, wie d und b, weil sie die Form, nicht jedoch die Lage im Raum als bedeutungsunterscheidend wahrnehmen. Ebenso haben zunächst alle Kinder Schwierigkeiten, eine vollständige Lautanalyse vorzunehmen, ohne dass es sich hierbei um auditive Wahrnehmungsmängel handelt.

Vor allem aus Fallbeobachtungen wissen wir, dass die langsamen LernerInnen, zu denen auch LegasthenikerInnen und lernbehinderte Kinder zu rechnen sind, sich besonders lange auf den unteren Ebenen der Schriftentwicklung aufhalten und in gravierenden Fällen dort stehen bleiben. Einerseits haben sie beim

Lernen offenbar größere Hürden zu überwinden, andererseits fehlt ihnen die optimale Passung des Lernangebots.

Die Feststellung des Entwicklungsstandes und der dominanten Strategie eines Kindes ermöglicht die Auswahl geeigneter Fördermöglichkeiten zur Hinführung zur »Zone der nächsten Entwicklung« Als Grundsatz gilt, eine möglichst optimale Passung zwischen der Aneignungsstufe und dem Lernangebot herzustellen.

Das Entwicklungsmodell zeigt die Zonen der nächsten Entwicklung an und ist deshalb ein gutes förderdiagnostisches Hilfsmittel (mehr dazu in Band 2 dieses Handbuchs).

Anwendung einer sachadäquaten Methode beim Schriftspracherwerb

Zahlreiche Erfahrungsberichte, aber auch einige empirische Untersuchungen (Herff 1993; May 1994) deuten darauf hin, dass Kinder am effektivsten lesen und schreiben lernen, wenn sie mit Hilfe des analytisch-synthetischen Verfahrens direkt zur Erfassung der Struktur der Alphabetschrift angeleitet werden. Die Einsicht in die Struktur der Schrift erlangen die Kinder am besten durch die Arbeit an ausgewählten Lern- oder Schlüsselwörtern. Diese entstammen dem aktiven Wortschatz der Kinder und sind so ausgewählt, dass sie lebendige und aussagekräftige Texte ermöglichen. Vom Schriftzeichen- und Phonembestand her sind sie zunächst prägnant und eindeutig.

Der Lehrgang, sei es eine Fibel oder eine Eigenfibel, sollte auf einer begrenzten Anzahl von Schlüsselwörtern und Zusatzwörtern basieren mit vielfältigen Wiederholungen und Übungsformen, sodass auch langsamer lernenden Kindern ein Lernerfolg möglich wird. Diese sorgfältige Planung des Lernangebots ist vor allem deshalb wichtig, weil die schulischen Erfolge oder Misserfolge des Kindes in den ersten Lernphasen beim Schriftspracherwerb eine entscheidende Bedeutung für seine Biografie haben und seine Freude am Lernen, sein Selbstkonzept und sein Vertrauen in die eigenen Leistungsmöglichkeiten erheblich beeinflussen.

Das *analytisch-synthetische* Verfahren, das theoretisch und empirisch abgesichert ist, wird inzwischen in den meisten Richtlinien der Bundesländer als Leselehrmethode in der Grundschule vorgeschrieben. Deshalb ist es mehr als verwunderlich, dass in der Sonderpädagogik nach wie vor beim Lesenlernen synthetische und analytische Verfahren benutzt werden, die gegenüber der analytisch-synthetischen Methode gravierende Schwächen aufweisen.

Die *synthetischen* Verfahren beginnen an einem Punkt, der erst am Ende stehen sollte: der Isolierung des Schriftzeichens, was bereits eine Abstraktionsleistung voraussetzt (Erkennen, dass ein Graphem eine Klasse von Lauten und Lautvarianten repräsentiert). Wird der Einzellaut zudem als Empfindungs- oder als Sinnlaut eingeführt, so wird das Verständnis der Funktion des Lautes erschwert, was zu den bekannten Schwierigkeiten beim Lautverschmelzen führen kann.

Schon in den 30er-Jahren hat Bosch auf diesen Mangel hingewiesen. Er berichtet, dass nach der Sinnlautmethode unterrichtete Schüler häufig Geschichten zu Wörtern erzählen, anstatt das Wort zu erlesen, zum Beispiel beim Wort »nun«: »NNN knurrt der Karo, und der Junge will sich nicht waschen, uuuu ist das kalt« (Bosch 1984). Gerade schwach begabten Schülern fällt die Abstraktion vom Sinnlaut sehr schwer. Auch Leselehrgänge, in denen zunächst nur Silben geübt werden, wie Born (1987) es für das Lesenlernen bei Lernbehinderten vorschlägt, verführen zum mechanischen »Silbenbellen« (Bosch 1984) und können somit zu einer Erschwernis des Sinnverständnisses beitragen bzw. überhaupt die Einsicht verstellen, dass es sich beim Lesen um eine sinnvolle kommunikative Tätigkeit handelt.

Beim *ganzheitlichen* Verfahren wird unsere Schrift zunächst wie eine Begriffsschrift behandelt, und die Beziehungen zwischen Klang- und Schriftstrukturen werden den Kindern nicht bewusst gemacht. Das bedeutet, dass viele Gelegenheiten zur auditiven und visuellen Binnendifferenzierung des Wortes nicht genutzt werden.

Ähnlich merkwürdig ist die Beliebtheit der Lautgebärdenmethode. Sicherlich gibt es einige Kinder, denen es Schwierigkeiten bereitet, bestimmte Laute voneinander zu unterscheiden, und es ist sinnvoll, sie durch Gebärden auf die Artikulationsstelle hinzuweisen. Das vollständige Inventar aller Lautgebärden zu lehren, halte ich jedoch für überflüssig, weil die Kinder dann neben den Buchstaben und Lauten noch ein drittes Symbolsystem lernen müssen. Dass einzelne Lehrer und Lehrerinnen gute Erfahrungen mit der Lautgebärdenmethode machen, schreibe ich dem Enthusiasmusfaktor zu. Wenn man denselben Zeitaufwand, den man in das Erlernen der Lautgebärden steckt, in die visuelle, auditive, sprech- und schreibmotorische Durchgliederung von einfachen Wörtern legt, können die Einsichten der Kinder in das alphabetische Prinzip besser gefördert werden. Bosch hat schon in den 30er-Jahren eine immer noch aktuelle Kritik an den Lautgebärdenmethoden dargelegt, die ich an dieser Stelle nur wiederholen kann. Bosch erkennt an, dass diese Methode durchaus eine Bedeutung für das Sprechenlernen bei Kindern mit leichten Sprachstörungen haben kann, dass sie aber »für die Erfassung der Buchstabenfunktion keine Förderung bedeutet … Die Erlernung der Gebärdensprache mag ein schönes Spiel bedeuten, unter dem Gesichtspunkt der Sprachheilpädagogik von Nutzen sein, das Lesenlernen im normalen Falle fördert sie nicht« (Bosch 1984 S. 29). »Es fragt sich, ob die mit dem Anklammern an diese Stütze sich ergebende Abrichtung auf den rein technischen Vorgang der Lautverschmelzung nicht zum Schaden des Lesens im höheren Sinne gereiche« (ebd., S. 28).

Ermöglichung und Förderung eigener Schreibversuche

Es ist für den verantwortlichen Pädagogen nicht immer leicht, eine didaktische Balance zwischen dem freien Schreiben und dem Schreiben in strukturierten Übungen herzustellen. Es gibt Kinder, die mit wenigen Lernimpulsen auskommen, um das Prinzip der Buchstabenschrift selbstständig-entdeckend zu erfassen und in eigenen Verschriftungen anzuwenden. Die meisten Kinder bedürfen jedoch angeleiteter Schreibübungen, um dabei die Voraussetzungen zu erwerben, die für das selbstständig-freie Schreiben erforderlich sind. In der Lerngruppe des 1. Schuljahres darf darum das freie Schreiben keine ausschließliche Methode sein, sondern nur eine mögliche Aktivitätsform im Rahmen vielfältiger schriftsprachlicher Betätigungen. Diese Folgerung ist auch aus dem Stufenmodell des Lesens und Schreibens ableitbar: Kinder brauchen geraume Zeit, bis sie zur vollständigen Lautanalyse, der Voraussetzung für freies Schreiben, in der Lage sind.

Ein besonders hilfreiches Arbeitsmittel zur Einübung in die selbstständige schriftliche Äußerung sind »Schreibgeschichten-Bilder«, die das Kind anregen, mit Hilfe des geübten Wortschatzes eigene »Geschichten« zu schreiben. Anfangs kommen kleine Sätze zustande, manchmal auch nur einzelne Wörter. Doch schon bald werden die schriftlichen Äußerungen umfangreicher.

Für das freie Schreiben lassen sich vielerlei weitere Anlässe schaffen. Beispielsweise schreiben die Kinder Briefe an einen kranken Mitschüler, malen und schreiben vom Klassenausflug, gestalten ein gemeinsames Ferienbuch, schreiben der Lehrerin oder einem Mitschüler Briefe und stecken ihn in den in der Klasse aufgehängten Briefkasten (und erhalten möglicherweise eine Antwort).

Als Hilfsmittel für das Verwenden von ungeübten Buchstaben hat sich eine Anlauttabelle bewährt, wie sie inzwischen von mehreren Verlagen angeboten wird, z.B. die Buchstabeneisenbahn, die an der Klassenwand aufgehängt werden kann, oder der Anlautkreis für die Hand der einzelnen SchülerInnen. Mit Hilfe einer Anlauttabelle kann das Kind zu einem Laut den entsprechenden Buchstaben finden, indem es den Laut im »Anlautverfahren« mit den Anlauten der Bilder vergleicht. Während manche Kinder schon in kurzer Zeit den selbstständigen Gebrauch der Anlauttabelle erlernen und zu ganz erstaunlichen Schreibergebnissen gelangen, bedürfen andere langfristiger und intensiver Übung mit der Lehrerin. Solche Anlautverfahren sollten jedoch nur als Bestandteil der analytisch-synthetischen Methode eingesetzt werden, nicht als alleiniges, isoliertes Mittel, da Kinder die Lautanalyse am sinnvollsten ausgehend von geschriebenen Wörtern lernen.

Differenzierung, aber wie?

Differenzierung kann nicht heißen, dass von Beginn an Kinder in homogene Gruppen aufgeteilt werden, unabhängig voneinander lernen und sich in ihrem Leistungsstand immer weiter voneinander entfernen. Differenzierung sollte in den ersten Schuljahren vorrangig unter sozialem Aspekt erfolgen (zum Einüben kooperativer Verhaltensweisen, zum gegenseitigen Anregen) und erst in zweiter Linie unter dem Leistungsaspekt, zumal das strenge Differenzieren in homogene Leistungsgruppen sich als unvorteilhaft für die sozial-emotionale Entwicklung der Kinder der schwächeren Gruppen herausgestellt hat. In jedem Unterricht, bezogen auf eine Unterrichtsstunde bzw. eine Lerneinheit, ist deshalb ein dreischrittiges Vorgehen zu empfehlen:

1. Ausgehen von einer gemeinsamen Basis

In dieser Lernphase – und sei sie noch so kurz – arbeiten die Kinder an einem gemeinsamen Lerngegenstand, zum Beispiel lernen sie ein neues Wort oder ein neues Schriftzeichen, oder sie lesen gemeinsam einen kleinen Text. Auch lern- oder geistig behinderte Kinder werden hier einbezogen. Wenn zum Beispiel die Lehrerin ein neues Wort an der Tafel erarbeitet, erhalten diese Kinder ein Blatt, auf dem das Wort in großem Format geschrieben ist, sodass sie sich besser darauf konzentrieren können. Wird ein Text erarbeitet, können diese Kinder ebenfalls einbezogen werden, sodass sie am anschließenden Unterrichtsgespräch teilnehmen können: Ein guter Leser liest ihnen den Text bzw. eventuell eine leichtere Version davon vor, und sie arbeiten ihren Leistungen entsprechend am Text (z.B. bekannte Buchstaben oder bekannte Wörter einkreisen). Wenn lern- und geistig behinderte Kinder in diese gemeinsame Phase einbezogen werden, lernen sie aufgrund der Anregungen durch andere Kinder vermutlich mehr, als wenn sie ein individualisiertes Lehrprogramm durchlaufen, bei dem sie im Wesentlichen nur eine Person, den (Förder-)Lehrer, als Interaktionspartner haben.

2. Differenzierung

Im Anschluss daran erfolgt eine Phase, in der nach Lerntempo und Schwierigkeitsgrad differenziert wird. Einige neuere Lehrgänge enthalten vielfältige Materialien, die zur Differenzierung geeignet sind und die Lehrkräfte von der mühsamen Materialbeschaffung und -erstellung freisetzen. So sind zum Beispiel die Lese- und Schreibübungshefte, die zum Lehrgang »Fara und Fu« gehören, so konzipiert, dass zu jeder Fibelseite je zwei Seiten aus dem Lese- und Schreibübungsheft gehören. Die Vorderseite enthält das Fundament, die Rückseite Aufgaben zur Differenzierung, die nicht von allen Kindern bewältigt werden müssen. Der Lehrgang »Fara und Fu« besteht neben der Fibel aus einem umfangreichen Programmpaket mit Materialien, die zur Einzel- und Partnerarbeit im differenzierenden Unterricht geeignet sind, z.B. die »Lese-Übungs-Kartei mit Selbstkontrolle« und die »Leselernspiele mit Selbstkontrolle«. Diese die Fibel ergänzenden Materialien sind so gestaltet, dass für Frühleser und langsamer lernende Kinder ein gemeinsamer Arbeits- und Lernzusammenhang gewahrt ist.

3. Phasen der Freiarbeit und des offenen Lernens

Auch in Integrationsklassen sollte so weit wie möglich das gemeinsame Lernen am gemeinsamen Lerngegenstand (wenn auch auf unterschiedlichem Niveau) gefördert werden. Das Spannungsverhältnis zwischen gemeinsamem und individuellem Lernen ist allerdings schwer lösbar. Neben dem gemeinsamen Unterricht sollten die Kinder Zeit für freie Arbeit erhalten, in der sie sich allein oder mit einem Partner Aufgaben und Materialien auswählen und sich ihr Lerntempo selbst bestimmen können. Dies ist besonders wichtig im Hinblick auf Kinder mit Beeinträchtigungen bzw. besonderen Bedürfnissen. Das Materialangebot sollte den Kindern Möglichkeiten für Eigenaktivität und selbstständiges Probieren einräumen, damit sie sich die Funktion und den Aufbau der Schrift aneignen können. Für Phasen der Freiarbeit und des offenen Lernens, in denen Kinder selbstbestimmt und nach eigenem Tempo lernen, wird eine Leseecke eingerichtet bzw. werden weitere Zusatzmaterialien, zum Beispiel in einer Lesekiste, bereitgestellt. Die Einrichtung einer gemütlichen »Leseecke« im Klassenzimmer eröffnet den Kindern die Möglichkeit, sich zu bestimmten Zeiten zurückzuziehen, sich Bilderbücher anzuschauen, eine Geschichte zu lesen oder vorlesen zu lassen oder sich mit einem Leselernspiel zu beschäftigen.

Wegen der unterschiedlichen Lernfortschritte im Lesen ist es notwendig, sowohl für die langsam als auch für die schnell lernenden Kinder zusätzliche Materialien bereitzustellen. In vielen Klassen hat sich die Einrichtung einer kleinen Sammlung (z.B. in einer »Lesekiste«) bewährt, aus der die Kinder selbstständig Materialien auswählen können. Gegebenenfalls kann der Schwierigkeitsgrad gekennzeichnet sein (verschiedene Farben oder Zeichen). Der Kasten enthält Leseaufgaben, kurze Texte, Witze, Rätsel, aus verschiedenen Fibeln, Büchern und Zeitschriften herausgeschnittene Geschichten oder von der Lehrerin oder von Kindern selbst gefertigte Materialien.

Dieses Angebot an Zusatzmaterialien gewährleistet, dass die Kinder mit sinnvollen, angemessenen und motivierenden Aufgaben beschäftigt sind. Die Lehrerin ist weitgehend von der Materialbereitstellung befreit und findet Zeit zur Beobachtung, Beratung und Ermunterung der Kinder sowie zur Förderung einzelner Kinder mit Lernschwierigkeiten.

Petra Hüttis-Graff

»Sprich, wie du schreibst!«

Einige Grundsätze für den Unterricht mit ausländischen SchülerInnen

Hier einige Beispiele aus dem Unterricht:

1. Drei türkische Mädchen verfolgen beim Aufschreiben des Wortes AMEISE die Frage: »Ameise mit /k/?«.
2. *Fatima* schreibt BULUME statt BLUME.
3. *Sinan* will IST schreiben und fragt: »Was ist ein /i/?« (kurz gesprochen). Das vom Beobachter aufgeschriebene »ist« wehrt er mehrfach ab: »Das ist doch kein /i/!«
4. *Nevra* will EIN schreiben und sucht im Anlautheftchen das <Y> neben dem abgebildeten Yak heraus: IGELROLNSichAYNBAGFAR (s. Abb. 1).
5. *Arif* bezeichnet sein Gemaltes auf Türkisch und Deutsch, beispielsweise GÜNS/ZONE und ADAM/MANI (s. Abb. 2).

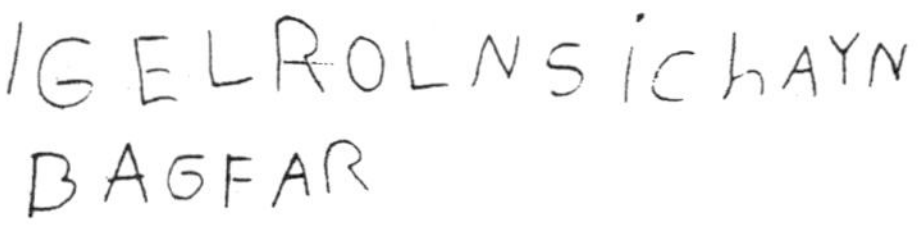

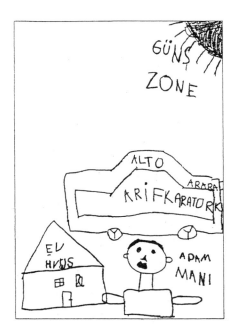

Abb. 1: Schreiben mit Anlauttabelle
(Mitte Klasse 1)

Abb. 2: Zwei Sprachen – eine Schrift
(Anfang Klasse 1)

Diese türkischen Erstklässler zeigen, dass sie unsere Schrift als alphabetische verstehen; damit haben sie eine grundlegende Orientierung beim Schreiben gefunden. Dennoch haben sie spezifische Schwierigkeiten beim Schriftspracherwerb. Welcher Art solche Schwierigkeiten mehrsprachiger Kinder sind und worauf sie beruhen, sollen zunächst Daten zum Schrifterwerb von über 400 Kindern aus 20 Klassen klären, die am Hamburger BLK-Modellversuch »Elementare Schriftkultur« (1992–1996) teilgenommen haben (Behörde für Schule 1996). Daraus werden Unterrichtsprinzipien abgeleitet und konkretisiert, die nicht nur mehrsprachige Kinder beim Schrifterwerb unterstützen.

Die schriftspezifischen Lernvoraussetzungen der etwa 30% mehrsprachigen Schulanfänger waren bei der Schulanfangsbeobachtung (Hüttis-Graff/Baark 1996) durchschnittlich etwas niedriger als die der einsprachig deutschen Kinder, und zwar hinsichtlich ihrer Buchstabenkenntnis und der Anzahl ihrer Versuche, Schrift beim Spielen des »Memory mit Schrift« zu nutzen.

Mehrsprachige Schulanfänger haben geringere schriftspezifische Kenntnisse und nutzen Schrift weniger als einsprachige Kinder

Angesichts ihrer schwachen Lernvoraussetzungen am Schulanfang würde man vermuten, dass die Lernentwicklung mehrsprachiger Schreiblerner entsprechend langsam oder problematisch verläuft. Die Lernbeobachtung »Schreiben«, bei der alle Kinder von November der 1. Klasse bis zum Februar der 2. Klasse fünfmal einzelne ungeübte Wörter aufgeschrieben haben (Lernbeobachtung »Schreiben«, vgl. Dehn/Hüttis-Graff 2000), zeigt jedoch anderes: Erstaunlicherweise sind die mehrsprachigen Kinder trotz ihrer ungünstigeren Lernausgangsbedingungen schon bei der 1. Lernbeobachtung nach 3 Schulmonaten im Schreiben durchschnittlich etwa gleich gut wie die einsprachigen Kinder. Und die durchschnittliche Anzahl richtiger Grapheme liegt bei mehrsprachigen Kindern auch zu jedem der anderen Beobachtungszeitpunkte kaum niedriger als bei den einsprachigen.

Mehrsprachige Kinder haben nicht grundsätzlich mehr Schwierigkeiten beim Schreibenlernen als einsprachige

Mehrsprachige Erstklässler finden also im Durchschnitt nicht schwerer Zugang zur Schrift als einsprachig deutsche. Damit bestätigt sich erneut, dass schwache Lernvoraussetzungen am Schulanfang durch Unterricht kompensiert werden können (vgl. Dehn/Hüttis-Graff 2000). Jedoch zeigen die Beobachtungen einen qualitativen Unterschied im Schreibenlernen ein- und mehrsprachiger Kinder auf: Die Leistungsverteilung ist bei den mehrsprachigen Kindern extremer: Mittlere Schreibungen gibt es bei den mehrsprachigen Kindern am Ende der 1. Klasse seltener als bei einsprachigen. Dafür kommen sowohl nahezu vollständige als auch rudimentäre Schreibungen bei den mehrsprachigen Kindern viel häufiger vor als bei den einsprachigen. Bei vielen mehrsprachigen Kindern ist nach einem Schuljahr die Sprachanalyse also immer noch sehr unvollständig.

Einige mehrsprachige Erstklässler haben erheblich mehr Schwierigkeiten beim Schreibenlernen als andere

Bei Schreibern, die höchstens ein Drittel der Grapheme richtig schreiben, sind lang anhaltende Rechtschreibschwierigkeiten zu erwarten (s. Dehn/Hüttis-Graff 2000). Was sind typische Schwierigkeiten, was mögliche Ursachen für die Lernschwierigkeiten einiger mehrsprachiger Schüler, und wie kann Unterricht dazu beitragen, dass sie nicht so lange nur rudimentär schreiben? Und warum schreiben andere besonders vollständig? Zur Beantwortung der Fragen beziehe ich mich auf die eingangs aufgeführten fünf Beispiele von türkischen Schülern, ziehe dann Untersuchungsbefunde und theoretische Überlegungen heran zur Skizzierung eines Unterrichtskonzepts.

Die oben angeführten türkischen Kinder zeigen, dass typische Schwierigkeiten mehrsprachiger Kinder beim deutschen Schriftspracherwerb auf 3 Ebenen liegen. Typische Schwierigkeiten mehrsprachiger Schüler:
- Mehrsprachige Schreibanfänger orientieren sich nicht am bezeichnenden Wort im Deutschen, sondern am unbewusst muttersprachlich konnotierten Begriff, möglicherweise ihrer inneren Sprache (Wygotski 1934/1974) (Beispiel 1: Die Mädchen suchen unbemerkt den Anlaut des türkischen Wortes für Ameise, nämlich kar|nca; s. Dyroff 1996).
- Mehrsprachige Schreibanfänger mischen phonologische Strukturen ihrer Sprachen (Beispiel 2: *Fatima* vermeidet eine im Türkischen seltene Konsonantenhäufung; Beispiel 3: *Sinan* markiert das kurze Phonem /i/, einen Typ in der türkischen Vokalharmonie, und Beispiel 5: *Arif* ergänzt vokalharmonisch das <|> bei MANI/MANN).
- Mehrsprachige Schreiblerner mischen Schriftstrukturen des Deutschen und ihrer Herkunftssprache, hier des Türkischen (Beispiel 3: *Sinan* kennt das spezielle Graphem <|> für das kurze /i/ aus dem Türkischen; Beispiel 4: *Nevra* hat das Graphem <Y> im Türkischen häufig gesehen und Beispiel 5: *Arif* kennt türkische Graphem-Phonem-Zuordnungen, wie das <Z> für das stimmhafte /s/, das <S> für das /sch/ und das <|> für das kurze /i/).

Gerade wenn mehrsprachige Kinder in Deutschland geboren und mit zwei Sprachen zugleich aufgewachsen sind – wie die meisten an deutschen Schulen –, ihre Mehrsprachigkeit also lebensweltlich ist, können sie nicht nur im Mündlichen zwischen den beiden Sprachen wechseln (Gogolin 1987) – im Schriftlichen tun sie es auch; manche mischen Sprachen und Schriften jedoch unbemerkt.

Mehrsprachige Schulanfänger können ihre Sprachen oft schlecht konturieren

Mehrsprachige Schulanfänger verfügen also am Schulanfang oft nicht über unterschiedliche Wahrnehmungsstrukturen für ihre zwei Sprachen und Schriften. Das bedeutet für den deutschen Schrifterwerb: Sie nehmen spezifische Strukturen des Deutschen nicht wahr (Zimmer 1989). Diese Probleme sind vermutlich häufiger bei lebensweltlich mehrsprachigen Kindern als bei zweisprachigen Kindern, die zwei Sprachen getrennt voneinander erwerben (z.B. bei spätem Zuzug nach Deutschland oder im Fremdsprachenunterricht). Dies wird durch empirische Untersuchungen von Steinmüller/Knapp über die Sprachkenntnisse von bilingualen Kindern aus Migrantenfamilien gestützt: »Stark defizitäre Deutschkenntnisse« stellten sie 1987 bei 44% der zweisprachigen Siebtklässler fest, die bereits in Deutschland eingeschult waren; Im Gegensatz zu nur 18% derjenigen Siebtklässler, die erst nach 3 bis 4 Jahren in einer türkischen Grundschule nach Deutschland kamen, Deutsch also als Zweitsprache erwarben (Knapp 1999, S. 30f.).

Schrift strukturiert die Wahrnehmung von Sprache

Wie können mehrsprachige Schreibanfänger darin unterstützt werden, die spezifischen Strukturen des Deutschen wahrzunehmen? Hierzu ein Exkurs: Viele Schriftkundige meinen, dass sie die Endbuchstaben <d> in Hund, das <g> in Berg und das <b> in Laub als solche hören könnten, obgleich <d>, <g> und <b> im Auslaut verhärtet werden zu /t/, /k/ und /p/. Ursache hierfür ist, dass Schrift den Gegenstand Sprache, den sie repräsentiert, mit Strukturen überzieht (Coulmas 1981): Wir meinen beim Sprechen zu »hören«, was wir in Schrift gesehen haben.

Und auch Schriftlerner schreiben nicht nur, wie sie sprechen, sie orientieren sich schon früh an (Strukturen der) Schrift. Dies zeigen nicht nur Kinder, die schon vor der Schulzeit Schriftzüge abschreiben, die sich ganze Wörter orthografisch richtig merken (wie den eigenen Namen CHRISTOPHER oder SUNNY), oder später orthografische Elemente erproben (z.B. SOFER/SOFA). Viele der obigen Schreibweisen dokumentieren, dass auch die türkischen Kinder sich an spezifischen Schriftstrukturen orientieren, häufig jedoch disfunktional an denen des Türkischen:

- *Nevra* (AYN statt EIN) an der türkischen Buchstabenhäufigkeit bzw. dem dort fehlenden Diphthong <ei>,
- *Sinan* und *Arif* an der türkischen Graphem-Phonem-Korrespondenz (ein eigenes Graphem <I> für das kurze /i/ bei IST und <Z> für das stimmhafte /s/ bei ZONE/SONNE),

- *Fatima* und *Arif* an der Vokalharmonie des Türkischen und der Vermeidung dort seltener Konsonantenhäufungen (BULUME, MANI/MANN, ZONE/SONNE).

Wodurch sonst sollten diese Kinder zu diesen falschen Vorstellungen über die Struktur der deutschen Schrift gelangt sein als durch die Wahrnehmung türkischer Schrift? Offenkundig haben sie kognitive Schemata von der Struktur türkischer Schrift gebildet, ohne zu wissen, dass die deutsche andere Strukturen aufweist. Damit mehrsprachige Erstklässler die spezifische Struktur des Deutschen entdecken und von der des Türkischen abgrenzen können, brauchen sie also die Konfrontation und Auseinandersetzung mit der deutschen Schrift.

In Schrift sind die Konturen des Deutschen materialisiert

Richtig schreiben lernt man also nicht ohne Schrift als Strukturierungshilfe. Dies tut jedes Kind auf seine Weise und in seiner Aktivität ist es rezeptiv und produktiv zugleich. Mehrsprachige Kinder erlangen mit Schrift leichter ein Bewusstsein von der Sprachebene, die es beim Schreiben im Deutschunterricht zu realisieren gilt. Zudem ermöglicht Schrift die Bildung von für das Deutsche spezifischen Graphem-Phonem-Korrespondenz-Regeln, häufigen linearen Buchstabenfolgen des Deutschen, die Augst als Schreibschemata bezeichnet (1992), und Regeln. Und geschriebenes Deutsch (also nicht nur gesprochenes) unterstützt mehrsprachige Kinder nicht zuletzt auch beim Aufbau eines abstrakten Lautschemas des Deutschen, das sich von dem ihrer anderen Sprache und ihrer Artikulation unterscheidet. Also lernen türkische Kinder wie Fatima das Wort BLUME durch die richtige Schreibung auch anders zu hören. Ob sie jedoch dann auch anders sprechen oder Sprache nur anders wahrnehmen oder jeweils in die richtige Schreibung transformieren, ist sicher unterschiedlich.

Schrift ist eine wesentliche Grundlage richtigen Schreibens

Entsprechend diesen Überlegungen haben einige mehrsprachige Schüler deshalb mehr Schwierigkeiten beim Schreibenlernen, weil sie sich zu wenig an deutscher Schrift orientieren. Dadurch verfügen sie nur über unzureichende Wahrnehmungsstrukturen für unsere Sprache, und sie haben auch im Deutschen nur wenig Wörter gespeichert oder Schreibschemata (s. Augst/Dehn 1998) ausgebildet, die den Lernprozess beschleunigen. Daraus lässt sich folgern, dass ein Anfangsunterricht, der von Anfang an die Auseinandersetzung mit der Schriftstruktur des Deutschen unterstützt, (mehrsprachigen) Kindern eine bessere Konturierung des Deutschen ermöglicht und damit ihr Schreibenlernen befördert.

Eine Überprüfung dieser These ist möglich, indem man den Unterricht in den 20 ersten Klassen danach unterscheidet, ob er eine Orientierung an Schrift nahe legt oder eher nicht. Vergleicht man dann wie oben den jeweiligen Anteil rudimentärer Schreibungen von mehrsprachigen Kindern am Ende der ersten Klasse, bestätigt sich die These: In schriftorientiertem Unterricht schreiben mit 24% weniger der mehrsprachigen Kinder am Ende von Klasse 1 rudimentär als in wenig schriftorientiertem Unterricht (66% rudimentäre Schreibungen), in dem mit Hilfe einer Anlauttabelle gelernt wird. Umgekehrt schreiben in schriftorientiertem Unterricht 57% der mehrsprachigen Kinder ungeübte Wörter nahezu vollständig. Beachten Sie das folgende Diagramm, welches die Bedeutung von Schriftorientierung für mehrsprachige Schreiblerner verdeutlicht.

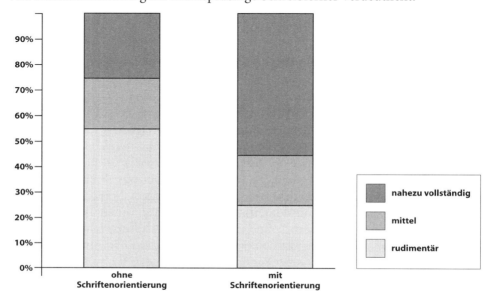

Abb. 3: Verteilung der Rechtschreibleistungen mehrsprachiger Kinder in schriftorientiertem und anderem Unterricht in der 3. Lernbeobachtung (Ende Klasse 1) nach obigen Leistungsgruppen:
rudimentäre Schreibungen (maximal 22 von 32 Graphemen richtig),
mittlere Schreibungen (23 bis 27 Grapheme richtig),
nahezu vollständige Schreibungen (28 bis 32 Grapheme richtig).

Auch die weiteren Ergebnisse im BLK-Modellversuch bis Ende der 3. Klasse unterstützen diese Überlegungen: Mehrsprachige Kinder, die schriftorientierten Anfangsunterricht hatten, lernen auch in der 2. und 3. Klasse deutlich besser Rechtschreiben als die in anderem Unterricht. Im Diagnostischen Rechtschreibtest 2 und 3 liegen sie durchschnittlich über 30 Prozentränge höher als jene, in deren Anfangsunterricht die Verschriftung der Artikulation (mit Hilfe der Reichen-Tabelle) favorisiert wurde. Die langfristige Rechtschreibentwicklung nicht nur ganzer Klassen, sondern auch die der mehrsprachigen Kinder entscheidet sich also bereits in der ersten Klasse. Von Schriftorientierung profitieren dabei nicht nur mehrsprachige Kinder, sondern auch einsprachige.

Schriftorientierter Unterricht fördert das Rechtschreiblernen

Anhand von häufigen und aufmerksamen Erfahrungen mit unserer Schrift können die obigen mehrsprachigen Kinder spezifische Graphem-Phonem-Korrespondenz-Regeln des Deutschen rekonstruieren, dass nämlich im Deutschen

- das kurze /i/ wie das lange /i/ verschriftet wird (vgl. *Sinan*: »ist«) und keine vokalharmonische Funktion hat (vgl. *Arif*: MANI / MANN);
- auch für das stimmhafte Phonem /S/ das Graphem <S> verwendet wird, während dem Graphem <Z> das Phonem /ts/ entspricht, das dem Türkischen fremd ist (vgl. *Arif*: ZONE / SONNE);
- mehrgliedrige Grapheme vorhanden sind, wie der Diphthong <EI>, der wie /AE/, /AI/ oder bei gedehnter Artikulation sogar als /AJ/ wahrnehmbar ist (s. *Nevra*: AYN / EIN; auch: BAGFAR / BEI GEFAHR) oder das Graphem <sch> (*Arif*).

Auch spezifische Schreibregeln und -schemata des Deutschen können Schreiblerner erst in der Auseinandersetzung mit Schrift entwickeln, an den Beispielen orientiert, dass im Deutschen

- Kurzvokale durch Verdopplung des folgenden Konsonanten (SONNE, MANN) oder durch Konsonantenhäufungen am Ende des Silbenrandes markiert werden (IST);
- das <Y> extrem selten ist (bzw. nur in Fremdwörtern oder Eigennamen vorkommt) (s. *Nevra*: AYN / EIN) und <S> gar nicht vorkommt.

Gerade mehrsprachige SchülerInnen brauchen eine Orientierung an der Schriftstruktur des Deutschen

Es reicht also nicht, wenn Anfangsunterricht Erfahrungen mit der inhaltlichen Funktion der Schrift beim Textschreiben entlang der Artikulation ermöglicht, weil viele mehrsprachige Kinder dann lange nicht über rudimentäres Schreiben hinauskommen und selbst einsprachige Kinder dann nur schwer tragfähige Hypothesen über Schrift entwickeln. Unterricht muss auch Textschreiben sogleich mit der Orientierung an Schrift verknüpfen. Schriftorientierter Unterricht regt mehrsprachige wie auch einsprachige Kinder dazu an, Schrift von Anfang an zu erforschen, und provoziert damit die Speicherung häufiger linearer Buchstabenfolgen und eine innere Regelbildung. Im Folgenden werden drei wichtige Prinzipien schriftorientierten Unterrichts benannt und Beispiele skizziert, wie Unterricht die Wahrnehmung und Strukturierung des Deutschen unterstützen kann (s. Hüttis-Graff 2000).

Drei Prinzipien von schriftorientiertem Unterricht

1.   Unterricht setzt mit Schrift den Anspruch

Er erweitert die häufige Orientierung der Kinder an ihrer Artikulation und konturiert für mehrsprachige SchülerInnen das Deutsche. Beispiele sind

- ritualisierte Lehrhilfen, wenn Kinder nach der richtigen Schreibweise fragen (z.B. Lehrerin als Sekretärin, Vorschreibzettel für Kinder, Tafelanschrieb, s.a. »HML – Steht da Hummel? Oder?« in Dehn 1994b, S. 123),
- Lehrhilfen, die den Unterschied von (genauem Lesen der) Schrift und (Alltags-)Sprache erfahrbar machen (s. Hüttis-Graff 2000, S. 108: Indianer, India:na:),
- kontinuierliches Einüben und Nutzen eines Grundwortschatzes mit Denkwörtern, die regelhafte Phänomene der deutschen Schrift zeigen, und mit Merkwörtern, die eher als Ausnahmen gelernt werden (s. Kruse/Wolf-Weber 1996),
- spielerische Aufgaben wie »Das Leere Blatt« und »Memory mit Schrift« (Hüttis-Graff/Baark 1996), »Wer bekommt das Bild?« (Hüttis-Graff 1992) oder »Das muss es sein« (Konzeptalbum für den Anfangsunterricht 1997).

2.   Unterricht bietet optische Vorgaben und andere, von der Lehrperson unabhängige Hilfen

Er macht die Kinder intensiv damit vertraut und regt sie häufig dazu an, diese selbstständig beim Schreiben zu nutzen. Beispiele sind

- das Anlegen oder Bereitstellen von persönlich oder thematisch bedeutsamen Wortsammlungen (auch wichtige Wörter zum schnellen Nachschlagen auf der letzten Heftseite richtig aufschreiben, s. Kruse/Wolf-Weber 1996), Wortlisten, Wortschätzen, später Wörterbücher; Verweise darauf, Nachschlagen und Üben damit (s. Arp/Wolf-Weber 1990),
- die Vorgabe von »Sprungbrettern« zum Schreiben erster Texte, wie wichtige benötigte Wörter (Namen der Titelfigur, des Tieres …) oder ein obligatorischer Satzanfang (ICH MAG, ICH KANN, ICH WILL …, s. Hüttis-Graff 1998; Dehn 1996, S. 23f.),
- Tafeldiktate (s. »Wissen ist Macht« in Konzeptalbum für den Anfangsunterricht, 1997), Partner-, Schleich- oder Dosendiktate als Formen zum Üben,
- das Material »Wie heißt Sonne auf türkisch?« (s. Konzeptalbum für den Anfangsunterricht 1997) zum Austausch über Strukturen verschiedener Schriften,

- das Entwickeln von Plakaten für die Klasse zu einem regelmäßigen Phänomen der Schrift (z.B. zu Doppelkonsonanten, häufigen Endungen, einem Wortstamm) als lange präsente strukturierte Wortsammlung.

3. Unterricht nutzt Lerngelegenheiten zum Durchschauen der Schrift

Zum Beispiel

- Thematisieren der Einsicht eines Kindes für alle, ausgehend von einem konkreten Beispiel (s. Hüttis-Graff 1998: INDIANA, wo war Lisa wohl unsicher?).
- Klären der Frage eines Kindes mit allen anderen Kindern, ausgehend von einem konkreten Beispiel (Dehn 1994b, S. 153: Wie schreibt man Wirbelsäule?).
- Regelmäßiges gemeinsames Nachdenken mit der Klasse über (vorgegebene) richtige Schreibungen, über Fallen, Tricks und Regeln.
- Nutzen von Verfahren zur orthografischen Selbstkontrolle der Kinder an ihren ersten eigenen Texten (s. Welge 1996, S. 97).

Damit verfolgt der Unterricht zwei Intentionen zugleich: Er gibt Kindern Sicherheit, und er fordert sie heraus, regelmäßige Phänomene unserer Schrift zu entdecken (und sie von Ausnahmen zu unterscheiden) sowie davon Regeln abzuleiten und zu erproben. Die Beispiele zeigen, wie Kinder auch implizit darin unterstützt werden können, die für das Deutsche relevanten Strukturen wahrzunehmen, tragfähige Hypothesen zu bilden und im Gebrauch zu nutzen. Schriftorientierung beschränkt sich also keinesfalls auf explizite Regelvermittlung, die ja das Lernen ohnehin nicht direkt beeinflusst. Erfolgreicher Schriftunterricht richtet sich von Anfang an am komplexen Gegenstand Schrift aus, als Orientierungsgrundlage und Anspruch zugleich – jedoch nicht als Sanktion.

In Bezug auf deutsche Laute, bei denen ausländische Kinder artikulatorische Schwierigkeiten aufweisen, hat Kurt Meiers (1980) folgende Tabelle zusammengestellt:

Überblick: Artikulatorische Schwierigkeiten

Türkisch	Italienisch	Spanisch	Portugiesisch	Griechisch	Serbokroatisch
• z, pf, r, ng • lange Vokale • Reduktion oder Vokale • Konsonantenhäufung	• h, ch, j • Verwechslung b/p, v/f • pf, sch u. Kon. Untersch. lang/kurz • Betonung	• ö, u • h, st, sp, ts, pf,sch • b am Anfang • Untersch. lang/kurz; offen/geschl.	• ü, ö, ch, ng, r, s, z • Nasalierung • Gespanntheit • Untersch. lang/kurz • Betonung	• ch, sch, h, nk, ng, pf • b, d, g nach Nasalen Konsonantenhäufung	• offene Vokale • ö, ü, h, pf, p, pf, sch, b, d, • g, t, nt, ch h

Über grammatikalische Unterschiede zwischen den jeweiligen Muttersprachen und dem Deutschen geben zusätzlich folgende Sprachvergleiche, die leider inzwischen vergriffen sind, Auskunft:

- Almaida/Silva: Sprachvergleich – Portugiesisch-Deutsch.
- Cimilli/Liebe-Harkort: Sprachvergleich – Türkisch-Deutsch.
- Eideneier: Sprachvergleich – Griechisch-Deutsch.
- Figge/Matteis: Sprachvergleich – Italienisch-Deutsch.

Außerdem enthalten die folgenden Bücher Sprachvergleiche (und darüber hinaus weitere wichtige Informationen):

- Bauer/Wolff: Spanische Schule – deutsche Lehrer.
- Neumann/Reich: Türkische Kinder – deutsche Lehrer.

Alle Bücher sind in der Reihe »publikation alfa« erschienen (vergriffen).

Hilfen für Eltern

Ingrid M. Naegele

Zu Hause Rechtschreibung üben

Ein Brief an Eltern

Elternberatung ist Aufgabe der Schule

In den KMK-Grundsätzen zur »Förderung von Schülern mit besonderen Schwierigkeiten beim Erlernen des Lesens und des Rechtschreibens« vom 20.04.1978 – der Grundlage aller gültigen Länder-LRS-Erlasse und Verordnungen – wird unter Punkt 5 die Zusammenarbeit mit den Erziehungsberechtigten gefordert: »Ihnen sind Hinweise auf die jeweils angewandte Lese- und Rechtschreibmethode, auf die besonderen Lehr- und Lernmittel, auf häusliche Übungsmöglichkeiten, geeignete Fördermaterialien, Motivationshilfen und Leistungsanforderungen zu geben.«

Leider ist der Schriftspracherwerb in seiner Komplexität fast nirgends verpflichtender Bestandteil der Aus- und Weiterbildung der LehrerInnen, nicht einmal im Bereich der Schule für Lernhilfe. Dies betrifft sowohl Theorie und Praxis des Schriftspracherwerbs als auch gezielte Hilfen bei Schwierigkeiten. Aber auch dort, wo speziell ausgebildete Fachleute für »Legasthenie« innerhalb oder außerhalb der Schule tätig sind, können deren private Einschätzung oder wissenschaftlich überholte Theorien den betroffenen Kindern die gezielte Förderung vorenthalten. Derzeit greifen LehrerInnen und Eltern gern auf außerunterrichtliche und medizinische Ursachen für LRS zurück, die sie selbst aus ihrer Verantwortung entlassen. Statt sich mit den »gesunden« Reaktionen eines Kindes gegen Überforderung, eine unruhige Umwelt oder falsche Didaktiken auseinander zu setzen (Voß 2000; Naegele 2001; Zangerle in Band 2), wird dem Kind eine ADS oder die »Krankheit Legasthenie« attestiert.

Die bereits zitierten Grundsätze der Konferenz der Kultusminister präzisieren jedoch in Punkt 1 eindeutig die Verantwortung der Grundschule für den Schriftspracherwerb: »Das Lesen und Schreiben zu lehren gehört ... zu den Hauptaufgaben der Grundschule, und es ist ihre pädagogische Aufgabe, dafür zu sorgen, dass möglichst wenige Schüler gegenüber diesen Grundanforderungen versagen.«

Förderung muss also vorrangig eine schulische Aufgabe sein, und dies vor allem in den ersten vier Schuljahren.

Welche Anregungen und Unterstützung benötigen Eltern für häusliches Üben der Rechtschreibung mit ihren Kindern?

Dieser Beitrag möchte LehrerInnen Anregungen und Unterstützung für die Beratung von Eltern geben, damit diese mit ihren Kindern sinnvoll zu Hause Rechtschreibung üben können (ausführliche Elternhilfen in Naegele 2001). Trotz anders lautender kultusministerieller Vorgaben (Bartnitzky 2000) spielt das Diktat in der Notengebung immer noch eine entscheidende Rolle. Das führt dazu, dass Eltern – und auch LehrerInnen – Übungsmaterial im falschen Glauben einsetzen, es sei von Fachleuten verfasst, die wissen, wie ein Kind am besten schreiben lernt. In der Regel sind Rechtschreibmaterialien aber voller problematischer und falscher Übungsformen (Thomé/Hartmann 2000, S. 146; Hübner 2001), wodurch Kinder mit LRS eher weiter verunsichert werden.

Im Lehrerkollegium sollte auch überlegt werden, ob es im Hinblick auf ein bestimmtes Kind überhaupt sinnvoll erscheint, dass die Eltern zu Hause zusätzlich üben, oder ob das Kind nicht vielleicht berechtigte Gründe für das Versagen hat, die im außerschulischen Bereich liegen und berücksichtigt werden müssten. Andererseits wird man im Interesse des Kindes abwägen müssen, ob es nicht besser ist, den Eltern kurze, methodisch-didaktisch richtige Anregungen an die Hand zu geben, da sie sonst dem undurchschaubaren Angebot des Material- und Nachhilfemarkts hilflos ausgeliefert sind.

Die Hinweise auf den folgenden Seiten sind als Kopiervorlage für die Hand der Eltern oder Anregung für eine Elterninformation gedacht. Die Arbeit mit der Lernkartei hat sich in vielen Jahren in der schulischen (Frauenfeld 2000) und therapeutischen Praxis bewährt (Naegele 2000, 2001).

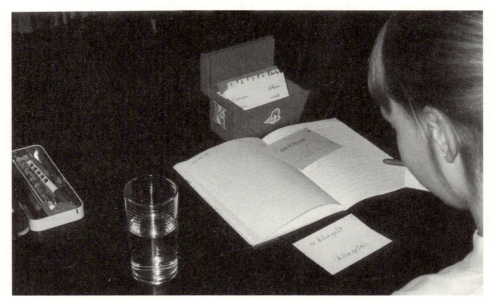

Liebe Eltern,

Sie möchten Ihrem Kind helfen, damit es weniger Fehler beim Schreiben macht und Lesen als etwas Positives erlebt. Oftmals weichen Kinder, denen das Lesen- und Rechtschreibenlernen schwer fällt, dem Üben aus und sehen lieber fern oder spielen am Computer. Häusliches Üben ist häufig eine Tortur für alle Beteiligten und das Ergebnis steht in keinem Verhältnis zum Zeitaufwand. Mehr Druck, Verbote oder Strafen haben keine Besserung gebracht. Im Gegenteil, das Lernproblem beeinträchtigt auch das Verhalten und die ganze Familie leidet.

Warum klappt es bei meinem Kind nicht?

Sie sollten sich als Eltern klarmachen, dass Ihr Kind nicht aus Faulheit, Unkonzentriertheit oder Dummheit Fehler macht, sondern weil es bestimmte Lernschritte noch nicht verstanden hat und einfach mehr Zeit, günstige Lernbedingungen und gezielte Anregungen braucht, um sich diese Einsichten anzueignen. Dies ist keine Frage der Intelligenz.

Eine positive Einstellung ist zum Lernen wichtig. Vorwürfe und Schimpfen haben negative Auswirkungen auf das Selbstwertgefühl Ihres Kindes. Entweder spielt es dann den Klassenclown, dem alles nichts ausmacht, oder es frisst den Ärger und die Enttäuschungen in sich hinein und wird krank.

Wichtiger als alles häusliche Üben ist, dass Sie Ihr Kind mit seinen Stärken und Schwächen akzeptieren, sich Zeit für seine Freuden und Sorgen nehmen und es unterstützen. Dazu ist natürlich der Kontakt zur Schule wichtig und das Gespräch mit der Lehrerin, die von den Anstrengungen Ihres Kindes beim Lesen und Schreiben und Problemen bei den Hausaufgaben erfahren sollte.

Wo fange ich an?

Zunächst einmal ist wichtig, dass Sie verstehen, dass Fehler nichts Schlimmes sind, sondern die individuellen Vorstellungen Ihres Kindes über unsere Orthografie wiedergeben.

Vier der häufigsten Verstöße gegen die Regeln möchte ich anhand eines Schülertextes kurz vorstellen (s. Abb. 1):

E s war ein mätchen das hate eine Katze bekomen die katze hieß susi sie war aein bebi kätzien und sie wolte immer in den gathen aber dar war ein loch in gatenzauen.
das bäbikätchen liff heraus das kätzien hatte furchbare anst waiell dar sofile schdrasen

Abb. 1: Schreibversuch 1 zu einem Bild aus dem »Creative Writer« (Microsoft) von Naiena, 12 Jahre (Ausschnitt)

1 *»Schreiben, wie man spricht«:* Viele Kinder mit LRS nehmen diese Aufforderung wörtlich, d.h., sie bemühen sich, das Gehörte in seine lautlichen Bestandteile zu zerlegen und diesen Buchstaben zuzuordnen. Diese Strategie ist höchst fehlerträchtig, da im Deutschen der Anteil an lautgetreuen Wörtern nicht sehr groß ist. Vor allem unter Stress und bei der Konzentration auf »schwere« Wörter werden so genannte »einfache« Wörter falsch geschrieben: unt, ain … Dem Kind fehlen in diesem Fall Sicherheit im Grundwortschatz und erste Einblicke in das Regelsystem der Rechtschreibung.
2 *Verwechslung von Dehnung und Kürzung:* Kinder bilden sich eigene »logische« Regeln, die jedoch nicht mit denen unserer Orthografie übereinstimmen müssen: In ihrer Konzentration auf die Mitlaute (statt den Selbstlaut) verschriften manche Kinder nach der Regel »Was ich lang höre, schreibe ich auch lang«. So wird »der Hase« mit zwei /ss/ geschrieben, das Verb »hassen« mit einem /s/. Richtig wäre die Konzentration auf die Länge oder Kürze des Selbstlauts. Der Doppelkonsonant ist das Zeichen dafür, dass der Vokal davor kurz gesprochen wird (Mu̧tter – Mut). Dass /tz/ für zz wie /ck/ für kk steht, wissen auch nicht alle DeutschlehrerInnen. Der Hinweis, ein Wort mit Klatschen in Silben zu trennen, um die zwei Mitlaute zu hören, ist wenig hilfreich. Wir sprechen nicht Mut-ter sondern Mu-ter. Die beiden /tt/ zeigen an, dass der Vokal davor kurz gesprochen wird.
3 *Schreiben ohne Punkt und Komma:* Ein Kind, das beim Lesen die Satzzeichen nicht berücksichtigt (und dadurch den Sinn nicht verstehen kann), vergisst diese in der Regel auch beim Schreiben. Ihm ist die Bedeutung der Punkte und Kommata noch nicht klar. Hier hilft es, das Kind zunächst jeden neuen Gedanken in einer neuen Zeile beginnen zu lassen. Die Wichtigkeit von Satzzeichen wird einem Kind auch deutlich, wenn man seine eigene Geschichte beim Vorlesen durch verfremdete Pausen entstellt.
4 *Groß- und Kleinschreibung:* Während das Wort am Satzanfang von den Kindern meist richtig, d.h. groß, geschrieben wird, sobald die Interpunktion verstanden ist, fällt es manchem Kind lange Zeit schwer, die Wörter nach Wortarten entsprechend ihrer Verwendung im Satz richtig zu schreiben. Der Hinweis, dass man nach einem Artikel groß schreibt, ist problematisch, da dann leicht falsche Wörter großgeschrieben werden. Ein Beispiel: »das Alte auto«. Das Kind erkennt nicht, dass sich »das« auf »Auto« bezieht und »alte« als Adjektiv kleingeschrieben wird. Oftmals schreiben Kinder willkürlich je nach Betonung groß oder weil die Zeile beginnt. Hier hilft die Karteiarbeit im ganzen Satz.

Wie kann ich die Rechtschreibung meines Kindes fördern?

Weil es kaum unproblematische kommerzielle Übungsmaterialien gibt, ist die Arbeit mit den individuellen Fehlerwörtern eines Kindes am sinnvollsten. Die Kooperation zwischen Schule und Elternhaus ist wichtig, wenn es um das Üben geht, sei es in der Vorbereitung oder im Kontrollieren. Hilfreich sind Wortlisten in der richtigen Orthografie im Heft des Kindes oder gut lesbare Verbesserungen. Sie können dann die Wörter in den Karteikasten übernehmen.

Ein paar Tipps vorweg, die über Erfolg oder Misserfolg Ihres Engagements entscheiden:

Wichtig ist, dass Sie ...

- ... das Selbstwertgefühl Ihres Kindes stärken, indem Sie es positiv motivieren, richtige Lösungen hervorheben, keinesfalls schimpfen oder ärgerlich reagieren!
- ... alle Lernwege – Auge, Ohr, Kopf, Hand – einbeziehen!
- ... Ihrem Kind da helfen, wo es Lücken hat, d.h., es nicht über-, aber auch nicht unterfordern!
- ... mit Ihrem Kind lieber wenig und intensiv üben anstelle von vielem ein wenig, vor allem nicht mehrere Regeln zur gleichen Zeit behandeln!
- ... nur das diktieren, was Ihr Kind vorher gelesen hat und dessen Wortschatz bekannt ist!

Was sollte ich beim Üben vermeiden ...

- Schnelle Schulerfolge erwarten!
- Ungeduld zeigen oder schimpfen – Angst blockiert!
- Länger als vereinbart arbeiten und zu viel auf einmal fordern!
- Konzentration auf die Fehler!
- Für Fehler oder schlechte Noten mit Liebesentzug oder anderen Sanktionen strafen!
- Unbekannte Texte aus Übungsbüchern oder der Zeitung als Diktate verwenden!
- Fehler zu provozieren durch Diktate mit ähnlich oder gleich klingenden Lauten, die unterschiedlich geschrieben werden, z.B. der /ks/-Laut im Wort »Fuchs«, der x-chs-gs-ks geschrieben werden kann, oder Päckchen – Paket u.a.!

Wie arbeite ich mit einer Lernkartei?

Die Arbeit mit einer Kartei, die die eigenen Fehlerwörter enthält, hat sich als eine sehr effektive, preiswerte und erfolgreiche Übungsmethode vielfach bewährt. Ihr Kind soll mit einer kurzen Übung seine Angst vor Fehlern verlieren, neue Motivation am Schreiben gewinnen und die erworbenen Techniken erfolgreich im schulischen Schreiben umsetzen können.

Voraussetzung ist jedoch regelmäßiges, kurzes, systematisches und sorgfältiges Üben, was erfahrungsgemäß meist nur unter Mithilfe einer erwachsenen Person möglich ist.

Was wird benötigt?

Anzuschaffen sind:

- ein Karteikasten mit passenden Karteikarten in vier Farben (DIN A6 oder 7),
- ein leeres Schreibheft sowie
- 5 Karten eines ABC-Registers zur Unterteilung.

Die Rückseiten der Registerkarten werden von 1–4 und die 5. Karte mit »fertig« beschriftet. Sie bilden den Rahmen für die Karteiarbeit.

Woher kommen die Wörter?

Es sind Wörter, die Ihr Kind in Geschichten, Diktaten, Hausaufgaben, Briefen u.a. fehlerhaft schreibt. Diese sollen geübt werden.

Wie richte ich eine Kartei ein?

1. Zunächst muss festgelegt werden, welche Kartenfarbe welche Wortart bekommt, am besten so, wie es im Deutschunterricht üblich ist: z.B. alle Nomen auf rote, Verben auf blaue, Adjektive auf gelbe und alle anderen Wortarten auf weiße Karteikärtchen.
2. Nun werden von einem Erwachsenen die bisher fehlerhaften Wörter einzeln richtig und gut leserlich auf Karteikärtchen der entsprechenden Farbe geschrieben:

- bei Nomen (Namenwörter) wird der Artikel (evtl. auch die Mehrzahl) ergänzt:
  z.B.   die Häuser   die Fabrik   der Fuchs
                 das Haus   die Fabriken   die Füchse
- bei Verben das Personalpronomen (persönl. Fürwort) und darunter die Grundform:
  z.B.   er geht   ihr fallt   sie fährt
                 gehen   fallen   fahren
- bei Adjektiven evt. die Verlängerungsform (bei Endungen -ig,-lich) oder ein verwandtes Wort, das die Schreibung näher erklärt:
  gefährlich (fahren)   nächster (nach)   eklig (ekliger)

Die kritische Stelle im Wort, die den Fehler bewirkte, kann auch noch innerhalb des Wortes farbig betont werden:
z.B. hässlich (der Hass)

Außerdem sollten Dehnung und Kürzung markiert werden: Die Länge des Vokals wird mit einem Strich gekennzeichnet. Bei kurz gesprochenem Selbstlaut wird unter diesen ein Punkt gesetzt:
z.B. er fährt (fahren) oder ihr esst (essen). Wichtig: Nicht der Doppelmitlaut wird markiert, sondern der Selbstlaut!

Alle neuen Karten kommen in das Fach vor der Karte mit der Nummer 1.
Achten Sie bitte darauf, dass auf den einzelnen Karten nicht zu viele Informationen stehen!

Wie wird geübt?

Mäßig, aber regelmäßig ist die Devise! Es sollte täglich (außer am Wochenende und den größten Teil der Ferien) insgesamt 5 bis 10 Minuten geübt werden.

- Ihr Kind nimmt 2 bis 4 Karteikarten – später aus unterschiedlichen Fächern –, *liest* sie sich sorgfältig durch. Es überlegt: Was ist das Besondere, worauf muss ich achten?
- Es *überlegt* sich laut einen Satz, in dem die ausgesuchten Wörter enthalten sind. Damit der Satz sprachlich richtig ist und auch nicht zu viele zusätzliche schwierige Wörter den Lernerfolg gefährden könnten, sollten Sie den Satz ggf. leicht korrigieren. Jetzt werden *die Karten umgedreht* zur Seite gelegt.
(Ab 4. Klasse sollte dieser Satz einen Nebensatz enthalten, sodass Ihr Kind gleichzeitig die Kommasetzung mit übt.)

- Nun *diktieren* Sie Ihrem Kind diesen gemeinsam überlegten Satz langsam und deutlich. Kommentieren Sie bestimmte allgemeine Regeln, die Ihr Kind noch nicht beachtet, z.B. Wie schreibt man am Satzanfang? ... Namenwörter schreibt man wie? ...
- Ihr Kind schreibt nun zunächst das Datum, dann den Satz in sein Heft. Es soll anschließend sorgfältig *allein* durchlesen, einmal von vorne, einmal wortweise vom Ende des Textes her (um sich vom Satzzusammenhang zu lösen).
- Erst danach *vergleicht* es die Karteiwörter einzeln mit dem Text. Wurde ein Karteiwort richtig geschrieben, erhält die Karteikarte rechts oben ein + und wandert ins nächste Fach (von 0 in 1, 2 in 3 usw.). War das Wort falsch, erhält die Karte einen Strich: – und wird in Fach 0 zurückgelegt.
Zur Festigung wird dieses Wort nun dreimal richtig unter den Text geschrieben.

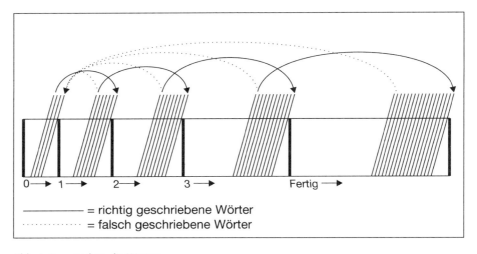

Abb. 2: So wandern die Wörter

- Nun gehen Sie den Satz durch, *zählen alle richtig geschriebenen Wörter* und schreiben *einen positiven Kommentar* unter die Übung, z.B. »6 von 8 Wörtern richtig, prima!«. Ein Sticker, lustige Stempel oder ein zusätzliches Lob erhöhen die Motivation.
- Wörter, die mindestens fünfmal richtig geschrieben wurden und ins Fach »fertig« gelangt sind, bilden den eigenen Schreibwortschatz. Die Karten können an anderer Stelle alphabetisch gesammelt werden und sollten von Zeit zu Zeit einmal gezählt oder durchgesehen werden.

Vokabellernen mit der Kartei

Nach ähnlichem Prinzip erfolgt das Erlernen von Vokabeln. Hier wird auf die eine Kartenseite das fremdsprachliche Wort/der Begriff geschrieben und auf die andere die deutsche Übersetzung. Nach dem Überlegen, Anschauen, Vergleichen und Schreiben der Vokabeln sollte nach jedem Wort gleich verglichen und eventuell bei Fehlern dreimal das richtige Wort mit der Hand geschrieben werden. Die Anzahl der zu übenden Vokabeln sollte auf jeweils 10 begrenzt werden. Keinesfalls sollten im gleichen Arbeitsgang neben den Vokabeln die deutsche Übersetzung geschrieben werden, da sonst die so genannte Ranschburgsche Hemmung bewirkt, dass Ihr Kind verunsichert wird, statt die richtige Schreibung zu behalten.

Welche Alternative gibt es?

Falls Ihr Kind sich gegen das Üben mit Sätzen wehrt oder Sie auch nicht sicher sind, ob die Sätze grammatikalisch ganz richtig sind, können Wortlisten als Übungsform helfen.

Datum:				
Wort	abschreiben	verbessern	diktieren	schreiben
Diese Wörter kann ich jetzt:				
Diese Wörter sind schwer:				

Abb. 3: Ich übe Rechtschreibung

Richten Sie sich am Computer oder per Hand ein DIN-A4-Blatt im Querformat mit fünf Spalten ein. Nun schreiben Sie in die erste Spalte die Übungswörter Ihres Kindes, möglichst nach Fehlerschwerpunkten geordnet (s. Karteiarbeit), gut lesbar auf. Ihr Kind kann dann jeweils das betreffende Wort lesen, zudecken, aus dem Gedächtnis schreiben und anschließend mit der Vorgabe vergleichen. Hat es das Wort richtig geschrieben, hakt es das Wort ab. War das Wort falsch, wird es sofort in der nächsten Spalte nochmals richtig abgeschrieben. Nach zwei solcher Durchgänge sollte die dritte Wiederholung über Diktieren erfolgen, um zu überprüfen, ob das Wort nun gesichert ist. Danach sollte das Kind seine Schreibung wiederum mit der Vorgabe vergleichen.

Denken Sie daran, dass Üben nur dann positive Ergebnisse bringt, wenn Sie Verständnis und Geduld für die Schwierigkeiten Ihres Kindes aufbringen können und es sich auch von Ihnen helfen lassen will. Ist dies nicht der Fall, so ist zu befürchten, dass die Lernprobleme sein Selbstwertgefühl beeinträchtigen. Ihr Kind leidet, weil es glaubt, dass Sie es nur dann lieben, wenn es gute Leistung erbringt. In diesem Fall sollten Sie über andere Hilfsmöglichkeiten nachdenken und sich fachlichen Rat holen.

Mit besten Wünschen
Ihre ...

Literatur zum Weiterlesen für Eltern

Bettelheim, B.: Zeiten mit Kindern. Herder, Freiburg 1994.
Naegele, I.M. u.a.: Schulschwierigkeiten in Lesen, Rechtschreibung und Rechnen. Ein Elternhandbuch. Beltz, Weinheim 2001.
Voß, R./Wirtz, R.: Keine Pillen für den Zappelphilipp. Rowohlt, Reinbek 2000.

Peter Rathenow

Lesen ist auch Familiensache

Tipps für Eltern

»Wer lesen kann, hat vier Augen.« Dieses Sprichwort sagt vieles über die Bedeutung des Lesens für die weitere Entwicklung eines jungen Menschen aus. Lesenlernen ist für die gesamte Persönlichkeitsentwicklung wichtiger als alle anderen schulischen Fächer. Mit dem Erwerb der elementaren Lesefertigkeit eröffnet sich dem Kind ein neuer Weg sprachlicher und geistiger Entfaltung, auf dem es selbstständig und zunehmend rascher Bereiche, die seiner individuellen Interessenlage entsprechen, erfassen lernt. Dadurch trägt Lesen zur Entwicklung der Selbstständigkeit, des Denkens und der Individualität entscheidend bei. In der Schule gelingt es den LehrerInnen aber nicht bei allen Kindern, dauerhafte Leseinteressen und Lesebereitschaft zu wecken. In der Leseerziehung müssen deshalb die Bemühungen der Schule und der Familie zusammenwirken. Lesen kann als lebenslanger Lernprozess bezeichnet werden, der nicht mit dem Schulbesuch beginnt und nach Schulabschluss endet.

Kindliche Lesefreude wächst am Elternvorbild

Eltern machen es sich zu einfach, wenn sie dem Fernsehen die Schuld für die geringe Lesebereitschaft ihrer Kinder geben. Zwar kann es heute leichter geschehen, dass Kinder zu Fernsehkonsumenten als zu Lesern werden. Aber der einfache Schluss, das Fernsehen verdränge das Lesen, lässt sich bei genauerer Nachforschung nicht bestätigen. Kinder, die viel lesen, sind insgesamt intensive Medienbenutzer, d.h., sie nutzen neben dem Fernsehen Bücher, Kassetten und Zeitschriften (»Heftchen«), wobei sie fast genauso viel Zeit für das Fernsehen wie für Bücher aufwenden. Kinder, die wenig lesen, nutzen eigentlich nur das Fernsehen als Medium. Kinder mit Leseschwierigkeiten holen dadurch den schon im 1. Schuljahr entstehenden Rückstand während der gesamten Schulzeit nicht wieder auf (Klicpera/Gasteiger-Klicpera 1993). Ermahnungen der Eltern sind dabei wirkungslos.

In einer Studie, die Hurrelmann u.a. 1993 in Köln durchführten, zeigte sich, dass Kinder nicht nur in so genannten »buchorientierten« Elternhäusern zu Lesern werden. Auch in Familien, die Bücher, Tonkassetten, Fernsehen und Zeitschriften gleichermaßen nutzen, bilden Kinder feste Lesegewohnheiten aus.

Wichtig scheint zu sein, dass die Kinder beobachten, welchen Wert das Buch für seine Leser hat. Lesende Eltern vermitteln das Lesevorbild besonders gut, wenn das Lesen mit Gesprächen, Sprachspielen und Spaß über Bücher verbunden ist. Als besonders gemütlich empfinden es Kinder, wenn mehrere Familienmitglieder gleichzeitig etwas lesen und darüber sprechen.

Tipps zur häuslichen Leseförderung

Mit kleinen Kindern lesen

- Schon vom zweiten Lebensjahr an kann man mit der Leseförderung beginnen, indem man Kleinkindern vorliest, was dann im Kindergarten fortgesetzt wird.
- Kleine Kinder möchten »ihre« Lieblingsgeschichte immer wieder hören, deshalb erfüllen Sie Ihrem Kind diesen Wunsch, so oft es geht!
- Besonders lieben Kinder erfundene Geschichten, in denen Spielsachen oder Tiere vorkommen, die ihnen gehören. Also lassen Sie Ihrer Fantasie freien Lauf und erzählen Sie selbst erfundene Geschichten!
- Kinder werden dadurch angeregt, selbst kleine Geschichten zu erfinden. Nehmen Sie diese kleinen Versuche ernst, schreiben Sie sie auf und sammeln Sie sie in einem kleinen Heft.

Den Weg zu Kinderbüchern ebnen

- Schenken Sie Ihrem Kind zum Geburtstag, zu Weihnachten oder auch zu anderen Gelegenheiten (Krankheit, Reise, lange Autofahrt) ein Buch oder Bilderheft, aber überschütten Sie es nicht mit Büchern, vor allem nicht solchen, die nur aus Text bestehen.
- Schauen Sie von Zeit zu Zeit mit Ihrem Kind neue Kinderbücher in Buchhandlungen oder Leihbüchereien an.
- Zeigen Sie Ihrem Kind die Leihbücherei und besorgen Sie ihm einen Ausleihausweis.
- Gehen Sie mit Ihrem Kind zu Lesungen von KinderbuchautorInnen, die häufig von Büchereien organisiert werden.
- Nutzen Sie die kostenlosen Lesematerialien, wie sie von Sparkassen, Apotheken und großen Geschäften angeboten werden; sie sind meistens speziell für Kinder geschrieben und deshalb beliebt.
- Versuchen Sie nicht, dem Kind die Bücher aufzudrängen, die Sie früher gelesen haben; die Interessen der Kinder und die Buchauswahl haben sich sehr verändert.

Das Lesen attraktiv machen

- Lachen Sie, wenn Sie mit Ihren Kindern lesen. Humor, Spannung und Neuigkeiten verlocken Kinder zum Lesen und schaffen angenehme Erinnerungen an Lesesituationen.
- Lesen Sie ab und zu nur den Anfang einer Geschichte oder eines Buches vor, und überlegen Sie mit Ihrem Kind, wie die Geschichte weitergehen könnte. Vergleichen Sie dann Ihre Fortsetzung mit der des Autors oder der Autorin.
- Seien Sie Ihrem Kind ein gutes Vorbild. Lesen Sie selbst und zeigen, dass Sie am Lesen Spaß haben.
- Erkunden Sie die Interessen Ihres Kindes, und lesen Sie selbst etwas zu diesen Themen, damit Sie sich mit Ihrem Kind darüber unterhalten können.
- Lesen Sie jeden Tag gemeinsam mit Ihrem Kind, selbst wenn es nichts »auf«- hat.
- Auch Kinder, die schon lesen können, lassen sich gern noch vorlesen.
- Lassen Sie das Kind zunächst eine Geschichte leise lesen, bevor Sie sich das Gelesene erzählen lassen. Lesen ist nämlich eigentlich ein leiser Vorgang!

Ruhige Plätze zum Lesen schaffen

- Erlauben Sie Ihrem Kind, im Bett zu lesen! Bringen Sie dazu eine Lampe am Bett an, damit es gutes Licht zum Lesen hat.
- Richten Sie in Ihrer Wohnung eine kleine, gemütliche Leseecke ein.
- Stören Sie Ihr Kind nicht unnötig, wenn es gerade an einer spannenden Stelle ist.
- Richten Sie fernsehfreie Abende ein und lesen Sie dann gemeinsam.
- Langweilen Sie sich vor dem Fernseher, dann schalten Sie einfach ab!

Nach dem PISA-Schock: Auch Eltern erhalten den schwarzen Peter

Schneider warnt ausdrücklich davor, in der Folgediskussion allein den Schulen den schwarzen Peter zuzuschieben. »Die Lesekompetenz ist die Fähigkeit, die am wenigsten von der Schule abhängig ist und die vergleichsweise geringsten Rückschlüsse auf den Unterricht zulässt«, sagt er. Tatsächlich scheint unter Experten Einigkeit über drei Grundbedingungen des Lesens zu herrschen: Es hilft, wenn die Eltern vorlesen; wer früh selbstständig liest, bleibt in der Regel dabei; wer bis zum zwölften Lebensjahr kein souveräner Leser geworden ist, wird es auch nicht mehr. Das Anfangsinteresse an Büchern muss weit vor der ersten Klasse geweckt werden – entweder von den Eltern oder im Kindergarten.

Doch die Kindergärten sind größtenteils noch nicht auf eine Büchererziehung eingestellt – und die Elternhäuser offenbar nicht mehr: In einer Untersuchung der Stiftung Lesen aus dem Frühjahr zeigte sich, dass nur noch in einem Viertel aller Elternhäuser Kinder zum Lesen animiert werden. Zehn Jahre zuvor hatte das noch die Hälfte der Eltern für ihre Aufgabe gehalten. In der Gesamtbevölkerung hat die tägliche Buchlektüre um mehr als 50 Prozent abgenommen; die Zahl derjenigen, die »nie« lesen, stieg seit 1992 um 40 Prozent. Vor diesem Hintergrund überraschen die PISA-Ergebnisse wenig.

S. Gaschke, DIE ZEIT, 51, 13.12.2001, S. 75.

Wünsche an die Eltern

> **WICHTIG**
>
> Was Eltern nicht machen durfen
> Sie durfen nicht imer schimpfen
> wen kinder bei den Hausaufgaben
> einen großen feler machen.
>
> Wen Eltern kinder anschreien
> werden kinde daraus auch nicht
> schlau.

Meine Traumschule und die Wirklichkeit

Wenn ich eine eigene Schule gründen könnte, wäre sie bestimmt ganz anders wie all die anderen Schulen, die es schon gibt.

Meine perfekte Schule müsste in einem Viertel liegen, wo nicht so viele Straßen sind. Ein See müßte auch da sein.

In dieser Schule kann man wohnen, also wie ein Internat, ein großes Schulgebäude und große Klassenräume mit Einzeltischen. Die Schlafzimmer sollten nicht zu groß, aber auch nicht zu eng sein. Ein eigenes Bad wäre nicht schlecht.

Die Lehrer sollten – und das ist ganz wichtig – nicht so alt sein. Sie sollten uns verstehen und sich in unsere Lage hinein versetzen können. Sie müssten zu uns halten und uns nicht immer als die »schlimmste Klasse« bezeichnen.

Bei mir in der Schule läuft alles so:
Die Schule liegt direkt an einer lauten Straße. Man hört die Autos vorbei fahren. Die Klassenräume sind eng und überfüllt, die Tische bekritzelt und zerkratzt.

Die Lehrer sind der letzte Mist. Sie fördern nur die Guten. Die schlechten Schüler sind denen total scheißegal.

Alles wird nach den Guten gerichtet. Sie werden vor allem in Schutz genommen. Wenn sie zu spät kommen, heißt es: Schon okay, kein Eintrag, es waren ja nur ein paar Minuten. Bei den Schlechten ist das genau andersrum.

Alle dort sind Schleimbeutel. Sie mischen sich ins Privatleben ein, was sie nichts angeht. Jetzt versuche ich mich zu beherrschen und nichts zu sagen, wenn ein Lehrer wieder etwas sagt, was ungerecht ist. Das fällt mir zwar schwer, aber was soll man machen.

Wenn man sich mal wehren will, bekommt man gleich Vermerke. Ich denke aber, dass die Kinder und Menschen, die sich nie wehren, sich später nicht durchsetzen können und sich schnell beeinflussen lassen.

Ich bin meist so voll gepowert mit Hausaufgaben und anderen Sachen, dass ich abends manchmal zu müde bin, überhaupt noch was zu schreiben, z.B. in mein Tagebuch.

Melanie, 14 (3. Bearbeitung)

Anas Alpträume

Materialien und Arbeitshilfen

Ingrid M. Naegele

Können Computerprogramme beim Erlernen der Rechtschreibung helfen?

Einige Beobachtungen von Kindern

- *Frederike* wiederholte die erste Klasse, weil ihr der Schriftspracherwerb extrem schwer fiel. Inzwischen ist sie mit Unterstützung des Computers stolze Autorin von zwei Büchern, die ihr Selbstwertgefühl und ihre Stellung in der Klasse sehr positiv verändert haben. Zunächst hat sie kleine Dialoge mit der Hand auf selbsthaftende Zettel geschrieben und auf die entsprechenden Seiten eines Bilderbuchs geklebt. Anschließend haben wir gemeinsam den Text in Dudenschreibweise übersetzt. Sie hat ihn am Computer selbst getippt, dann in großen Typen ausgedruckt, ausgeschnitten und zu den entsprechenden Bildern geklebt. Es ist ihr eigenes Produkt, das sie immer wieder vorliest und das in der Klassenbücherei ausgeliehen wird. »So macht Lesen und Schreiben Spaß!«
- *Vincent*, 5. Klasse, bezeichnet sich selbst als Computerfreak. Er hat seine Mutter zum Kauf eines leistungsstarken PC überreden können, einschließlich einer Reihe von Abenteuerspielen, mit der Begründung, dass er damit ja auch besser lesen lerne. Er nutzt sein Textverarbeitungs- und Malprogramm mit – für uns Erwachsene – beneidenswerter Sicherheit, um mit einem Freund Zeitungen und Plakate zu erstellen, die er an Interessenten verkauft. Zur Überarbeitung der Fehler in seinen Texten fehlt ihm die Geduld, obwohl dafür Hilfen in seinem Textverarbeitungsprogramm vorgesehen sind und ihm die Übung gut tun würde. »Das dauert zu lange, und es ist wichtiger, dass es gut aussieht.«
- *Ferdi*, 4. Klasse, erledigt seine Karteiarbeit viel lieber am Computer. Er kann bei seinem (inzwischen nicht mehr lieferbaren) Programm die Belichtungszeit der Wörter wählen und bekommt richtiges Nachschreiben belohnt. Ferdi ist hier sehr erfolgreich, da er die wenigsten Lampen zum Erreichen des Schatzes (Wörter erlesen und fehlerfrei nachschreiben) braucht. Dieser Erfolg überträgt sich bei ihm – wie auch bei anderen Kindern beobachtet – leider nicht auf das Schreiben mit der Hand. Dieselben Wörter, 15 Minuten später im Satz diktiert, bleiben fehlerhaft. Sein Traum: »Diktate sollten, wenn schon nicht abgeschafft, so doch wenigstens am Computer geschrieben werden dürfen!«

- *Gundi*, 7. Klasse, verbindet mit Lesen und Schreiben eine lange Kette von Misserfolgserlebnissen. Bereits aus Angst vor Fehlern verkrampft sich ihre Hand beim Schreiben. Sie profitiert zu Hause von den Möglichkeiten des Textverarbeitungsprogramms, vor allem seit sie auch die Tastatur mit beiden Händen bedienen kann. Ihr Vater geht mit ihr anschließend die Texte auf Rechtschreibung und Zeichensetzung durch. Allein wäre sie noch überfordert. »Ich übersehe noch zu viel, aber es wird besser!«
- *Martin*, 6. Klasse, war und ist mir ein Phänomen: Keiner konnte den Computer so sicher bedienen und selbst komplexe Abenteuer- und Strategiespiele wie »Ports of Call«, »Pharao« oder »Monkey Island« lösen wie er, obwohl er überhaupt nicht lesen konnte und deshalb eine Schule für Lernhilfe besuchen musste. Sein Interesse an technischen Dingen, eine gute Beobachtungs- und Merkfähigkeit und geduldiges Probieren hatten Erfolg. Seine Spielfaszination ließ sich im Rahmen einer außerschulischen Therapie erfolgreich zum Lesenlernen »miss«brauchen. Hierbei half die Möglichkeit, die Texte so lange anzuhalten, bis sie entschlüsselt waren – trotz der meist dürftigen Übersetzungen aus dem Englischen.
- *Sirius*, ein gymnasialer Sechstklässler, konnte dank des Computers – in Kombination mit konventioneller Karteiarbeit – seine Rechtschreibprobleme beheben. Er entwickelte über einen langen Zeitraum eine detaillierte Beschreibung seines »Kannibalenspiels« mit Hilfe eines Textverarbeitungsprogramms.

Beispiele wie diese aus meiner Arbeit mit LRS-Kindern (weitere in Naegele 2001) sowie aus anderen schulischen (Thomé/Thomé 2000; Büttner/Schwichtenberg 2001; Grundschulzeitschrift 1998) und außerschulischen Bereichen (Hackler 2000; Urban/Naegele in Band 2) zeigen, wie unterschiedlich Kinder mit den Möglichkeiten des Computers umgehen können. Im Rahmen dieses Beitrages interessiert jedoch, ob und inwieweit sich der Computer zum Erlernen der Rechtschreibung eignet.

Computer in der Grundschule

Am Beispiel des Computers lässt sich die Kurzlebigkeit eines pädagogischen Konzepts gut aufzeigen. Noch in der letzten Auflage dieses Handbuchs 1997 musste für den Einzug des Computers in das schulische Lernen geworben werden, denn bis Mitte der 90er-Jahre wurde sein Einsatz vor allem in der Grundschule von BildungspolitikerInnen und PädagogInnen strikt abgelehnt. Erst langjährige Erfahrungen im Ausland, erste Modellversuchsergebnisse (Mitzlaff 1996) sowie Berichte aus der Schulpraxis (z.B. Arenhövel 1996) zeigten, wie, unter welchen Bedingungen, mit welchem Erfolg, aber auch mit welchen Einschränkungen der Computer den Unterricht sinnvoll ergänzen kann.

Heute muss man eher die überhöhten Erwartungen von Personen aus der Bildungspolitik und der Industrie auf den Boden des real Machbaren zurückholen. Beeindruckt von den positiven Erfahrungsberichten, der nach wie vor wenigen technisch interessierten SchulpraktikerInnen und unter starkem Druck der Industrie und der Medien sollen die Schulen technisch aufgerüstet werden: »Nach einem Beschluss der Europäischen Kommission sollen in den Mitgliedsstaaten bis Ende 2002 in jedem Klassenzimmer Computer mit Internetanschluss vorhanden und Lern- und Bildungssoftware für alle Kinder ein früher Bestandteil des konventionellen Unterrichts sein« (Thomé/Thomé 2000, S. 158). Vorbild war wohl die Initiative der Clinton-Regierung, die 1994 alle Schulen ans Internet anschließen wollte. 1999 verfügten nach Schwartz (2000, S. 6) 99% aller Schulen über einen Internetzugang und 63% der Klassenzimmer (gegenüber 3% 1994), wobei ein Großteil der Telefonkosten von der Industrie übernommen wurde. Kritisiert wird, dass es zwar »einige wenige Lehrer gebe, die die mächtige Technik der interaktiven Computer zur Verbesserung des kindlichen Lernens und ihres Unterrichts benutzt hätten« (S. 6), die meisten von ihnen jedoch nicht an die Technik glaubten. Die Computer würden wertvolle Teile des Curriculums, Geld, Zeit und Unterrichtsräume nutzlos blockieren.

Zum Glück ist es um die von mir bereits früher (1997) kritisierte Aktion des Wochenblatts »Spiegel« ruhiger geworden, wonach Firmen ihre ausgemusterten Computer Schulen spenden sollen (und dafür noch von der Steuer absetzbare Spendenquittungen bekommen). Viele Verantwortliche haben begriffen, dass als Grundvoraussetzung für den schulischen Einsatz leicht handhabbare, bedienungsfreundliche, nicht störanfällige Computersysteme der neuesten Bauart mit hoher Bild- und Tonqualität für Kinder gerade gut genug sind (Feibel 2000; Mitzlaff 1996, 1998a). Trotzdem fallen immer noch LehrerInnen auf diese »Danaer«geschenke herein, denn diese Geräte sind in der Regel nicht für den schulischen Einsatz geeignet und nur mit teurer Umrüstung im Unterricht einsetzbar.

Die Verwirklichung der Zielsetzung der Bildungspolitiker in Deutschland ist unter den gegenwärtigen knappen Bildungsetats, unzureichender Unterrichtszeit und fehlender Konzepte sehr fraglich. Hinzu kommen – ähnlich der amerikanischen Kritik – fehlende Medienkompetenz der in der Schule Unterrichtenden sowie häufig technologiekritische Positionen (Müller 2000, S. 49). Müller führt dies zum Teil auf die schlechte, störanfällige Ausstattung zurück und fragt: Was nützt ein Computer, wenn für die unerlässliche Wartung und Instandhaltung der technischen Geräte kein Geld vorhanden ist und diese Arbeit voll an den Lehrkräften hängen bleibt?

Was bietet der Computer für den Deutschunterricht?

Die Beratungsstelle für neue Technologien des Landesinstituts für Schule und Weiterbildung in Soest muss auch noch im Jahr 2000 feststellen, dass nach wie vor ein erheblicher Mangel an geeigneter Unterrichtssoftware besteht. Herné (1994, S. 141), selbst Autor von Software, fasst seine Analyse zusammen: »In der überwiegenden Mehrzahl können die auf dem Markt angebotenen Computerprogramme die in sie gestellten Erwartungen kaum erfüllen. Insgesamt ist ihr Niveau sowohl in technischer als auch methodisch-didaktischer Hinsicht als äußerst bescheiden zu werten. Es kann deshalb kaum verwundern, dass computergestützter Lese-Rechtschreib-Unterricht immer noch die Ausnahme darstellt.« Zur Lösung mathematischer oder naturwissenschaftlicher Probleme, zu geschichtlichen und sozialkundlichen Themen sowie zum Fremdsprachenlernen gibt es spannende, dem herkömmlichen Lernen überlegene Computerprogramme, die allerdings häufig aus anderen Sprachen adaptiert sind.

Wie kann man sich orientieren?

Es ist höchst schwierig und zeitaufwändig, sich einen Überblick zu verschaffen. Allein die SODIS-Datenbank des Landesinstituts für Schule und Weiterbildung in Soest hatte vor ihrer Auflösung im Jahr 2000 830 Rechtschreibmaterialien erfasst, davon waren 520 bewertet. Im Fachhandel oder in Buchhandlungen sind viele Programme nicht erhältlich; zudem gibt es immer wieder Probleme mit der Kompatibilität zwischen den (Betriebs-)Systemen und Anwendungsprogrammen, d.h., nicht jedes Lernprogramm läuft auf jedem Betriebssystem. Lehreraus- und Fortbildungsinstitutionen, wie z.B. das IPN in Kiel oder das Landesinstitut für Schule und Weiterbildung in Soest (SODIS-Datenbank), haben eine wichtige Aufgabe als Dokumentationszentren und als neutrale Sammel- und Sichtungsstellen von Unterrichtssoftware für die unterschiedlichen Lernbereiche, sind jedoch von der Finanzkrise im Bildungswesen ebenso betroffen wie die interaktive Datenbank für Computerspiele des Bundesministeriums für politische Bildung, dessen letzte Aktualisierung am 21.12.99 erfolgte (http://www.bpb.de). Weitere Informationsquellen bieten Kataloge, Besprechungen von Neuerscheinungen in pädagogischen und Computerzeitschriften oder Beiträge in Fachbüchern, die jedoch wegen der Kurzlebigkeit mancher Programme rasch überholt sind. Feibel gibt jährlich einen »Kinder-Software-Ratgeber« heraus, der die neuesten Softwareprodukte vorstellt und wertet und der auch im Internet unter http://www.FEIBEL.de vorgestellt wird. Die Ausschnitte, die er in seinen Lernsoftware-Ratgebern 2000 und 2001 als empfehlenswert vorstellt, sind jedoch mit ihren Ratestrategien und Lückenwörtern methodisch-didaktisch nicht für SchülerInnen mit LRS geeignet.

Der folgende Bewertungsbogen für Software wurde aus unterschiedlichen Analysehilfen zusammengestellt und orientiert sich großteils an dem von Mitzlaff (1998b) vorgestellten Raster:

Kriterien zur Eignungsprüfung von Software für den Unterricht

1. Basisdaten
- Programmname
- Programmgruppe (Enzyklopädien, Lernprogramme, Edutainment …)
- Sachgebiet/Lernfeld/Themenschwerpunkt
- Alter/Adressaten
- Sprache (dt., engl. …)
- Hersteller/Vertrieb
- Erscheinungsjahr/Version
- Preis

1.1 Technische Daten/Systemanforderungen
- Art des Computers (PC, MAC)
- Leistung des Prozessors (Bauart, Geschwindigkeit)
- Vorhandener Arbeitsspeicher
- Ausreichender Festplattenspeicher
- Art der Grafikkarte
- Benötigtes Laufwerk/Geschwindigkeit (CD-ROM, Diskette)
- Soundkarte vorhanden?
- Sprachausgabe?

Nicht alle Programme laufen mit allen Betriebssystemen:
- DOS (Version 5.x, 6.x)
- Windows (ab 3.x und/oder Windows 95)
- Windows-NT
- MacOS (System 7.x oder höher; System-8-kompatibel?)

Das Laufwerk muss für das Trägermedium geeignet sein:
- Diskette
- CD-ROM
-
- Installation/Deinstallation (Bericht, Probleme)

2. Kurzbeschreibung
- Lehrplanbezug
- Vorschläge zur methodischen Integration (Integration in selbst bestimmte Handlungskontexte sollte favorisiert werden)
- Welche Vorkenntnisse sind notwendig?

3. Didaktisch-methodische Qualität

3.1 Aufbereitung der Inhalte
- Altersgemäße Inhaltsauswahl und Darstellung
- Nähe zur kindlichen Lebens- bzw. Erfahrungswelt
- Lernökonomische Balance zwischen Spiel und Lernen
- Ablenkende/störende Elemente
- Inhaltliche Fehler

3.2 Programmbedienung
- Ist das Programm selbsterklärend?
- Ist das Programm interaktiv?
- Ist es übersichtlich?
- Gibt es einen Zwangsablauf von Werbesequenzen?
- Gibt es Hyperlinks?
- Sind Möglichkeiten zum Rückblick gegeben?
- Ist jederzeit ein Abbruch möglich?
- Können Schritte übersprungen werden?
- Ist die Speicherung des individuellen Arbeits- bzw. Interaktionsstandes möglich?

3.3 Übungs- und Trainingsprogramme
- Kann das Programm durch Lehrer/Schüler an den Lernbedarf angepasst werden?
- Gibt es verschiedene Schwierigkeitsgrade?
- Sind Fehleranalysen aufrufbar?
- Gibt es Zeitvorgaben (Qualität, Druck)?
- Ist wegen der Lautstärke ein Kopfhörer nötig?
- Kann der Lehrer das Programm um eigene Aufgaben/Wortlisten erweitern?
- Gibt es integrierte Lösungshilfen (Qualität)?
- Ist Speicherung des individuellen Arbeitsstandes möglich?

3.4 Integration in den Unterricht
- Vorschläge des Programms
- Vorschläge des Prüfers im Beiheft, im integrierten Eltern-/Lehrertext
- Regt das Programm zu Aktivitäten außerhalb des Programms/außerhalb der Schule an?
- Werden die Eigenaktivität und die selbstständige Auseinandersetzung mit dem Thema gefördert?
- Werden soziale Lernprozesse gefördert?

4. Technische Qualität
- Benötigt das Programm große Speicherkapazität?
- Gibt es Störungen?
- Ist die Installation/Deinstallation einfach?
- Wie ist die Lesbarkeit der Texte, Qualität der Abbildungen, Videoclips?
- Ist die Druckoption ausreichend?

5. Ästhetische Qualität
- Wie ist die Qualität der (multimedialen) Bauelemente (Ton, Text, Bild, Video)?
- Gibt es überflüssige Elemente (→ 3.1)
- Ist die Machart professionell (z.B. Profisprecher/Musik/Grafik)?

6. Medienpädagogische Aspekte
- Gibt es bedenkliche Elemente?
- Ist eine Verbindung zu anderen Aktivitäten möglich?
- Ist das Computerprogramm anderen Medien überlegen?
- Bietet das Programm Variationen der Übungsformen?
- Gibt es ein Angebot zu einer selbstdifferenzierten Auswahl?

7. Gesamturteil des Prüfers
- Eine (+/–) Zusammenfassung der Stärken/Schwächen des Programms ermöglicht eine Gegenüberstellung von Vor- und Nachteilen
- Wie ist das Preis-Leistungs-Verhältnis?
- Wie verhält es sich mit der Lernökonomie?

Auf zwei Arten von Software im Hinblick auf Rechtschreibung möchte ich kurz eingehen. Dies sind zum einen die allgemeinen Textverarbeitungsprogramme und zweitens spezielle Software zum Erlernen der Rechtschreibung.

Textverarbeitungsprogramme

Heute gehört zur Grundausstattung eines jeden Computers ein mehr oder weniger differenziertes und vielfältiges Textverarbeitungsprogramm. Im Gegensatz zum Schreiben mit der Hand oder der Schreibmaschine bieten sie dem Benutzer die Möglichkeit, Texte in unterschiedlichen Stadien festzuhalten und weiter zubearbeiten. Ein Beispiel aus der Praxis: Der mit dem Junior Schreibstudio (Microsoft) erstellte Text von Naina war in der ersten Fassung noch sehr rudimentär (s. S. 119). So sah ihre Bearbeitung aus:

> E s war ein Mädchen, das hatte eine Katze bekommen. Die Katze hieß Susi, sie war ein Babykätzchen und sie wollte immer in den Garten. Aber da war ein Loch im Gartenzaun.Das Babykätzchen lief heraus. Das Kätzchen hatte furchtbare Angst, weil da so

Der Computer eignet sich folglich gerade zum freien Schreiben und Bearbeiten von Texten, die veröffentlicht oder von anderen gelesen werden sollen. Hierüber liegen viele positive Erfahrungsberichte aus der Grundschule, Förderstufe und Einzelarbeit vor (Arenhövel 1996; Büttner u.a. 2001; Urban/Naegele in Band 2; Mitzlaff 1996).

Die meisten Textverarbeitungsprogramme bieten die Möglichkeit der Überprüfung der Rechtschreibung, wobei dies allerdings ein langsamer Prozess ist, der Kinder mit Rechtschreibschwierigkeiten wenig motiviert. Bei den Kinderprogrammen können häufig Wörter farbig markiert und so hervorgehoben werden – eine Hilfe beim Lesen oder Korrigieren. Außerdem sind heute in der Regel – leider oft im Übermaß – Animationen integriert, die vom eigentlichen Üben ablenken.

Schreiben am Computer macht langfristig jedoch nur Spaß, wenn Kinder mit beiden Händen und mit mehreren Fingern schreiben können. Wünschenswert wäre es, wenn ein Schreibprogramm gleich integriert wäre.

Spezielle Software zur Rechtschreibung

Die Übersicht und Prüfung fällt deshalb schwer, weil die Anschaffung der diversen Programme teuer ist und ihre methodisch-didaktische Qualität nicht leicht festgestellt werden kann. Zudem sind einige der besseren Materialien nur über Bestellung erhältlich (Träger, Budenberg), und nicht alles läuft auf unterschiedlichen Rechnertypen/Betriebssystemen oder Textverarbeitungsprogrammen. Einige Materialien aus dem Edutainmentbereich laufen nur unter bestimmten Systemvoraussetzungen, z.B. ist die meiste Lernsoftware nicht unter NT/Windows 2000 lauffähig, u.a. auch das bei Kindern beliebte Computerspiel »Fürst Marigor und die Tobis (CVK)«. Deshalb sind Bestandsaufnahmen und kritische Sichtungen wichtig und notwendig. Leider wurde SODIS, die bisher sehr effektiv prüfende Datenbank aus NRW, aufgelöst und wird in die FWU-Website integriert, sodass die Weiterführung noch ungeklärt ist. Hessen bietet unter http://www.bildung.hessen.de/sform/primar/neumed/software.htm Informationen über geeignete Software für die Grundschule, die heruntergeladen werden können; für eine Tabelle und Besprechung von Software für den Deutschunterricht der Grundschule geht der Link nach …/neumed/softlisten/softd.htm. Thomé/Thomé (2000, S. 158ff.) mussten nach einer Prüfung der bekannten Computerlernprogramme für den Deutschunterricht resigniert feststellen, dass alle Fehler und Mängel in Bezug auf die Didaktik der Rechtschreibung aufweisen, was ihre Effektivität beeinträchtigt. Über die praktischen Erfahrungen mit einzelnen Rechtschreibprogrammen gibt es inzwischen zahlreiche Berichte in Fach- und Elternzeitschriften sowie Fachbüchern, die zur weiteren Information herangezogen werden können (Hackler 2000; Büttner u.a. 2001; Naegele 2001).

Welchen Kriterien sollte gute Software genügen?

Es sind im Grunde genommen die gleichen, die wir an gute Rechtschreibmaterialien stellen (vgl. Valtin, Band 2 dieses Handbuchs, S. 69). Hinzu kommen technische Anforderungen, die der oben zitierte Beurteilungsbogen auflistet.
Der Computer bietet jedoch Möglichkeiten, die ihn konventionellen Materialien weit überlegen macht, z.B.:

- sofortige Erfolgs- oder (Misserfolgs-)Rückmeldung;
- lehrerunabhängige Übungsmöglichkeiten im eigenen Rhythmus;
- stimulierende Animationen und Darbietung;
- Integration von Text, Bild und Ton;
- über das Internet Austausch und Kontakt mit SchülerInnen in anderen Städten oder Ländern;
- erleichterte Fehlerkorrektur;
- vielfältige Bearbeitungsmöglichkeiten der Texte;
- Druck- und Vervielfältigungsmöglichkeiten.

Bisher kranken spezielle Computerprogramme zum Üben von Rechtschreibproblemen an ähnlichen Mängeln wie traditionelle Übungsmaterialien mit ihren Ratestrategien, Lückentexten, Purzelwörtern, wenig geeignetem Wortschatz, fehlender Vorgabe der Richtigschreibung oder Provokation von Fehlern.
Eine schlechte Didaktik wird durch den Computer nicht besser!
Während Grafik, Sound, Animation und Kompatibilität in den letzten Jahren weiterentwickelt wurden, sind die methodisch-didaktischen Probleme, wie sie auch bei herkömmlichen Übungsmaterialien zu beobachten sind, noch weitgehend unbefriedigend gelöst (Thomé/Thomé 2000).

Ausblick

»Der Computer ist wie die Tafel oder Fingerfarben eines von vielen Werkzeugen, die Kindern in ihrer Entwicklung helfen können – von der Fähigkeit kritisch zu denken bis hin zum Problemlösungsverhalten. Es hängt davon ab, wie die Technologie richtig eingesetzt wird.« (Kelly 2000, S. 54) Erfolg oder Misserfolg von computergestütztem Unterricht hängt vor allem von den pädagogischen Rahmenbedingungen ab, unter denen Unterricht stattfindet, und die sind alles andere als gut. Es stellt sich die Frage, ob es bei der derzeitigen desolaten Finanzlage des öffentlichen Bildungssystems zu verantworten ist, Millionen allein für Telefonkosten, die für den Zugang zum Internet anfallen, bereitzustellen, so lange den Schulen Geld für konkretes Anschauungs- und Differenzierungsmaterial, selbst Schulbücher für den Unterricht fehlen und noch nicht einmal genügend Zeit für die Abdeckung des Regelunterrichts zur Verfügung steht.

Die Praxisbeispiele zu Beginn dieses Beitrags sollten auf unterschiedliche Nutzungsarten des Computers aufmerksam machen. Wie Kinder den Computer sinnvoll für freies Schreiben einsetzen, wird im Band 2 von Urban/Naegele ausführlich dargestellt.

Frederike, Vincent, Ferdi, Gundi, Martin und Sirius benutzten den Computer gern ab und zu als eines von vielen Schreibwerkzeugen, weil die Programme spielerisch und attraktiv aufgemacht sind. Wenn es aber um das Üben ihrer Rechtschreibung ging, benutzten sie Stift und Papier, nicht nur weil es am schnellsten ging, sondern weil die Lernerfolge am sichtbarsten waren.

Informationen zum Internet

Sicherheitstipps für Kinder im Internet: http://www.blinde-kuh.de/fbitips.html

Lesetipps zum gleichen Thema

Tarbox, K.: katie.com – meine Geschichte. Aarau, Frankfurt 2001.
Decius, M./Panzieri, R.: »Wir sind das Netz« – Chancen und Risiken des Internets für Kinder und Jugendliche – ein praktischer Leitfaden. Weinheim 2000.

Ingrid M. Naegele

Spiele und Spielen mit LRS-SchülerInnen

Spielen – was ist das?

Ein schillernder Begriff, den auch die ExpertInnen aus den verschiedenen Fachrichtungen nicht eindeutig fassen können. Der Begriff umfasst das Sandkastenspiel des Kleinkindes bis zum professionellen Fußball- und Tennismatch; er bezeichnet das in sich versunkene Spiel eines Kindes in der Pfütze ebenso wie das leidenschaftliche Glücksspiel um Geld bei Erwachsenen. Er gilt für das artistische Spiel des Geigenvirtuosen und für das wüste Herumtoben Heranwachsender.

Scheuerl (1985, S. 21) folgert: »Ob wir ein Tun, eine Bewegung als Spiel erkennen, hängt offenbar von Vorverständnissen ab ... Was die Kinder selber als Spiel verstehen, welchen Sinn sie ihm geben, ist von anderen immer nur schwer ganz eindeutig zu fassen. Doch trotz aller Mehrdeutungen ist die Erschließung gerade dieses subjektiv von einem Spieler gemeinten Sinnes unerlässlich, wenn entschieden werden soll, ob eine Bewegung als Spiel oder Nicht-Spiel interpretiert werden darf.« Er erläutert dies am Bild eines Kindes, das in einer Pfütze plantscht. Ist es Spiel, Arbeit oder Lernen? Für Kinder sind diese Tätigkeiten keine Gegensätze: Wie sie empfunden werden, hängt von der individuellen Situation und dem jeweiligen Kind ab. Doch nicht jedes Spiel und nicht alles Spielen bedeutet in gleichem Maße Entwicklungsförderung, Lernen und Motivierung im pädagogischen Sinn. Und genau darum geht es in der Schule.

Überlegungen zum Spielen

Die Bedeutung des Spiels für die Entwicklung des Kindes ist aus unterschiedlichen Blickwinkeln hinreichend belegt: der Entwicklungs- und Lernpsychologie, der Psychoanalyse, der Philosophie, der Soziologie, der Pädagogik, der Anthropologie, des Theaters, der Kunst, der Musik u.a. Seit Jahren wird in der Fachliteratur zu Recht die Bedeutung des Spielens in der Schule betont. In der Schule sollte an die dem Kind aus der Vorschulzeit vertraute Form des Lernens, nämlich an das Spiel, angeknüpft und das Spielen in die Lehrpläne der Schule bis in die Sekundarstufen aufgenommen werden. Es gibt dazu ausgezeichnete didaktische Literatur und Spieleangebote (Daublebsky 1977; Einsiedler 1985; Götte 1993; Kreuzer 1984; Naegele/Haarmann 1993).

Spielen in der Schule

Heute werden aus verschiedenen Gründen (z.B. den eingeschränkten Stundentafeln, dem veränderten Verständnis vom Spiel im Unterricht, der mangelnden Spielfähigkeit der LehrerInnen, der Stofffülle) seltener als in den 70er-Jahren gesonderte Spielstunden gefordert oder angeboten, jedoch Spiele als Lernchancen in den Unterricht integriert, als Auflockerung und eine andere Form des Lernens gesehen. Für das Einbeziehen des Spiels in den Unterricht gibt es gewichtige Argumente.

Spielen im Unterricht – Fünf triftige Gründe

1. Allgemeine Funktion

Das Spiel ist die vom Kind selbst gewählte und selbst gesteuerte Aktionsform, durch die es seine Kräfte und Fähigkeiten erprobt und entfaltet, mit der es sprachliche, sachliche und soziale Erfahrungen sammelt, kurz: sein Selbstbewusstsein aufbaut und die Umwelt erschließt. Das Spiel ist mithin die »natürlichste« Form kindlichen Lernens.

2. Diagnostische Funktion

Das Spiel eignet sich vorzüglich dazu, die unterschiedlichen Fähigkeiten und Fertigkeiten der Kinder kennen zu lernen (Diagnose) und Mängel auszugleichen (Förderung), und zwar im gleichen Handlungsvollzug.

3. Kompensatorische Funktion

Die sachlichen Anforderungen des Anfangsunterrichts, wie er sich im Laufe der Zeit organisiert hat, setzen beim Schulanfänger sozusagen stillschweigend bestimmte Fähigkeiten bzw. Qualifikationen voraus, die das Kind im Vorschulalter gewöhnlich durch das Spiel erwirbt. Es entstehen jedoch zunehmend Defizite an vorschulischen Spielerfahrungen aufgrund eingeschränkter Handlungsmöglichkeiten (Wohnung, Umwelt), verminderter sozialer Kontakte (Kleinfamilie, fehlende Geschwister, Isolierung von der Nachbarschaft) und rein rezeptivem Mediengebrauch (TV, Video, Computer-»Spiele«). Sie ziehen häufig Mängel in der Schulfähigkeit nach sich, die wiederum nur durch schulische Spielangebote in den ersten Schuljahren ausgeglichen werden können.

4. Kommunikative Funktion

Sprache wird im Spiel als eine Form sozialen Handelns in komplexen, wirklichkeitsnahen Lebenssituationen erlebt. Sprachliches Lernen im Kontext von Spielhandlungen ist weitaus effizienter und motivierender als systematische Belehrungen in isolierten Sprachlehrgängen oder -trainingsprogrammen, vor allem am Schulanfang und bei Problemen.

Einige lese-rechtschreib-schwache SchülerInnen fallen auch durch undifferenzierten Sprachgebrauch, oft dysgrammatikalische Sprache, auf. Hier können im Spiel, Lied und Reim die Aneignung, Differenzierung und Erweiterung von Wortschatz, Artikulation und Satzbau spielerisch gefördert werden.

5. Therapeutische Funktion

Schüler, die durch Versagenserlebnisse Schulunlust oder Schulangst entwickelt haben bzw. emotionale und oft auch soziale Probleme aufweisen, bedürfen veränderter und damit verändernder Schulerfahrungen, um die negative Einstellung zum Fach und zur Schule abzubauen und wieder Freude an der Schule zu bekommen, indem sie diese in ermutigenden und vergnüglichen Situationen erleben und notenfrei lernen können. Solche Erfahrungen können vorzugsweise beim Spielen gemacht werden.

Spiel im therapeutischen Raum

Die heilende und freisetzende Rolle des Spiels wird als psychologische Behandlungsmethode bei Kindern mit Problemen seit Beginn des Jahrhunderts verwendet. Es gibt zahlreiche Literatur zu den unterschiedlich ausgerichteten Spieltherapien bei seelisch gestörten Kindern: Porträts von Kinder- und JugendpsychotherapeutInnen (Wintsch 1998); psychoanalytische (Zulliger 1952; Klein 1973; Freud 1949), personenzentrierte (Axline 1997) oder aus verschiedenen Richtungen integrierte, wie die von Schmidtchen (1991).

Eine Reihe von Verlaufsberichten über Spiel- und Gesprächstherapien bei Kindern liegen inzwischen vor (z.B. Axline 1999; MacCracken 1990; Ude-Pestel 1999). Betz/Breuninger (1996) setzen Spiele im Rahmen ihrer außerschulischen psychologischen Gruppentherapie mit LRS-SchülerInnen ein, vor allem Entspannungsspiele, Rollenspiele und Psychodrama. In meiner schulischen Förderarbeit habe ich freie Spiele und Spielmittel verwendet, um neue Lernmotivation zu schaffen, das Selbstwertgefühl zu stärken und Lernprozesse zu initiieren (Naegele 2000, 2001). Nach ähnlichem Konzept »spiele« ich heute außerschulisch mit Kindern und Jugendlichen mit Lern- und Verhaltensauffälligkeiten, viele haben auch Schwierigkeiten beim Lesen und Rechtschreiben.

Spielen im Förderunterricht mit LRS-SchülerInnen

Es mag seltsam erscheinen, dass bei der Fülle von Methoden zur Behandlung von LRS-SchülerInnen das Spiel so wenig beschrieben und seine Wirkungen kaum untersucht worden sind. Nur Trempler hat in »Legasthenie – Neue Wege der Heilung« (1976) seine Spieltherapie vorgestellt und die Erfolge empirisch abgesichert. Das Spielen und didaktische Spiele sollten jedoch ähnlich wie im therapeutischen Raum ihren festen Platz in der schulischen Förderung misserfolgsorientierter Kinder haben.

Es hat sich gezeigt, dass dort, wo im Fortbildungsangebot über das Erkennen und Fördern von LRS-SchülerInnen der Einsatz von Spielen vermittelt wurde, in der Folge LehrerInnen sehr erfolgreich mit einem kombinierten Spiel-Lernansatz arbeiten. Es liegen nur wenige Erfahrungsberichte über den erfolgreichen Einsatz von Spielen und spieltherapeutischen Ansätzen in der schulischen Förderarbeit vor. Aus dem Grundschulbereich sind dies Breuninger/Betz (1996), Naegele u.a. (1981) und Naegele/Haarmann (1993), aus dem Sekundarstufenbereich Grissemann (1985), Naegele/Portmann (1983) und Trempler (1976).

Neben freien Spielphasen mit didaktischen Spielen und materialfreien Kreis- und Rollenspielen werden Interaktionsspiele eingesetzt. Sie sind auf die Bearbeitung der Problemlage ausgerichtet und helfen bei der Entwicklung eines positiven Selbstbildes, von Selbstvertrauen und Selbstbewusstsein, bei der Herausbildung einer positiven Arbeitshaltung und verbessern die Beziehungen zwischen den Kindern. In einem mehr therapeutischen Ansatz muss die negative Einstellung zum Fach oder zur Schule zunächst verändert, die emotionalen und sozialen Spannungen der SchülerInnen müssen vermindert und neue Motivationen für den Erwerb schriftsprachlicher Fertigkeiten geschaffen werden. Dabei kommt Spielaktionen eine besondere Bedeutung zu.

Im Verlauf der Förderarbeit treten Veränderungen ein. Während am Beginn der emotionale Ausgleich im Mittelpunkt steht – nämlich in angstfreier Atmosphäre eine entspannte Zusammenarbeit der Partner zu ermöglichen und die Motivationsbereitschaft zurückzugewinnen –, sollten mit voranschreitendem Förderunterricht die »Kulturtechniken« immer größeren Raum einnehmen. Bedingt durch die meist ungünstigen Kurszeiten, behalten Spiele und Gespräche im Verlauf der gesamten Förderung einen wichtigen Platz.

Zu der Arbeit mit LRS-SchülerInnen sollten alle Möglichkeiten des Spiels, die sinnvolle, motivierende Kommunikations-, Lese-, Schreib- und Rechtschreibanlässe bieten, aufgegriffen werden, z.B.:

- Spielanleitungen können vorgelesen werden. Falls sie zu kompliziert sind, sollten sie umgeschrieben werden. Anregend gestaltet und gut gegliedert sind inzwischen viele Spielanleitungen.
- Spiele können verändert, neue Regeln erfunden und geschrieben werden oder ganz neue Spiele können erfunden werden.

Beispiel: Clemens, 5. Klasse, hat aus Nussschalen, Pappe und Plakafarbe ein Würfelspiel »Fuchs und Jäger« entwickelt und dabei u.a. Folgendes gelernt: seine Spielidee im Vergleich mit anderen Spielen weiterzuentwickeln, eine Anleitung zu schreiben, diese mit anderen Spielen zu vergleichen, orthografisch richtig mit einem Spieleverlag zu korrespondieren.

```
Fuchs und Jäger

Ein spannendes Spiel für zwei Personen von 7 bis 99 Jahren

Autor: Clemens

Inhalt:
    1 Spielplan
   12 blaue Boote (Jäger)
   12 rosa Boote (Füchse)
   12 Marienkäfer (Barrikaden)
    1 Würfel

Spielgedanke:
Füchse werden von Jägern übers Meer gejagt.
Die Flucht geht in Booten über Wasser und Inseln. In Ruhezonen
können sich die Füchse vor den Jägern verstecken. Mit den
Barrikaden schützen sich die Füchse vor den Jägern. Die Füchse
versuchen, sich ins Ziel zu retten, bevor die Jäger sie erwischt
haben.

Spielziel für die Jäger:
Möglichst viele Füchse zu fangen.

Spielziel für die Füchse:
Die rettende Insel zu erreichen.

Spielbeschreibung:

Regel 1:
Die Spieler entscheiden, wer Fuchs oder Jäger sein will. Die Boote
werden verteilt, die 12 blauen an den Jäger, die 12 rosanen an den
Fuchs, dieser erhält auch 12 Marienkäfer als Barrikaden. Der Fuchs
beginnt, es wird reihum gewürfelt. Jeder Spieler darf mehrere Boote
im Spiel haben. Würfelt der Fuchs eine 1, so darf er eine Barrikade
errichten, überall außer auf den rot gekennzeichneten Ruhebänken
und sechs Felder vor dem Start. Würfelt der Jäger eine 1, so darf
er eine Barrikade entfernen und behalten, aber nur, wenn er direkt
davor steht. Wenn man zum Beispiel eine 6 würfelt und fünf Felder
vor einer Barrikade steht, verfällt der Wurf, oder er rückt mit
einem anderen Boot. Von den Füchsen dürfen die Barrikaden
übersprungen werden, ohne sie zu entfernen. Die Füchse müssen ihr
Ziel mit der genauen Punktzahl erreichen. Gewonnen hat der Spieler,
der am Schluss die meisten Füchse hat.
```

- Spieleprojekte können durchgeführt werden, z.B. Herstellung einer Spielezeitung. Ein Förderkurs 6. Klasse einer Gesamtschule stellte eine Spielesammlung für den Unterricht, für Pausen und für die Klassenfahrt zusammen mit Kreis- und Wortspielen, Kreuzworträtseln und Witzen. Die SchülerInnen schrieben sie auf Matrizen und verschenkten und verkauften sie vor Weihnachten. Selbstverständlich wurden alle Spiele im Förderunterricht vor der endgültigen Fassung getestet.

Praktische Hinweise zum Spielen im Unterricht

- Zum Spielen und Singen darf kein Kind gezwungen werden. In der Freiwilligkeit der Teilnahme liegt die besondere Bedeutung des lustbetonten Handelns. Natürlich sollten die LehrerInnen versuchen, alle Kinder für das Spiel zu gewinnen. Es muss dabei allerdings akzeptiert werden, dass zunächst einige Kinder noch zurückhaltend sind und das Spielgeschehen beobachtend verfolgen.
- Wer SchülerInnen zum Spielen motivieren will, muss selbst Freude und Spaß am Spielen haben, sonst entsteht eine verkrampfte Situation. In entspannter, fröhlicher Atmosphäre können die MitspielerInnen ihre Bedürfnisse und Gefühle einbringen und Aggressionen entladen oder Ängste zeigen. Wettbewerb und Konkurrenz sollten zu Gunsten gemeinsamer Handlungsweisen und solidarischen Verhaltens abgebaut werden. Die nonverbalen Kommunikationsmöglichkeiten (Gestik, Mimik, Gesichtsausdruck, Körperhaltung, Stimmlage) sind vorzüglich dazu geeignet, sprachliche Verständigung zu erleichtern und Schwierigkeiten zu überbrücken. Wer glaubt, aufgrund fehlender Stimm- oder Instrumentenbeherrschung auf den Einsatz von Liedern verzichten zu müssen, kann auf Kassetten zurückgreifen und sie zum Kennenlernen eines Liedes sowie als Hintergrundmusik abspielen.
- Die Planung von Spielen sollte flexibel und offen bleiben. Sie muss Raum lassen für die Spontaneität des Augenblicks und an die Bedürfnisse und Lage der Beteiligten angepasst sein. (Was lief in der vorangegangenen Stunde? War der Morgen bisher besonders anstrengend? Wurde eine Arbeit geschrieben? u.a.)
- Die Spielauswahl sollte abwechslungsreich sein und möglichst viele SchülerInnen ansprechen. Spielhemmungen und Ängste, die bei ausländischen SchülerInnen häufig zu beobachten sind, können nur durch Ermutigung und Geduld abgebaut werden. Dazu muss die Lehrerin/der Lehrer die einzelnen SchülerInnen kennen, mit vertrauten Spielen beginnen, eventuell an Spielen aus den Heimatländern anknüpfen, die es z.T. in ähnlicher Form auch hier gibt.
- Ob die Lehrerin/der Lehrer mitspielt oder nicht, hängt von vielen Faktoren ab: der Größe der Gruppe, die bei manchen Spielen eine Aufteilung in Klein-

gruppen nötig macht; an eigener Sicherheit und Fähigkeit, trotz Mitspielens die Gesamtsituation beobachten zu können; der Fähigkeit der SchülerInnen, aufeinander Rücksicht zu nehmen und Probleme und Konflikte gemeinsam zu lösen; der momentanen Gestimmtheit der Gruppe.
- Es ist wichtig, dass Spielregeln eindeutig und einfach formuliert werden. Gestik, Mimik, Tafelbilder oder Anschauungsmaterial können sprachliche Verständigungsprobleme überwinden helfen. Eine Proberunde, in die alle Mitspieler mit einbezogen werden, zeigt, ob alle die Anleitung verstanden haben. Bei Brettspielen sollten die Regeln je nach Sprachstand und Lesefertigkeit neu gefasst werden.
- Bei der Auswahl der Spiele und Lieder ist darauf zu achten, dass sie nicht nur inhaltlich, sondern auch sprachlich auf die Situation der SchülerInnen Rücksicht nehmen und keine zu schwierigen Satzsprachmuster und grammatischen Strukturen enthalten. Fast alle Spielanleitungen können der individuellen Ausgangslage angepasst werden. Außerdem lässt sich der vorher erarbeitete Wortschatz im Spiel beiläufig festigen und in Versen und Reimen können neue Wörter und Satzmuster angeeignet werden. Im Lied prägen sich durch die Kombination von Rhythmus und Reim Texte besonders leicht ein.
- Die SchülerInnen sollten aktiv an der Gestaltung der Spielphasen beteiligt werden, d.h. zunehmend ihre Veränderungsvorschläge bzw. neue Spielideen einbringen.
- Es erfordert Spielpraxis, um ein Gespür dafür zu entwickeln, wann ein Spiel abgebrochen werden soll oder eine Verlängerung für die Gruppe wichtig ist. Misserfolge, Störungen und Disziplinprobleme einzelner SchülerInnen – oder auch Gruppen – dürfen die Lehrerin/den Lehrer nicht entmutigen, weiter Spiele anzuregen und in den Unterricht zu integrieren. Mit Geduld, methodischem Geschick und Spielerfahrung wird sie/er beim Spielen, Zuhören, Beobachten und Reflektieren des Spielgeschehens Möglichkeiten finden, die zur Verbesserung der Klassensituation führen.
- Es ist wichtig, mit Eltern Kontakt aufzunehmen, sie über die Bedeutung des Spielens im Unterricht aufzuklären, damit Störungen in der Persönlichkeitsentwicklung als Folge unterschiedlicher häuslicher und schulischer Erziehungs- und Unterrichtsstile vermieden werden. Besonders ausländische Eltern stehen dem Spiel und der Schule oft misstrauisch bis ablehnend gegenüber.
In kontinuierlicher Elternarbeit wird es vielleicht gelingen, Eltern von der Bedeutung des Spielens für die Entwicklung ihrer Kinder zu überzeugen. Unterstützen und fördern lässt sich dieser Prozess am besten durch gemeinsames Spielen und Singen.
- Viele Lieder sind im Handel auf Platte erschienen. Für den Unterricht empfiehlt es sich, die Lieder auf Kassette zu überspielen und mit Hilfe des Zählwerks im Rekorder jeweils die Liedanfänge zur leichteren Wiederholbarkeit zu notieren.

Spieleraster

Da eine Einzelvorstellung einzelner Spiele (wie z.B. in Spielzeitungen oder in den Wochenendausgaben der Tageszeitungen) nicht machbar ist, soll der hier verwendete Beurteilungsraster (übernommen aus Naegele u.a. 1981) zur möglichst raschen Information und Groborientierung behilflich sein. Nach Anschrift des Verlags (oben links) und der Auflistung der Spieltitelauswahl enthält er allgemeine Angaben wie Altersgruppe (wobei diese oft schwer einzugrenzen ist), Spieldauer in Minuten, Anzahl der Mitspieler, Materialgestaltung (Haltbarkeit und Attraktivität), Anleitungen (Vollständigkeit und Verständlichkeit). Die Zeit für das erstmalige Erlesen der Spielanleitungen ist nicht in die Spieldauer einbezogen worden und kann diese in Einzelfällen bei weitem übersteigen.

Wichtig sind die Kriterien für die »pädagogische Effektivität«, die ein Spiel für die Förderung von SchülerInnen mit LRS wichtig erscheinen lassen. Diese sind unterteilt in allgemeine Funktionen, das genau Hören, Sehen, Orientieren im Raum, die Feinmotorik, Konzentrations- und Kombinationsfähigkeit und Wissenserwerb. Die sprachlichen Funktionen umfassen die nonverbale Mimik/Gestik bis zum Schreiben/Rechtschreiben. Manche Spiele lassen sich auch im Fremdsprachenunterricht einsetzen, bei einigen liegen die Erklärungen auch in mehreren Sprachen bei. Die Gesamtzahl der Ankreuzungen lässt Rückschlüsse auf die Breite der angesprochenen Übungsbereiche zu, entscheidet aber nicht über den »didaktischen Wert« eines Spiels.

Spielregeln

Die von den Verlagen beigefügten Spielregeln erweisen sich manchmal als schwer verständlich und zu kompliziert. Sie sollten von den SchülerInnen neu gefasst und geschrieben werden. Noch sinnvoller erscheint es, wenn in Arbeitsgruppen oder im Kollegium Spiele gemeinsam erprobt und die Spielregeln den Bedürfnissen der jeweiligen Schülergruppen angepasst werden. Somit geht auch die ideale motivierende Lesesituation für die SchülerInnen vor dem ersten Kontakt mit einem neuen Spiel nicht verloren.

Kriterien-Raster für Spiele

Spiele-Verlag:
Name des Spiels:

Allgemeine Angaben		Spieldauer in Minuten		
		Altersgruppe		
		Anzahl d. Spieler		
		Preisgruppe		
		Begleittext		
		Haltbarkeit		
		Aufmachung		
Pädagogische Effektivität	Funktionen	pantomimisch		
		visuell		
		akustisch		
		räumlich		
		feinmotorisch		
	Aspekte sprachliche Förderung	L = Lesen S = Sprache G = Gespräch R = Rechtschreiben K = Kreativität		
	Fähigkeiten	Aufmerksamkeit		
		Konzentration		
		Kombinationsfähigkeit		
		log. Denken		
		Merkfähigkeit		
		Sozialverhalten		
Anmerkungen		1. Bietet variable Spielmöglichkeiten 2. Lehrerbeteiligung ist *grundsätzlich* nötig 3. Anleitung ist auch nach Einführung nötig 4. Selbstkontrolle möglich		

Legende
Spieldauer: in Minuten

Preisgruppe: +
++
+++

Aufmachung: + gut
++ ausgezeichnet

Begleittext/Haltbarkeit: + gut
o gerade ausreichend
– unbefriedigend (z.T. unverständlich f. d. Altersgruppe)

Hinweise auf empfehlenswerte Literatur

Flitner, A.: Spielen-Lernen. Praxis und Deutung des Kinderspiels. München ^{10}1996.
Langosch, H.: Alte Kinderspiele neu entdecken. Reinbek 1990.
Naegele, I./Haarmann, D. (Hrsg.): Darf ich mitspielen? Kinder verständigen sich in vielen Sprachen – Anregungen zur interkulturellen Kommunikationsförderung. Weinheim ^{4}1993.
Thiesen, P.: Freche Spiele. Starke Spielideen gegen Frust und Lustverlust in Schule, Jugendarbeit und Erwachsenenbildung. Weinheim 1994.
Petillon, H./Valtin, R. (Hrsg.): Spielen in der Grundschule. Grundlagen – Anregungen – Beispiele. Grundschulband. Frankfurt a.M. 1999.

Renate Valtin/Ingrid M. Naegele

Selbsterfahrungstests

SET 1

Was ist das? Ein chinesisches Gedicht? Es ist ein deutsches Gedicht – allerdings in Geheimschrift – für jeden Buchstaben ein anderes Zeichen.
Euer Opa Hucke

(Waechter 1981)

Set 2

Die lautsprachliche Enkodierung graphemischer Wortstrukturen, das expressive Lesen trägt in ihrem entwickelten und automatisierten Stadium hauptsächlich den Charakter der Versprachlichung schriftlich symbolisierter Wortbedeutungen; nur beim Auftreten gewisser Schwierigkeiten (bei wenig geläufigen unbekannten, fremdsprachigen Wörtern usw.) greift der Leser mehr oder weniger willkürlich auf Zuordnungsregeln zurück, die die Korrespondenz zwischen graphemischen, phonemischen und artikulatorischen Teileinheiten betreffen. Beim entwickelten und automatisierten expressiven Lesen von Sätzen, Kontexten können – unter gewöhnlichen Bedingungen – die syntaktisch-semantischen Regeln auf Grund reduzierter Umkodierungsvorgänge, d.h. ohne die Einbeziehung innersprachlicher verboauditiver oder latent-artikulatorischer Vorgänge wirksam werden.

(Weigl 1974, S. 142)

Selbsterfahrungstests

SET 3

```
SCHÜLER SEINIS TSCHWE
RDEN NSCHONAMMOR GENBEI
MAUFSTEHEN PLAG ENMIC
HDIE SEGEDAN KEN WER DEI
CHIMUN TERRICHTVOR RECH-
NENMÜS SEN WIRDDER VORM
ITTAGOHNEDIKT ATVORÜB
ERGEHEN FREI LICHMITTAGS
AT METMANAUF AB ERNURK
URZDENN NUNKOMM TDER KAM-
PFMI TMIRSE LBSTWE GENDER
HAU SAUFGA BEN
```

(Tamm/Tamm 1992, S. 23)

SET 4

Frühlingsspaziergang
Frühlingsspaziergang
FRÜHLINGSSPAZIERGANG

SET 5

```
W-r  br--cht  V-k-l-  z-m  L-s-n?
--n  g--bt-r  L-s-r  w-rd  --fgr-nd  s--n-r  Spr-ch-rf-hr-ng
b-ld  -n  d-r  L-g-  s--n,  --n-n  T-xt,  d-r  -hn-  V-k-l-
--fg-schr--b-n  w-rd-,  z-  -ntschl-ss-ln.
E-  i--  -e-o--  -ie-  ----ie-i-e-,  ei-e-  -e--  o--e  -o--o-a--e-
-u  -e-e-.
```

SET 6

Wie gut ist Ihr Leseverständnis?

1. Bitte schreiben Sie die genaue Uhrzeit auf: _____

2. Lesen Sie erst bis Punkt 10 alles durch.

3. Schreiben Sie Ihren Vornamen auf: _____

4. Schreiben Sie das Ergebnis von: 8 x 65 – 320 + 7 neben die Uhrzeit.

5. Unterstreichen Sie diese Reihe.

6. Durchkreuzen Sie das Rechteck mit einem senkrechten und einem waagerechten Strich:

7. Malen Sie einen kleinen Kreis:

8. Schreiben Sie den Anfangsbuchstaben Ihres Lieblingspolitikers in den Kreis.

9. Multiplizieren Sie Ihr Geburtsdatum (JJ MM TT) mit 2 und ziehen das Ergebnis von 1.000 ab. Ist das Resultat negativ, machen Sie bitte ein Kreuz in das Kästchen:

10. Wenn Sie diesen Punkt gelesen haben, kreisen Sie bitte die 9 ein.

11. Wenn Sie bis hierher gelesen haben, ist Punkt 2 ausgeführt. Bitte notieren Sie die Zeit, die Sie für diesen Test gebraucht haben.

Liebe Kollegin, lieber Kollege,

wir hoffen, dass Sie sich an die sieben Tests gewagt haben. Sie haben sicherlich gemerkt, dass wir Sie künstlich in unterschiedliche Stadien des Lesenlernens zurückversetzen wollten, um Ihre Sensibilität für die Schwierigkeiten von SchülerInnen mit LRS zu wecken.

- *SET 1:* Hier sollen Sie in den Stand des Leseanfängers zurückgeführt werden, der die Buchstaben nicht kennt. Sie haben es jedoch viel leichter, denn Sie kennen die Strukturprinzipien der Buchstabenschrift (Links-rechts-Folge, Entsprechung Zeichen/Buchstaben usw.), nach denen dieser Text gesetzt wurde.
- *SET 2:* Nach den Erfahrungen mit den ersten Tests wird Ihnen das »Fachchinesisch« hier schon gar nicht mehr unleserlich erscheinen. Der Test ist schlicht zu schwer, komplizierte Wortgestalten und Satzstrukturen beeinträchtigen die Informationsentnahme. Sie haben sicherlich stellenweise Wort für Wort entziffern müssen und waren gezwungen, im Satz vor- und zurückzugehen.
- *SET 3:* Hier erleben Sie, wie es einem Schüler geht, der über Punkt und Komma hinwegliest. Die syntaktischen und semantischen Lesestützen, auf die Sie sich sonst verlassen können, sind zerstört. Sie müssen erst sinnvolle Einheiten erlesen. Ihre Lesezeit hat sich verlängert, und Sie haben sich sicherlich häufig verlesen.
- *SET 4:* Zur Verfremdung wurden die Wörter in Spiegelschrift abgebildet. Sie erkennen, dass die Schriftart die Lesegeschwindigkeit beeinträchtigt: Großbuchstaben in Druckschrift sind leichter voneinander zu unterscheiden als die kleineren Buchstaben. Die Schreibschrift ist am schwierigsten zu entziffern, da Anfang und Ende eines Buchstabens schwer feststellbar sind.
- *SET 5:* Geschriebene Texte enthalten viele überflüssige Informationen (d.h., sie sind redundant). Auch ohne Vokale sind Texte lesbar. Es ist jedoch viel schwieriger, einen Text ohne Konsonanten zu lesen.
- *SET 6:* Wenn Sie länger als 70 Sekunden für die Lösung gebraucht haben, haben Sie ein erhebliches Problem mit dem Leseverständnis.

Sicherlich lässt sich diese künstliche Stresssituation nur bedingt mit der Lage von SchülerInnen mit LRS vergleichen, denn für Sie war das Ganze mehr oder weniger ein Spaß, während es für den betroffenen Schüler tagtäglicher Ernst ist. Ein Tipp für Sie: Legen Sie solche Tests zur Einführung in die Thematik KollegInnen und Eltern vor. Wir haben festgestellt, dass auf diese Weise mehr Betroffenheit und Verständnis für die Lage von Kindern geschaffen werden konnte als durch einen wissenschaftlichen Vortrag.

Auch wenn Sie beim Lesen dieser Texte »legasthenische« Schwierigkeiten verspürten, so fällt es uns allen trotzdem sehr schwer, uns in den Zustand eines Leseanfängers zu versetzen, dem grundlegende Einsichten in den Zusammenhang zwischen gesprochener und geschriebener Sprache fehlen.

Renate Valtin

Ein Modell des Lesens und Schwierigkeiten schwacher LeserInnen

Es wird heute zu Recht kritisiert, dass vielen Leselehrmaterialien ein verkürzter Begriff vom Lesen zu Grunde liegt. Lesen ist weder Lautieren von Buchstaben und Zusammenziehen der Laute zu einem Wort noch die Rückgewinnung der Rede aus den Zeichen der Schrift, da das Sinnverständnis dabei fehlen kann – wir können z.B. einen lateinischen Text ziemlich fließend vorlesen, ohne ihn zu verstehen. Zu einem sachlich angemessenen Begriff vom Lesen gehören sowohl Lesefertigkeit und Sinnverständnis als auch die Verarbeitung des Gelesenen und die Auseinandersetzung mit der Thematik des Textes. Eine weitere wichtige, aber häufig vernachlässigte Lesedimension ist das Leseerleben, die emotionale Seite des Lesens, auf die Grissemann (1986) verweist. Beim sinngestaltenden Vorlesen spielen alle die genannten Elemente des Lesens (Lesefertigkeit, Leseverständnis, Leseerleben) eine Rolle.

Lesen ist kein einheitlicher Prozess, sondern eine komplexe Tätigkeit, die unterschiedliche Teiloperationen umfasst. Die Teiloperationen können unter dem Aspekt der Verfügbarkeit, der Automatisierung und der Integration gesehen werden. Je nach Leseabsicht, Art und Schwierigkeit des Textes, Lesetüchtigkeit und individueller Strategie werden die Teilfertigkeiten unterschiedlich eingesetzt. Da bei geübten Lesern die einzelnen Operationen weitgehend automatisiert sind und keine zusätzliche Aufmerksamkeitszuwendung erfordern, können sie ihre gesamte Aufmerksamkeit der Bedeutungsentschlüsselung des Gelesenen widmen. Erfordern die einzelnen Teiloperationen beim Worterkennen aufgrund ihrer mangelnden Verfügbarkeit oder Automatisierung beim ungeübten Leser zu viel Aufmerksamkeit, werden wegen der begrenzten Kapazität des Kurzzeitgedächtnisses sowohl die Wort- und Sinnvermutung als auch die Bedeutungsentnahme beeinträchtigt.

Das Modell (Abb. 1) verweist in einer stark vereinfachenden Form auf Teilprozesse beim Lesen eines Wortes im Satzzusammenhang.

Das Modell beinhaltet im Wesentlichen zwei Komponenten, nämlich die Hypothesenbildung aufgrund des Text- und Satzzusammenhanges sowie das Worterkennen, das verschiedene Verarbeitungsstufen umfasst: die visuellen Operationen der Merkmalsanalyse und der Segmentierung der Verarbeitungseinheiten, die Reproduktion der Lautformen (phonologische Kodierung) und die Bedeutungserfassung (semantische Dekodierung).

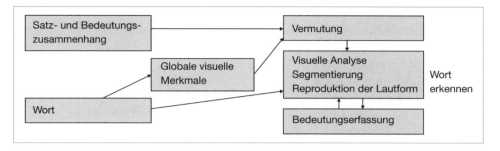

Abb. 1: Modell des Erlernens eines Wortes im Satzzusammenhang (nach Scheerer-Neumann 1981)

Was sind nun die Schwierigkeiten der schwachen LeserInnen?
- Auf der visuellen Ebene: Die charakteristischen unterscheidbaren Merkmale zur Buchstabenerkennung werden nicht sicher beherrscht bzw. die visuelle Verarbeitung der Buchstaben erfordert mehr Zeit. Die visuellen Schwierigkeiten werden jedoch – im Vergleich mit den phonologischen – schneller überwunden.
- Auf der phonologischen Ebene: Nach Untersuchungen (s. Valtin 1981; Jung 1981) haben Leseschwache keine Probleme bei der auditiven Unterscheidung akustisch ähnlicher Sprechlaute. Ihre Schwäche liegt nicht im Wahrnehmungs-, sondern mehr im kognitiven Bereich: in der Zuordnung unterschiedlicher Lautvarianten zu bestimmten Phonemen (Sprachlauten mit bedeutungsunterscheidender Funktion, die in unserem Schriftsystem durch Buchstaben/Schriftzeichen repräsentiert werden). Welche Phoneme relevant sind, kann nicht durch Hören oder lautreines Sprechen allein festgestellt werden, sondern muss im Verlauf des Schriftspracherwerbs gelernt bzw. bewusst gemacht werden. Es ist zu vermuten, dass dieser Lernprozess bei Leseschwachen noch nicht genügend gefestigt ist.
- Auf der semantisch-syntaktischen Ebene lassen sich ebenfalls Schwierigkeiten lokalisieren. Der geübte Leser benutzt semantische und syntaktische Beschränkungen des Textes und liest sinnantizipierend. Viele schwache Leser, die schon über die elementare Lesetechnik verfügen, lesen häufig Wort für Wort, d. h., sie identifizieren Wörter, als ob es sich um isolierte Symbole handelte, und berücksichtigen noch nicht, dass Wörter durch syntaktische und semantische Beziehungen miteinander verknüpft sind. Ihnen fehlen Strategien der Textorganisation, der Verarbeitung von größeren sprachlichen Einheiten. Sie verfügen meist nur über eine einzige Zugriffsweise (z.B. das buchstabierende Lesen), während geübte Leser verschiedene Verarbeitungseinheiten – je nach Situation, Ziel und Kontext nutzen können, nämlich:

- »Lesen als *Wahrnehmen sämtlicher Buchstaben eines Wortes,* als Sonderfall bei Fremdwörtern, Wörtern einer unbekannten Sprache.
- Lesen als *Wahrnehmen einiger Buchstaben im Wort* und eventuell einiger Gestaltmerkmale und der Angleichung an ein bekanntes Wort oder an ein Wort, das vom Kontext her erwartet wird (semantische Restriktion).
- Lesen als *Aufgliedern des Wortes in Teilgestalten,* die mehr als einen Buchstaben umfassen (Segmentation) bei *gleichzeitigem Zusammenschluss* der Segmente (Segmentkombination) zu einer Gesamtgestalt« (Grissemann 1986).

Bei guten Lesern ist die Verarbeitungseinheit meist nicht einzelne Wörter, sondern zusammenhängende Satzteile, wobei der Umfang der Leseeinheit mit dem Zweck des Lesens variieren kann. Während schwache Leser eher »Sklaven« der einzelnen Wörter sind, geht ein guter Leser aktiv und selektiv an einen Text heran und macht sich dessen grammatische und semantische Beschränkungen zu Nutze. Schwache Leser sind sich einer falschen Wortidentifikation weniger bewusst und eher geneigt, ein falsches Wort zu akzeptieren. Gute Leser machen Fehler, die nicht sinnentstellend sind, und berichtigen sich häufig selbst.

Auch in der Sekundarstufe gibt es SchülerInnen, die Probleme haben, Texte adäquat zu erfassen. Ihre Lesezeit ist zu lang, das Entschlüsseln bestimmter Buchstabenkombinationen, Wortteile oder Wörter erfordert so viel Aufmerksamkeit, dass der Inhalt des Textes vernachlässigt werden muss und als Folge das Verständnis des Gelesenen nicht ausreicht, um damit handelnd umzugehen, es zusammenzufassen, zu interpretieren oder gar kritisch dazu Stellung zu nehmen. Dass der Anteil dieser leseschwachen Jugendlichen gerade in Deutschland besonders hoch ist, hat die PISA-Studie (Baumert u.a. 2001) erschreckend deutlich gemacht.

Die ständigen Enttäuschungen und Frustrationen und die mangelnde Aussicht auf Erfolg im Verlauf der Schulzeit können zu dem verhängnisvollen Kreislauf führen: »Viele Kinder lesen keine Bücher, weil sie nicht richtig lesen können; sie können nicht richtig lesen, weil sie keine Bücher lesen« (Bamberger 1971).

Ingrid M. Naegele/Renate Valtin

Lesen lernt man nur durch Lesen (sinnvoller Texte)

Hilfen für die Primar- und Sekundarstufe

Aus dem oben dargelegten erweiterten Lesebegriff ergeben sich für die Förderung leseschwacher SchülerInnen verschiedene gezielte Maßnahmen.

Entwicklung der Lesefertigkeit

Hier geht es um die Aneignung des Kodes, mit dessen Hilfe Schriftstrukturen in Lautstrukturen übersetzt werden können. Dabei sollten die Lernenden von Anfang an erfahren, dass Lesen eine sprachliche Aktivität darstellt, sodass die Einheit von Technik und Sinnentnahme gewahrt bleibt. Im Unterricht sollten möglichst viele Situationen geschaffen werden, die den Einsatz der Schriftsprache sinnvoll, funktional und lustvoll erscheinen lassen und bei den Kindern das Bedürfnis nach schriftsprachlicher Kommunikation wecken (z.B. Merkzettel schreiben, Briefe schreiben an kranke Mitschüler, Anfertigen eines Albums aus Fotos, die im Unterricht entstanden sind und vom Lehrer schriftlich kommentiert werden, Herstellung eigener Lesematerialien).

Betrachtet man die Materialien für den Leseförderunterricht, so ist häufig festzustellen, dass Lesen als mechanischer Vorgang der Aneinanderreihung von Lauten bzw. Silben geübt wird.

Das Nacheinanderlesen der Buchstaben führt jedoch nur zur Bildung einer Lautfolge bzw. einer »Wort-Vorgestalt«. Erst durch einen »schöpferischen Sprung« gelangt der Leser über das Bedeutungserlebnis in die lebendige Sprachgestalt (Bosch 1984). Übungen wie die folgenden (Abb. 1) verleiten das Kind jedoch, ohne Sinnerwartung zu lesen, besonders wenn bei einigen Übungsformen sinnvolle Wörter und Pseudowörter nebeneinander verwendet werden.

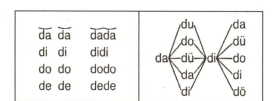

Abb. 1: Beispiel für nicht empfehlenswerte Übungen

Auch die Anhäufung von Wörtern ohne inhaltliche Klärung (»Wortleichen«) ist ein Ärgernis. Derartige Übungen verführen Kinder zu dem Glauben, Lesen habe nichts mit einer sinnvollen Aktivität zu tun.

Beim Erlernen des Kodes unserer Schriftsprache sind vor allem drei Schwierigkeiten vom Kind zu meistern:

- Die Schriftzeichen sind unterschiedlich komplex und können eingliedrig (a, b, d), zwei- und dreigliedrig sein (ah, ee, sch).
- Den Sprachlauten entsprechen unterschiedliche Lautvarianten.
- Die Zuordnung von Schriftzeichen und Phonem erfolgt nicht eindeutig. Das lange i kann z.B. durch die Schriftzeichen i, ie, ih, ieh repräsentiert werden.

Um den Kindern Einsichten in den komplizierten Zusammenhang zwischen geschriebener und gesprochener Sprache zu erleichtern, sollten die ersten Fibel- und Lesewörter eindeutige regelhafte Zuordnungen enthalten, und Wörter mit phonemischer und graphemischer Mehrdeutigkeit sollten erst zu einem späteren Zeitpunkt auftauchen.

Verwirrung stiften die noch häufig anzutreffenden Übungsformen, bei denen die Beziehung zwischen Phonemen und Graphemen durchbrochen wird. So verunsichert es z.B. die Kinder, wenn sie das »h« einkreisen sollen in Wörtern wie »hoch« und »Schnee«, in denen das »h« als Bestandteil eines zweigliedrigen (»ch« und »oh«) bzw. dreigliedrigen Graphems (»sch«) auftaucht.

Im Förderunterricht sollten die Kinder nicht mit sinnlosen Silben oder mit »Wortleichen« konfrontiert werden. Damit die Schüler zur richtigen Klanggestalt des Wortes gelangen, sollten möglichst häufig Sinnstützen vorgegeben werden, die Hilfen zur Entschlüsselung eines Wortes liefern, z.B. durch Bilder (Abb. 2).

Um den Problemen auf der visuellen Ebene zu begegnen, brauchen die SchülerInnen vielfältige Gelegenheiten, die charakteristischen Merkmale von Buchstaben (später Wortteilen und Wörtern) kennen zu lernen, z.B. durch Nachfahren von Buchstabenkarten, Nachlegen und Kneten in verschiedenen Materialien (Abb. 3), Sammeln verschiedener Buchstabenformen und -typen aus Zeitungen und Illustrierten, Vergleichen von Buchstaben etc. Auf der phonologischen Ebene sollten die Lernschritte möglichst sorgfältig geplant werden, um den Kindern die Einsicht in die Struktur unseres Lautschriftsystems zu erleichtern.

Abb. 2: Beispiele für eine Übungsform, bei der Bilder Hilfen zur Sinnentschlüsselung geben (aus: »Fara und Fu«)

Abb 3: Buchstaben backen

Förderung der mündlichen Sprache

Da leseschwache Kinder häufig auch sprachliche Mängel aufweisen, sollten Leseübungen so beschaffen sein, dass sie die sprachlichen Fähigkeiten fördern: Texte, die von den Kindern selbst kreativ weitergestaltet werden (bildlich dargestellte Situationen werden versprachlicht, Texte ergänzt, aus einzelnen Wörtern wird eine Geschichte gebildet, Geschichten werden zu Ende erzählt). Dadurch haben die Kinder einen Freiraum für ihre eigenen sprachlichen Formulierungsmöglichkeiten, sodass auch ihre umgangssprachlichen Ausdrücke eingebracht werden können. Solche Übungen sollen den Kindern die Erfahrung vermitteln, dass Lesen etwas Motivierendes und Lebendiges ist, dass mit Hilfe der Sprache eigene Intentionen und Erlebnisse ausgedrückt werden können, und schließlich, dass ihre Alltagssprache als wichtig und wertvoll akzeptiert wird (Problem: Hochsprache – Umgangssprache). Auf das Problem der Diskrepanz zwischen mündlicher Sprechweise des Kindes (z.B. dialektale Verfärbung) und von der Hochsprache abgeleiteter Schriftsprache ist aufmerksam zu machen.

Bewusstes Üben der Sinnantizipation auf Wort- und Satzebene

Hier geht es vor allem um zwei Lesestrategien:

- Ausnützen von Sinnstützen (Nutzung von inhaltlichen Vorinformationen des Textes wie Überschrift, Illustrationen oder Satzanfänge).
- Ausnutzen von syntaktischen Begrenzungen (Nutzung von Regeln, welche die Wortbildung und -verknüpfung sowie den Satzbau betreffen).

Es gibt vielfältige Übungen, die den Einsatz dieser beiden Lesestrategien erfordern:

- Wörter/Sätze zu Bildern zuordnen,
- schriftlich gestellte Fragen beantworten und Zuordnen der Lösungen (Wörter/Bilder), s. Abb. 4,
- Neben- und Hauptsätze zuordnen,
- zusammenhängende Dialoge aus einzelnen Äußerungen bilden,
- unvollständige Sätze ergänzen.

Bewusstes Üben der Strategien der Textorganisation

Dies kann durch Gliedern des Textes in Sinneinheiten unterstützt werden. Zwischenüberschriften, Zusammenfassungen und Fragen können Leseverständnis und -motivation steigern (s. Abb. 4).

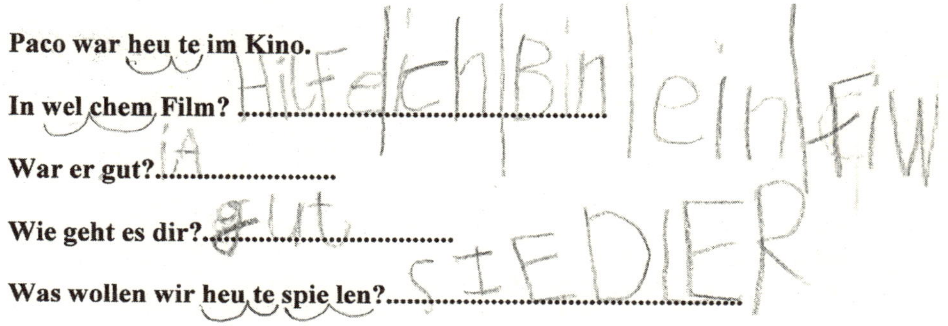

Paco war heu te im Kino.
In wel chem Film? ......Hilf dich Bin lein Fiw......
War er gut? ...ja...............
Wie geht es dir? ...gut...............
Was wollen wir heu te spie len? ......SIEDIER......

Abb. 4: Schriftlich gestellte Fragen beantworten

Motivieren zum Lesen

Vor allem geht es im Leseförderunterricht darum, die SchülerInnen zum Lesen zu motivieren, sodass ihnen das Lesen ein Bedürfnis und zur Gewohnheit wird.

Organisatorische Voraussetzungen dafür sind die Einrichtung einer Leseecke mit einer kleinen Bibliothek sowie die Bereitstellung einer Lesekiste mit abwechslungsreichen Übungen und Spielen.

Abbau schlechter Lesegewohnheiten durch ein Lesetraining

Für ältere SchülerInnen sowie für Berufstätige wird von Schräder-Naef 1996 das Training für schnelleres Lesen empfohlen. Der Leser wird geschult, größere Einheiten auf einen Blick zu erfassen, weniger lange Pausen zu machen und möglichst selten mit der Blickbewegung zurückzugehen. Solche Verfahren lassen sich in den Unterricht integrieren oder als Selbststudium betreiben (s. Abb. 5).

Kontrolle der Blickspanne

	Anzahl Buchstaben
Buch	4
Stoff	5
Erfolg	6
Problem	7
Leistung	8
Vorlesung	9
Gedächtnis	10
Stundenplan	11
Schreibtisch	12
Konzentration	13
Aufmerksamkeit	14
Schneller lesen	14
Richtig zuhören	14
Ordnung spart Zeit	16
Rechtzeitig planen	17
Stets Fragen stellen	18
Öfter eine Pause machen	20
Die Macht der Gewohnheit	21
Bewegung an frischer Luft	22
Grafische Darstellungen	22
Wer hat Angst vor Prüfungen	23
Konkurrenz oder Kooperation	25

Tabelle zur Kontrolle der Schnell-Leseübungen

Datum	Text	Zeit in Sek.	Anzahl Wörter	Tempo (W.p.m.)	Behaltens-quote (Maximum: 100)

Abb. 5: Lesetraining aus: Schraeder-Naef 1996

Einüben von Methoden der Texterarbeitung

Eine Methode, die SchülerInnen helfen kann, an einen Text systematisch heranzugehen, ist die »SQ3R«-Methode von Robinson. Die fünf Schritte sind: Survey – Question – Read – Recite – Review. Schräder-Naef erläutert diese Schritte so:

- »Vor dem Lesen wird der Text *überflogen* (Survey), um Aufbau und Gliederung zu registrieren; Umschlagklappe, Inhaltsverzeichnis, Titel und Untertitel, Zusammenfassungen, Schlagzeilen oder der erste und letzte Satz des Textes werden betrachtet. Dies ermöglicht einen Gesamtüberblick über den behandelten Stoff, der spätere Einordnung der neuen Informationen erleichtert.
- Anhand der beim Überfliegen gewonnenen Informationen werden *Fragen* über den Text formuliert (Question). Der Leser prüft dabei, was ihm bereits zum Thema bekannt ist und was ihm neu erscheint. Er setzt sich selbst ein Ziel, er will Antworten finden und sich nicht einfach überraschen lassen. Fragen können sich beispielsweise nach der Definition neuer Begriffe und Fachausdrücke

ergeben, nach der Beziehung eines Unterabschnitts zum übergeordneten Thema, nach der praktischen Relevanz der dargelegten Theorien, nach der Darstellungsart (neutrale Beschreibung, subjektive Meinung des Verfassers) oder nach der Beziehung zum bisherigen Wissen des Lesers über das Thema.
- Nach diesen Vorbereitungen wird mit dem eigentlichen *Lesen* (Read) begonnen, das dadurch aktiver, konzentrierter und mit dem Blick auf das Wesentliche erfolgt. Besonders wird auf die Beantwortung der vorher gestellten Fragen sowie auf etwaige Fremdwörter, Fachausdrücke und Definitionen geachtet. Wichtig ist auch die Anpassung des Lesetempos.
- Nach dem Lesen eines Abschnitts, dessen Länge vom Schwierigkeitsgrad des Textes und der eigenen Vertrautheit mit dem Thema abhängt, hält der Leser inne, *rekapituliert* im Geist den Inhalt (*Recite*), vergewissert sich, dass seine Fragen beantwortet sind, und macht sich Notizen oder bringt Unterstreichungen an.
- Diese vier Schritte werden nun für jeden weiteren Abschnitt des Textes durchgeführt. Am Schluss folgt noch die *Gesamtrepetition* (*Review*), bei der die Zusammenhänge zwischen den einzelnen Kapiteln oder Teilen hergestellt werden« (1996, S. 80).

Hinweise auf empfehlenswerte Literatur

Blumenstock, L.: Handbuch der Leseübungen. Weinheim und Basel 1997.
Naegele, I.M.: Schwierigkeiten in Lesen, Rechtschreibung und Rechnen. Weinheim 2001.
Schwartz, W.: Leseübungen nach Schwierigkeitsstufen. Schritt für Schritt. Heinsberg 2000.
Weigt, R.: Lesen- und Schreibenlernen kann jeder!? Methodische Hilfen bei Lese-Rechtschreib-Schwächen. Neuwied 1994.

Ingrid M. Naegele

Von Pechvögeln und Unglücksraben

Kinder- und Jugendbücher zum Thema

Ein Kind, das unter Schulproblemen, Schulangst oder Mobbing leidet, kann sich vielleicht in den folgenden Büchern wieder finden und Lösungswege aus seiner Krise kennen lernen. Viele der angegebenen Titel eignen sich auch als Klassenlektüre. Zu beachten ist, dass neben der inhaltlichen Thematik die Leseentwicklung des Kindes bei der Auswahl berücksichtigt werden sollte.

Abraham, P.: Das Schulgespenst. RTB Lesespaß, Ravensburg 1983.
Auer, M.: Von Pechvögeln und Unglücksraben. Beltz & Gelberg, Weinheim 1989.
Biessels, C./Erlbruch, W.: Benni und die Wörter. Eine Geschichte vom Lesenlernen. Beltz & Gelberg, Weinheim 1998.
Bohmann, G.: So ist das, wenn man sich lieb hat. Oetinger, Hamburg 1996.
Collinson, R.: Dafür kann doch Willi nichts. Oetinger, Hamburg 1996.
Fährmann, W.: Der überaus starke Willibald. Arena, Würzburg [8]1995.
Feth, M.: Klatschmohn und Pistazieneis. Bertelsmann, München 1996.
Fischer, R..: Nein, in die Schule geh ich nicht! Betz, Wien 1991.
Fritzsche, T. (Hrsg.): Pechvogelgeschichten. Arena, Würzburg 1993.
Grossman, D.: Joram schreibt einen Brief. Carlsen, Hamburg 1991.
Haßler, E.: Die Buchstabenmaus. dtv, München [3]1996.
Holm, A.: Wehr dich, Mathilda! Eine Geschichte aus der Schule. Hanser, München 1994.
Hüttner, D.: Die linke Pinke. Rowohlt, Reinbek 1993.
Hüttner, D.: Komm, ich zeige dir die Sonne. Rowohlt, Reinbek 1989.
Janosch: Du bist ein Indianer, Hannes. Bitter Verlag, Recklinghausen 1990.
Keaney, B.: Jungs schreiben keine Liebesgeschichten. Anrich, Weinheim 1993.
Klages, S.: Mein Freund Emil. Beltz & Gelberg, Weinheim [2]1990.
Könnecke, O.: Fred und die Bücherkiste. Elefanten Press, Berlin 1995.
Korschunow, I.: Hanno malt sich einen Drachen. dtv, München [19]1995.
Lembcke, M.: Als die Steine noch Vögel waren. Nagel & Kimche, Zürich 1998.
Lornsen, B.: Nis Puk – mit der Schule stimmt was nicht. Oetinger, Hamburg 1988.
Martin, H.: Frust – Schule lebenslänglich. Rowohlt, Reinbek 1982.
Nahrgang, F.: Katja und die Buchstaben. Beltz & Gelberg, Weinheim 1995.
Nöstlinger, Ch.: Stundenplan. Beltz & Gelberg, Weinheim [11]1989.
Saalmann, G.: Umberto. Klopp, Berlin 1989.

Schädlich, H.-J.: Der Sprachabschneider. Rowohlt, Reinbek 1993.
Schindler, N.: Der Schulhasser-Club. Altberliner Verlag, Berlin 1996.
Steinbach, P.: Benni Sprachlos. dtv, München 1991.
Stengel, H.G.: ANNASUSANNA. Ein Pendelbuch für Links- und Rechtsleser. List, München 1995.
Swindels, R.: Dash für Zoe. dtv, München 1996.
Tamaro, S./Krause,U.: Leopoldo und der Bücherberg. Diogenes, Zürich 1999.
Tetzner, G.: Als Maxi nicht mehr Maxi war. Rowohlt, Reinbek 1988.
Uebe, I./Spieß, H.: Lillibell erzählt Geschichten. Carlsen, Hamburg 1997.
Wendt, I.: Fehler übersehen sie nicht – bloß Menschen. Rowohlt, Reinbek 1982.
Wendt, I.: Ich hab Knuddel befreit! Rowohlt, Reinbek 1991.
Wippersberg, W.: Max, der Unglücksrabe. Rowohlt, Reinbek 1993.
Wolf, K.-P.: Das könnt ihr doch mit mir nicht machen! Rowohlt, Reinbek 1991.

Bücher für junge und ältere Erwachsene, die sich mit Schulversagen beschäftigen

Gardell, J.: Die lustige Stunde. Thom, Leipzig 1994.
Genuneit, J.: Lesen- und Schreibenlernen in der schönen Literatur. In: Stark, W./Fitzner, Th./Schubert, Ch. (Hrsg.): Schulische und außerschulische Prävention von Analphabetismus. Klett, Stuttgart 1995.
Hoeg, P.: Der Plan von der Abschaffung des Dunkels. Rowohlt, Reinbek 1998.
Jandl, E.: lechts und rinks – gedichte statements peppermints. dtv, München 1997.
Lebert, B.: Crazy. Kiepenheuer & Witsch, Köln 1999.
Nadolny, S.: Die Entdeckung der Langsamkeit. Piper, München ^{23}1991.
Pennac, D.: Wie ein Roman. Diogenes, Zürich 1995.
Rendall, R.: Urteil in Stein. Goldmann, München 2000.
Schlink, B.: Der Vorleser, Roman. Diogenes, Zürich 1995.
Sapphire: Push. Vintage, London 1998 (deutsch Rowohlt, Reinbek 1998).
Swindels, R.: Dash für Zoe. dtv, München 1996.

> Ich bin niemals zerstreuter als wenn ich mit eigner Hand schreibe:
> denn weil die Feder nicht so geschwind läuft als ich denke,
> so schreibe ich oft den Schlußbuchstaben des folgenden Wortes
> ehe das erste noch zu Ende ist, und mitten in einem Comma, fange ich
> den folgenden Perioden an; Ein Wort schreibe ich mit
> dreyerley Orthographie, und was die Unarten alle seyn mögen,
> deren ich mich recht wohl bewußt bin und gegen die ich auch nur
> im äußeren Nothfall zu kämpfen mich unterwinde, nicht zu gedenken,
> daß äußere Störung mich gleich verwirren und meine Hand wohl
> dreymal in Einem Brief abwechseln kann. So ist mir's mit
> Vorstehendem gegangen, das ich zweymal zu schreiben anfing, absetzte
> und schlecht fortsetzte; jetzt entschließ ich mich zu dictieren, es ist als
> wenn ich mit Ihnen spräche und die Erinnerung Ihrer Persönlichkeit,
> Ihrer Gestalt, Ihres freundlichen Wesens giebt mir keine Zerstreuung,
> weil Sie es ja sind zu der ich mich wende, indem ich dieß ausspreche.

Abb.: Text von Goethe (Digitale Bibliothek, Band 10: Briefe 1812)

»Mach keinen Fehler!«

An den Vorgang, wie ich lesen gelernt habe, kann ich mich nicht mehr erinnern. Beim Vorlesen habe ich immer Angst gehabt, einen Fehler zu machen, deswegen las ich vorsichtshalber leise.
Ich konnte ziemlich schnell verunsichert werden, wenn hinter meinem Rücken die Lehrerin stand und wartete, bis ich einen Fehler machte, den sie verbessern konnte. Ich habe lieber für mich (auch laut) gelesen als für die Zuhörer, weil ich die Fehler selber verbessern konnte.
Unsere Lehrerin hatte eine sehr strenge Stimme. Sie brauchte gar nicht zu schimpfen, es klang sowieso schon so. Ich habe mir eingeredet: »Mach keinen Fehler!«, und in dem Moment habe ich einen gemacht. Immer schämte ich mich, etwas falsch zu machen.

Abb.: Jean-Paul Sartre, (1973)

Ralph Weigt

Zur Bedeutung der Handschrift und der Schreibhaltung

Wenn bei einem Kind festgestellt wird, dass es Schwierigkeiten bei der Aneignung der Schriftsprache hat, ist es im Grunde schon zu spät, die Frage nach der Gestaltung des Erstschreibunterrichts zu stellen. Diese Frage hätte man sich vor Beginn der ersten Unterrichtsstunde in Klasse 1 stellen müssen.

Während es Zeiten gab, in denen das »Schönschreiben« das Maß aller Dinge ausmachte und der kommunikative Aspekt des Schreibens unzulässig vernachlässigt wurde, ist es heute vielfach gerade umgekehrt. Dem leisten Lehrpläne Vorschub, indem sie die schreibtechnischen Forderungen auf »Lesbarkeit und Eindeutigkeit der Handschrift« sowie den Hinweis reduzieren, dass »das Erfassen und Üben der Druckschriftformen ... nicht im Sinne eines formalen Trainings« geschieht und die einzelnen Druckbuchstaben »möglichst nicht elementarisiert und Buchstabenteile nicht isoliert geübt werden« sollen (s. Vorläufiger Rahmenplan Deutsch in Berlin 1989, S. 52).

Für den Übergang von der Druck- zur Schreibschrift sind Hinweise ähnlich offen gehalten. Die Festlegungen zur Erstschrift sowie zur Gestaltung von Schreiblehrgängen sind in den einzelnen Bundesländern uneinheitlich und haben je nach Bundesland empfehlenden bzw. bindenden Charakter. Völlig übersehen wird in diesem Zusammenhang im Allgemeinen dass SchülerInnen von Anfang an so schreiben lernen müssen, dass sie ihre eigenen Texte ohne Schwierigkeiten wieder lesen können. Das ist im Anfangsunterricht durchaus keine Selbstverständlichkeit. Für die schwerer lernenden SchülerInnen entstehen zusätzliche Probleme, besonders, wenn die Schreibschrift früh eingeführt oder als Erstschrift gewählt wird. Schreibschrift liest sich ohnehin schlechter als Druckschrift, weil sie nicht so gut gegliedert ist. Werden Abstände zwischen den einzelnen Buchstaben im Wort beziehungsweise der Neigungswinkel der Buchstaben beim Schreiben nicht eingehalten, leidet die Lesbarkeit zusätzlich. Das Gleiche geschieht, wenn die Größenverhältnisse der Buchstaben untereinander oder die Abstände der Wörter im Satz unzulässig variieren. Für das Schreiben in Druckschrift treffen alle diese Merkmale in ähnlicher Weise zu.

Darüber hinaus muss man Lange (1995, S. 21) zustimmen, wenn sie schreibt: »Es darf nicht sein, dass die Form des Geschriebenen zunehmend bedeutungslos wird, weil damit Werte verloren gehen, die für zwischenmenschliche Beziehungen wichtig sind, z.B. die Achtung vor demjenigen, der das Geschriebene lesen soll, wie auch das ästhetische Empfinden für ein dem Inhalt angemessenes Äußeres, das nicht nur die Informationsentnahme erleichtert, sondern zumeist auch positive Gefühle hervorruft, möglicherweise auch Poesie ausstrahlt.«

Lange hält deshalb »Schreiberziehung nach wie vor für einen wichtigen und durch nichts zu ersetzenden Bestandteil von Lehrerausbildung und Unterrichtspraxis«. Ohne entsprechende Anleitung der SchülerInnen sind die Ziele beim Schreibenlernen nicht zu erreichen.

Für Kinder mit LRS verschärft sich das Problem der Aneignung des Handschreibens, sofern sie auch motorische Auffälligkeiten aufweisen. Demgemäß werden enorme Anforderungen an den Schreibunterricht gestellt, wenn er zu normangemessenem und zügigem Schreiben sowie zweckmäßigem und ästhetischem Anordnen von Texten befähigen soll. Ahlgrimm benennt diese Anforderungen wie folgt:

> »Was heißt normangemessen und zügig schreiben?
> Man versteht darunter, dass
> - die Buchstaben und Buchstabenverbindungen der Norm der Schulausgangsschrift ... angemessen, d.h. in erster Linie gut lesbar geschrieben werden,
> - die Schrift gleichmäßig geneigt (rechts geneigt) ist,
> - die Buchstaben proportioniert in die Lineatur geschrieben werden,
> - eine gleichmäßige Schriftweite im Wort eingehalten wird« (Ahlgrimm 1990, S. 113).

Wie so oft in der Didaktik/Methodik gehen auch beim Erstschreiben unter technischem Aspekt die Meinungen zu einer Reihe von grundsätzlichen Fragen teilweise weit auseinander, z.B.:

- Welche Schreibgeräte beeinflussen das Schreibenlernen günstig?
- Welche Lineatur ist für den Schreibanfänger zu empfehlen?

Diesen Fragen soll kurz nachgegangen werden, weil sie von grundlegender Bedeutung für erfolgreichen Schreibunterricht sind.

Lehr- bzw. Rahmenpläne treffen in Bezug auf die Schreibgeräte nur teilweise bzw. gar keine Festlegungen. Der Lehrplan Grundschule Deutsch des Landes Sachsen (1992, S. 19) stellt frei, ob mit Wachsmalstift, Buntstift oder weichem Bleistift begonnen wird, und empfiehlt, »spätestens im zweiten Schuljahr mit Füllfederhalter schreiben« zu lassen.

In der Literatur gehen die Empfehlungen auseinander. Neben den in Sachsen empfohlenen Schreibgeräten wird auch der Fineliner genannt. Teilweise werden differenzierte Hinweise für den Einsatz unterschiedlicher Werkzeuge gegeben. Heuß (1993, S. 129) empfiehlt: »*Wachsmalstifte* – für großräumige Bewegungen und Füllen von Flächen; *Faserstifte* – für differenzierte Form- und Bewegungselemente; *Bleistifte* – hoher Schreibdruck, nicht zu früh, keinesfalls ausschließlich; *Füllfedern* – stabil, elastisch, anfangs eher breit.« Zu beachten ist, dass Kinder mit motorischen Schwierigkeiten häufig mit großem, anfangs zu großem Druck schreiben. Sommer-Stumpenhorst (1992, S. 14) sieht deshalb Bleistift und Tintenroller als sinnvoll für diese SchülerInnen an und lehnt Filzstifte und Füller als »gänzlich ungeeignet« ab. Einig sind sich so ziemlich alle in der »möglichst langen Vermeidung des schriftzerstörenden, handbelastenden Kugelschreibers« (Lexikon zum Deutschunterricht 1992, S. 396).

Der Wert von *Lineaturen* wird sehr unterschiedlich eingeschätzt. So wird z.B. im Vorläufigen Rahmenplan Deutsch (Berlin 1989, S. 53) davon gesprochen, dass »Lineaturen dem Kind helfen können, sich beim Schreiben zu orientieren«. Der Lehrplan Grundschule Deutsch aus Sachsen (1992, S. 19) dagegen betont die »wichtige Funktion der Schreiblineaturen bei der Entwicklung einer formklaren Schrift«. Übereinstimmend wird jedoch – wie auch in anderen Veröffentlichungen – davon ausgegangen, dass »bei der Einführung einer bestimmten Lineatur die Schreibfähigkeiten des einzelnen Kindes berücksichtigt werden müssen«. In der Praxis wird sehr unterschiedlich verfahren.

Hilfen für die Unterrichtspraxis

Wichtig ist, davon auszugehen, dass »Lineaturen dem Schreibanfänger den Lernprozess erleichtern und ihn nicht behindern sollen. ... Da jedes Kind zunächst seine eigene Schriftgröße finden soll, ist es sinnvoll, bei den ersten Schreibübungen auf Zeilen zu verzichten« (Heuß 1993, S. 129). Das ist besonders bedeutsam für Kinder mit motorischen Schwierigkeiten, da diese oftmals spontan viel größer schreiben als andere. Für diese Kinder ist es auch angezeigt, vor dem Schreiben in der Lineatur weitere Möglichkeiten zu nutzen, wie z.B. einen Kasten mit Sand. Hier können alle Kinder in individueller Größe »schreiben« und auch das von anderen Geschriebene »nachspuren«. Ähnliche Effekte erzielt man mit Fettstiften oder Fingermalfarben. »Auch mit diesem Material können Formelemente, der Bewegungsablauf, die Buchstaben in selbst gewählter Größe geübt werden. Da diese Materialien dicke Spuren hinterlassen, können die Buchstaben mehrmals nachgespurt und gefühlt werden« (Dammenhayn 1995, S. 53). Für eine gewisse Übergangszeit könnte man zwei Hefte verwenden, ein unliniiertes für die ersten Übungen und ein liniiertes, in das man erst nach entsprechenden Vorübungen schreibt.

Wie man sich auch entscheidet, SchülerInnen müssen im Erstschreibunterricht entsprechend angeleitet und zu einer zweckmäßigen Schreibhaltung befähigt werden.

Erfahrungen in der Praxis des Anfangsunterrichts besagen, dass regelmäßige »Schönschreibstunden« wenig zweckmäßig sind. Bewährt hat sich gelegentliches schwerpunktmäßiges, dafür aber intensives Üben zu bestimmten Anlässen, z.B.

einen Text besonders schön zu gestalten, weil er veröffentlicht werden soll, oder auch die Durchführung von so genannten »*Schreibkursen*«, in denen über einen begrenzten Zeitraum bestimmte Übungen in Bezug auf die Gestaltung von Geschriebenem durchgeführt werden.

Die Spezifik der verbundenen Schrift erfordert es, besonderes Augenmerk auf das Schreiben von Buchstabenverbindungen zu lenken, weil diese erfahrungsgemäß die meisten Probleme mit sich bringen. Dammenhayn (1992, S. 32) plädiert dafür, weder bei der Gestaltung des Druckschriftlehrganges noch beim Schreibschriftlehrgang losgelöste vorbereitende Schreibübungen durchzuführen, sondern mit dem ersten Fibelwort auch die entsprechenden Schreibübungen durchzuführen.

Auf alle Fälle sind optische Orientierungshilfen für die SchülerInnen nützlich, auf denen »die Reihenfolge und die Richtung der aneinander zu fügenden Elemente angegeben« sind (Wundke 1995, S. 60). Sie helfen dem Unsicheren, die zweckmäßigen Bewegungsabläufe zu realisieren.

Bei der praktischen Gestaltung des Schreiblehrgangs ist als Erstes darauf zu achten, dass das Kind in einer Bank sitzt, die seiner Körpergröße entspricht. Dies überprüft man, indem man die Schreibfläche zu seinem Körper hin verlängert. Diese gedachte Verlängerung muss auf die unteren Rippenbogen stoßen. Hier befinden sich beim aufrechten Sitzen mit herabhängenden Armen die Ellenbogen (Abb. nach Kaestner/Tost-Ruddigkeit 1966). Wenn das Kind sich nun leicht nach vorn neigt, ohne die Tischkante mit der Brust zu berühren, kann es die Unterarme bequem auf die Tischplatte legen, was für lockeres Schreiben unbedingt erforderlich ist. Der Kopf wird nur leicht zur Schreibfläche hin gebeugt. Beugt sich das Kind auch nach entsprechender Korrektur durch die Lehrerin der Schreibfläche wieder stärker zu, muss mit einer Fehlsichtigkeit gerechnet werden, die von einem Augenarzt untersucht werden sollte.

Beide Arme liegen fast bis zum Ellenbogen auf der Tischplatte. Die *Schreibhand* liegt auf der äußeren Handkante und dem gekrümmten kleinen Finger. Die andere Hand fixiert das Heft oder Blatt Papier. Das Heft bzw. Blatt Papier liegt beim rechtshändig Schreibenden leicht links verschoben und links geneigt auf der Schreibunterlage, beim linkshändig Schreibenden leicht rechts verschoben und rechts geneigt und nicht, wie es in vielen Hinweisen zum Schreibunterricht heißt: direkt vor dem Kind parallel zur Tischkante. Das ist unphysiologisch, wie man leicht durch Beobachtung von erwachsenen Schreibern feststellen kann.

Das Schreibgerät soll locker zwischen Daumen und dem vorderen Glied des Mittelfingers gehalten werden. Daumen und Mittelfinger führen auch das Schreibgerät. Der Zeigefinger liegt nur locker obenauf, ohne Druck auf das Schreibgerät auszuüben. Er stabilisiert das Schreibgerät lediglich und ist nicht aktiv am Schreiben beteiligt. Wenn man das Schreibgerät richtig hält, kann man den Zeigefinger beim Schreiben ohne Schwierigkeiten abheben. Das Schreibgerät soll so geneigt gehalten werden, dass das hintere Ende auf die Schulter zeigt, nicht steiler! Auf diese Haltung ist besonders zu achten, wenn nicht mit einem Füllfederhalter geschrieben wird, weil dann die Gefahr, das Schreibgerät falsch zu halten, besonders groß ist.

Bei guten Schulfüllern wird die richtige Haltung dadurch unterstützt, dass sich entsprechende »Schreibmulden« am vorderen Ende befinden. Auf das Schreibgerät aufzusteckende »Haltehilfen« sollte man nicht verwenden, da sie eine normale lockere Fingerhaltung eher erschweren als erleichtern.

Jede andere als die hier beschriebene Schreibhaltung (auch ein stark drückender, »geknickter« Zeigefinger) führt früher oder später zu Verkrampfungen und damit zu Ermüdungserscheinungen, abgesehen von Verformungen der Buchstaben.

Hilfen für Linkshänder

Linkshänder haben beim Schreiben zusätzliche Schwierigkeiten, und zwar nicht, weil sie Linkshänder sind, sondern weil sie in den seltensten Fällen eine ausreichende Anleitung erhalten, wie mit der linken Hand geschrieben werden muss. Vielfach lässt man Linkshänder ohne jeden Hinweis auf die Haltung und Führung des Schreibgerätes, ohne Hinweise auf die Lage des Heftes, ohne Korrektur der Schreibhaltung mit der linken Hand schreiben, sodass sich völlig falsche (unökonomische und unphysiologische) Schreibgewohnheiten herausbilden. Wichtig ist:

- Das links schreibende Kind muss auf dem linken Platz einer Zweierbank sitzen, damit die Ellenbogen des links schreibenden und rechts schreibenden in der Mitte nicht zusammenstoßen.
- Die oben beschriebene Schreibhaltung ermöglicht, dass die Handführung beim Schreiben vom Körper her zur Schreibzeile erfolgt. Die Finger bleiben also auch beim linkshändig Schreibenden stets unterhalb der Linie.

»Es ist ein häufig zu beobachtender Fehler, dass der Linksschreiber versucht, von oben, zum eigenen Körper hin zu schreiben (weil er so das Geschriebene sehen könne, Anmerk. d. Hrsg.). So aber kann das Handgelenk nicht am leichten Spiel der Schreibbewegung teilnehmen. Rasch ermüdet der Schüler beim Schreiben, die Schrift wird teigig und steif« (Sieler 1977, S. 46).

Bei richtiger Anleitung ist der Schreibbewegungsablauf beim linkshändigen Schreiben genauso flüssig wie beim rechtshändig Schreibenden (wie bei einem arabisch oder hebräisch mit der rechten Hand von rechts nach links Schreibenden).

Es empfiehlt sich, spezielle Übungen für Linkshänder zusätzlich durchführen zu lassen, wie sie z.B. Sattler 1997 konkret anbietet.

»Die Grundrichtung des Schreibens ist beim Rechtshänder das Ziehen, beim Linkshänder das Schieben. Dieses Schieben muss trainiert werden« (Sieler 1977, S. 46). Als Vorübung sollte der Linkshänder zunächst einfache gerade Linien von links nach rechts »schieben«, während das Blatt mit der rechten Hand gehalten wird. Die im Vorläufigen Rahmenplan Deutsch (Berlin 1989, S. 21) vorgeschlagene Variante, das Blatt bei Linkshändern (und eben nur bei diesen!) auf dem Tisch zu befestigen, ist diskriminierend und deshalb indiskutabel.

Ingrid M. Naegele

Tipps und Literatur zur Linkshändigkeit

Ein linkshändiges Kind

- benötigt spezielle Schreib- und Schneidegeräte und Spitzer für Linkshänder. Dicke Dreiecksstifte, Tintenroller (z.B. Schneider-Baseball) oder Füller mit speziellen Einbuchtungen eignen sich in den ersten Schuljahren besonders gut, da sie auf dem Mittelfinger flach aufliegen können;
- muss im Klassenraum an der linken Tischkante sitzen, damit sich sein Ellbogen beim Schreiben nicht mit dem eines Rechtshänders stört;
- braucht eine Lichtquelle, die möglichst immer von rechts kommt;
- sollte sein Blatt oder Heft schräg nach rechts legen und den Stift unter der Zeile führen;
- verkrampft oft bei falscher Schreibhaltung und sollte daher immer wieder Zeit für Lockerungsübungen einplanen;
- kann viel leichter abschreiben, wenn es den Text rechts hingelegt bekommt, da er sonst von der schreibenden Hand verdeckt wird.

Eltern und LehrerInnen können sich im Internet informieren unter www.linkshaenderseite.de oder bei der Beratungs- und Informationsstelle für Linkshänder und umgeschulte Linkshänder in München, Sendlinger Str. 17, 80331 München.

Weitere Publikationen

Meyer, R.W. u.a.: Linkshändig? Ein Ratgeber. Humboldt Tb. München 1991.
Sattler, J.B.: Übungen für Linkshänder. Schreiben und Hantieren mit links. Auer, Donauwörth ²1997 (mit Schreibvorlage, die auch gesondert bestellt werden kann).
Smits, R.: Alles mit der linken Hand. Geschick und Geschichte einer Begabung. Rowohlt, Berlin 1994.

Ein Kinderbuch, das Linkshändigkeit aus der Sicht eines betroffenen Kindes zum Thema hat: Doralies Hüttner: Die linke Pinke. Rororo, Reinbek 1988.

Ingrid M. Naegele

Können Sie richtig r(R)echt-S(s)chreiben?

Lieber Leser, liebe Leserin,
mit dieser Frage und unter Zuhilfenahme einiger Spitzfindigkeiten unserer deutschen Orthograf(ph)ie möchten wir Ihre Rechtschreibsicherheit etwas erschüttern, natürlich nicht ohne Hintergedanken! Und gleichzeitig werfen wir dabei einen kleinen Blick auf neue Rechtschreibregelungen.

Fangen wir ganz einfach an. Zunächst ein paar simple Silbentrennungen. Wie trennt man: *Legasthenie – Pädagoge, Pädagogium – Empfehlung – Rekonstruktion – extra*?

Hand aufs Herz, wie viele Wörter haben Sie richtig getrennt – und zwar nach den alten Rechtschreibregeln? Und wie viele Fehler bleiben übrig, wenn Sie die neuen Trennungsregeln anwenden? In manchen Fällen sind alte und neue Schreibweisen gleichermaßen gültig. Bitte beachten Sie dies bei Ihren Diktatkorrekturen!

alt	*neu*
Leg-asthe-nie	auch: Le-gas-the-nie
Päd-ago-ge, Päd-ago-gi-um	auch: Pä-da-go-ge, Pä-da-go-gi-um
Emp-feh-lung	nur: Emp-feh-lung
Re-kon-struk-ti-on	auch: Re-kons-truk-ti-on
ex-tra	nur: ext-ra

Viele der bisher gern verwendeten Diktattexte verlieren durch die Rechtschreibreform ihre Schrecken, so das berüchtigte Kosog'sche Diktat aus dem Jahr 1903, wo es u.a. heißt: »... Tut nie unrecht, seid Ihr aber im Rechte, so habt Ihr recht, ja das größte Recht, wenn Ihr Euer Recht sucht, und Ihr werdet alsdann im allgemeinen auch recht behalten ...« (s. Naegele/Valtin 1994, S. 125), oder die Gemeinheiten mit Max und der Sauerstoff(f)lasche an der Werkstatt(t)ür (ebd., S. 8). Nicht vorenthalten möchten wir Ihnen aber folgendes Meisterwerk geballter Rechtschreibschikanen (aus Adrion 1978, S. 18):

> »Der (g/k)lei(s/ß)nerische Me(s/ß)ner war ein Schal(ck/k), angetan mit B(ä/e)ffchen, Pe(r/rr)ü(ck/k)e und Kra(v/w)atte aus Batist. Nie(s/ß)wurz hatte er in Sta(n/nn)iol gewickelt und zwei Gro(s/ß) nu(m/mm)erierter A(t/tt)rappen speichelle(g/ck)eri(ch/sch) aufgepflanzt. An der R(e/ee)de stand er jetzt neben dem Kr(a/ah)n, der Bi(m/mm)sstein, Schl(ä/e)mm-kreide und A(s/ß)best für die Luftschi(f/ff/fff)ahrt, speziell für die Luftschi(f/ff/fff)lotte verlud, und überlegte, ob er eine Ziga(r/rr)e, eine Ziga-re(t/tt)e, eine Pfei(f/ff)e Taba(ck/k) rauchen oder ob er pr(i/ie)men sollte. Inzwischen entstieg eine Ba(l/ll)e(tt/ttt)ruppe einem Bus. Die as(t/th)mati-sche Ba(l/ll)erina trug eine Ba(l/ll)alei(ck/k)a unter dem Arm und r(ä/e)(s/ss)onierte über den Fa(s/ss)adenzie(r/rr)at der Re(n/nn)ai(s/ss)ancega(l/ll)erie. Inzwischen bestieg unser Me(s/ss/ß)ner seine M(ä/äh/e/eh)re, rief nach seinem P(ä/ää)rchen Ziegen und führte alle zur W(a/aa/ah)ge, wo gerade Firni(s/ss/ß), Na(f/ph/pf)(t/th)a und sticksto(f/ff/fff)reicher Pa(l/ll)isadendünger verladen wurden. Der W(a/aa/ah)genmeister hatte einen Ka(t/tt)a(r/rh/rrh). Er trank deshalb nacheinander ein Gläschen Rum, A(r/rr)a(ck/k), W(h)isk(ey/i/y), Kornbra(n/nn)(d/t)wein, Li(ck/k)ör und (C/K)ogna(ck/k).«

Falls Sie Schwierigkeiten mit dem Angebot an vielfältigen Lösungsmöglichkeiten – neudeutsch: Multiplechoice-Verfahren – hatten, befinden Sie sich in guter Gesellschaft. Dies ist nämlich die Art, wie Schulabgänger von den Industrie- und Handelskammern in Rechtschreib»tests« verunsichert werden. Die Auflösung finden Sie am Ende dieses Beitrags. Bei Dieter Adrion (1978, S. 19) produzierten LehrerstudentInnen durchschnittlich 13 Fehler.

Wie hat Konrad Duden, der sich bereits in seinem »Vollständigen orthographischen Wörterbuch der deutschen Sprache« 1880 kritisch zu einer Reihe von Schreibvereinbarungen äußerte, 1908 geschrieben:

> *»Die bisherige deutsche Rechtschreibung schädigt durch nutzlose Gedächtnisbelastung und die dadurch bewirkte Überbürdung die geistige und leibliche Gesundheit unserer Jugend. Indem sie der Schule die kostbare Zeit, dem Kinde Lust und Freude am Lernen raubt, ist sie der schlimmste Hemmschuh unserer Volksbildung. Sie wirkt verdummend, indem sie unter großer Kraftvergeudung Verstand und Gedächtnis zu gegenseitigem Kampf zwingt. Trotz aller aufgewandten Mühe – sie heißt mit Recht das Schulmeisterkreuz – gelingt es der Schule doch nicht, sie dem größten Teil unserer Jugend fürs spätere Leben einzuprägen. Über neun Zehntel unseres Volkes haben sie entweder nie sicher erlernt oder doch bald nach der Schule wieder vergessen. Dadurch wird die soziale Kluft zwischen dem so genannten Gebildeten und Ungebildeten künstlich vertieft. Sie erschwert die Ausbreitung der deutschen Sprache, indem sie deren natürliche Schwierigkeiten durch eine Anzahl künstlicher, willkürlich ersonnener vermehrt.«*

Duden bezeichnete die Rechtschreibung als das »Schulmeisterkreuz«. Daran hat sich in den vergangenen 70 Jahren wenig geändert, wie Ilse Lichtenstein-Rother (1987) bestätigt. Sie analysiert die empirische Untersuchung von Lilly Kemmler zu »Erfolg und Versagen in der Grundschule« (1967), die zur Rechtschreibung feststellt: »Ein einseitiges, von der Intelligenz – als Fähigkeit zur Umstrukturierung – weitgehend unabhängiges Merkmal entscheidet damit in vielen Fällen über den Schulerfolg in der Grundschule – auch über die weitere Schullaufbahn« (S. 175). Sinn und Ziel der eingangs abgedruckten »Selbsterfahrungstests« war es, Sie als erwachsenen, kompetenten Rechtschreiber unmittelbar in die Not- und Versagersituation vieler schreiben lernender Kinder zu versetzen. Wir Erwachsenen haben unsere einstigen Schwierigkeiten verdrängt oder vergessen, können in Zweifelsfällen rasch im Duden nachsehen oder aufgrund unseres rechtschreiblichen Wissens Analogieschlüsse ziehen. Bei welchem Erwachsenen werden aber auch schon ähnlich kritische Maßstäbe angelegt wie bei den Kindern in der Schule? Im Beruf sind dafür SpezialistInnen – SekretärInnen oder spezielle KorrekturleserInnen – am Werk.

Auf Probleme beim Erwerb der Schriftsprache reagiert ein Teil der Betroffenen – Eltern, Lehrer, Freunde – besonders negativ; orthografische Verstöße werden immer wieder fälschlicherweise mit geringerer Intelligenz in Verbindung gebracht.

An einigen Beispielen sollen die Leistungen des schreiben lernenden Kindes angedeutet werden.

Die unterschiedliche Geschwindigkeit beim Denken und Sprechen gegenüber dem Schreiben

Während beim Denken und Sprechen vieles verkürzt, nicht fertig ausformuliert, durch Gesten und Mimik unterstützt vom Empfänger verstanden wird, muss die Schriftsprache dagegen maximal entfaltet sein, in ihr muss alles ausdrücklich gesagt werden für den, der nicht anwesend ist. Die unterschiedliche Geschwindigkeit zwischen Denken (und Sprechen) und dem Schreibprozess erfordert ein hohes Maß an Konzentration sowie Einsichten in gewisse Prinzipien, nach denen sich unsere Normschreibung historisch entwickelt hat. Das Voraneilen der Gedanken (wie auch das Lesenlernen durch Buchstabieren statt Lautieren) kann z.B. zum Weglassen einzelner Buchstaben oder Wörter führen.

Prinzipien der Orthographie

1. Das phonematische Prinzip
Das Graphem repräsentiert im Wesentlichen das Phonem, die deutsche Schrift ist zunächst eine Phonemschrift. Jedoch stehen für ca. 50 Phoneme nur 26 Grapheme zur Verfügung.

2. Das morphematische Prinzip
Es werden nicht einzelne Grapheme geschrieben, sondern stets Morpheme als bedeutungstragende Einheiten. Diese Morpheme werden stets in der gleichen Weise geschrieben, damit die Bedeutung realisiert werden kann. Auf diese Weise wird auch die Wortverwandtschaft sichtbar, weshalb man auch vom »etymologischen« Prinzip spricht.
Das phonematische und das morphematische Prinzip bilden eine Einheit, sie vereinigen phonematische Struktur, Semantik und graphematische Struktur, also Sprechform, Bedeutung und Schreibform.

Weiterhin sind wirksam:

3. Das grammatische Prinzip
Mit der zunehmenden grammatischen Bildung der Schreiblehrer und Drucker wurde das Substantiv als Wortart mit großen Anfangsbuchstaben versehen.

4. Das semantische Prinzip
Es entstand aus dem Bemühen, aus Gründen der Verständlichkeit für jedes Wort eine eigene Schreibung durchzusetzen. Diese »Unterschiedsschreibung« ist also eine besondere Ausformung des morphematischen Prinzips. Zum Beispiel *Weise – Waise*.

5. Das historische Prinzip
Hiermit ist die prinzipielle Wirkungskraft gemeint, daß die Schrift die Tendenz hat, stabilisierend zu wirken und einmal entstandene Schreibungen auch dann beizuhalten, wenn sich die Aussprache ändert.

6. Das grafisch-formale Prinzip
Der Versuch, Verwechslungen ähnlicher Buchstaben und Wörter auszuschließen und sinnwichtigen Wörtern mehr optische Repräsentanz zu geben, führte zur Verwendung »stummer« Buchstaben (Dehnungs-h, ie).

(Warwel 1983, S.109)

Die komplizierten regelhaften Beziehungen zwischen Lautung und Schreibung im Deutschen

Die Regelungen, die für die Schreibung gelten, sind besondere, die keineswegs unmittelbar aus der gesprochenen Sprache bzw. aus der Lautung abgeleitet werden können. Kenntnisse der Hochsprache helfen bei der Entscheidung für eine bestimmte Schreibung, sie reichen aber keineswegs aus.

Gegen die Lautung sind in unserer Orthografie weitere Prinzipien wirksam, wie das der *Wortverwandtschaft*.

Beispiele für Auslautverhärtung

Das Wort »Hund« wird /hunt/ gesprochen; durch die Pluralbildung »Hun*d*e« kann die richtige Schreibung abgeleitet werden. Die Wortverwandtschaft im Gegensatz zur Lautung bestimmt auch folgende Schreibung:
»Er wir*d* Wir*t*« (wer*d*en; Wir*t*e).
Bestimmte Fälle der Umlautung folgen sowohl der Lautung als auch der Wortverwandtschaft: z.B. Hand/Hände (Haende – Hände)/behände!, kalt/kälter, Alarm/Lärm.
Diese Beispiele (mit unterschiedlich deutlicher verwandtschaftlicher Beziehung) *verbinden* beide Prinzipien: Lautorientierung und Bedeutungsorientierung.
Probleme der Länge- und Kürzebezeichnung/Nichtbezeichnung sind einerseits Sonderregelungen, die es – wie die Großschreibung – auf der Lautebene nicht gibt, andererseits sind sie »gelöst« durch die Regel der Stammschreibung (Morphemkonstanz). Letztere wird wiederum eingegrenzt durch die Ablautung, also die absichtsvolle Brechung der Gleichschreibung eines Morphems: Sp*r*a*ch*e, sp*r*e*ch*en, Sp*r*u*ch*, gesp*r*o*ch*en, er sp*r*i*ch*t.
Dieser Zusammenhang, der sich noch durch andere komplizierende Erweiterungen spezifizieren lässt, ist ein wesentlicher, logischer (z.B. ana-logischer), historisch gewachsener Regelzusammenhang, der höchste Anforderungen an Schreiber, also Lehrer und Lerner, stellt.
Ein Aspekt der Kompliziertheit für Lerner, aber auch der Lern- und Verständigungsökonomie ist das Zahlenverhältnis zwischen Lauten und Buchstaben: Der unabsehbaren Vielfalt unterschiedlicher Laute (dialektale, individuelle Sprechformen) stehen 30 Buchstaben gegenüber. Dies bedeutet, dass Laute in Klassen zusammengefasst (Phone zu Phonemen) und in Beziehung zu einzelnen Graphemen gesetzt werden müssen.
Einige Beispiele:
*O*tto/*E*ngel /Ga*st*stätte – L*i*d, L*ie*d, *ih*r, w*i*r, V*ieh* (hier werden gleiche Phone durch verschiedene Grapheme/Graphemkombinationen wiedergegeben).

Die Rolle des Fehlers

In den letzten Jahren hat sich die Einschätzung des Fehlers gewandelt – weg von einer zu ahnenden Fehlleistung des Lerners, hin zur Informationsquelle über den individuellen Stand der Verarbeitungsfähigkeit der unterschiedlichen sprachlichen Ebenen (grafisch-lautlich, syntaktisch und semantisch). »Verschreibungen« können logische Schlüsse in der individuellen Lerngeschichte und folgerichtig Hypothesen im Erwerb der Normschreibung sein. Sie sind Versuche des Kindes, die Transkription gedachter und gehörter Sprache grafisch zu fassen.

> *Ein Beispiel:* Auf der Suche nach der Schreibung von »Blüte« wird aus der Anwendung des Stammprinzips – Blüte kommt von blühen – ein Fehler, indem Blüte mit h geschrieben wird: »blühte«.

Die Schreibmotivation des Kindes ist stark von den Reaktionen der Umwelt auf seine Versuche abhängig. Wenn wir unsere Einstellung zu den Verschreibungen unserer Schüler ändern und sie als Hypothesen auf der Suche zur »richtigen« Schreibung verstehen, müssen wir sie ernst nehmen und die SchülerInnen ermutigen, statt ihre Fehler auf mangelnde Übung und Kenntnisse zurückzuführen. Was Bettelheim zum Lesefehler schreibt, gilt analog auch für das Schreiben:

> »*Wenn man Lesefehler eines Kindes auf dessen Unvermögen zurückführt (sei es mangelnde Aufmerksamkeit, Ungeschicklichkeit oder mangelnde Übung), so hat das viele bedauerliche Konsequenzen. Wenn man uns zu verstehen gibt, dass wir etwas falsch gemacht haben, so werden wir unsicher, und das umso mehr, je jünger wir sind und je weniger kompetent wir uns fühlen. Je unsicherer wir sind, umso mehr neigen wir entweder dazu, aufzugeben oder aber zu behaupten, wir hätten gar nichts falsch gemacht – oder auch beides*« (Bettelheim/Zelan 1982).

Schon in der Grundschule sollten Kinder Einsichten in die Entwicklung unserer Schrift erhalten, weil ihre eigene Schreibentwicklung diese z.T. wiederholt.

Wie oft Richtig- und Falschschreibungen »Zufallstreffer« sind, zeigen Texte von SchülerInnen, in denen das gleiche Wort in unterschiedlichen Schreibversionen auftaucht. Für sie ist es ermutigend zu erfahren, dass berühmte Leute wie z.B. Luther, Goethe oder die DichterInnen der Romantik das Gleiche taten. Von Mark Twain soll der Ausspruch stammen: »Wie kann man nur so fantasielos sein und das gleiche Wort immer gleich schreiben?«

Vieles von dem, was heute als Fehler angestrichen wird, war früher einmal Normalschreibung. Interessant ist z.B., dass im Mittelhochdeutschen um 1200 in »Der Nibelunge Not« außer Eigennamen und Satzanfängen alles klein geschrieben wurde.

> Uns ist in alten mæren wunders vil geseit
> von heleden lobebæren, von grôzer arebeit,
> von frôuden, hôchgezîten, von weinen und von klagen,
> von küener recken strîten muget ir nu wunder hœren
>   sagen.

Entsprechend der damals durchgängigen Regel, dass man so schreibt, wie man spricht, war früher z.B. die Mehrzahl von »hant« »hende« oder das ie wurde getrennt gesprochen: Li-ebe wie in Ferien oder Familie.

Zu guter Letzt noch die Auflösung des gleisnerischen Diktats vom Anfang mit den neuen Schreibweisen in Klammern:

> Der gleisnerische Mesner (auch: Messner) war ein Schalk, angetan mit Beffchen, Perücke und Krawatte aus Batist. Nieswurz hatte er in Stanniol gewickelt und zwei Gros numerierter (nummerierter) Attrappen speichelleckerisch aufgepflanzt. An der Reede stand er jetzt neben dem Kran, der Bimsstein, Schlämmkreide und Asbest für die Luftschiffahrt (Luftschifffahrt), speziell für die Luftschiffflotte verlud, und überlegte, ob er eine Zigarre, eine Zigarette, eine Pfeife Tabak rauchen oder ob er priemen sollte. Inzwischen entstieg eine Ballettruppe einem Bus. Die asthmatische Ballerina trug eine Balalaika unter dem Arm und räsonierte über den Fassadenzierat (Fassadenzierrat) der Renaissancegalerie. Inzwischen bestieg unser Mesner seine Mähre, rief nach seinem Pärchen Ziegen und führte alle zur Waage, wo gerade Firnis, Naphth und stickstofffreier Palisadendünger verladen wurden. Der Waagenmeister hatte einen Katarrh (auch: Katarr). Er trank deshalb nacheinander ein Gläschen Rum, Arrak, Whisky (irisch: Whiskey), Kornbranntwein, Likör und Kognak.

Unsere Überschrift muss heißen: »Können Sie richtig rechtschreiben?«

Können Sie richtig r(R)echt-S(s)chreiben?

Renate Valtin/Ingrid M. Naegele

Schreiben lernt man nur durch Schreiben

Rechtschreiben lernen heißt üben, üben, üben! Diese Erkenntnis ist zwar alt, wird aber nicht immer befolgt oder auch manchmal missverstanden als Anleitung zu monotonen, mechanischen und drillmäßigen Abschreibübungen.

Rechtschreibunterricht – und zumal für Kinder mit Rechtschreibschwierigkeiten, die in der Regel entmutigt und wenig motiviert sind – kann nur effektiv sein, wenn er den Kindern Spaß bereitet, auf ihre spezifischen Lernbedürfnisse abgestimmt ist, ihnen ein selbst gesteuertes Lernen ermöglicht und ihnen Lernstrategien und Arbeitstechniken vermittelt, sodass sie sinnvoll selbstständig und erfolgreich üben können.

Passung der Lernangebote an den Entwicklungsstand

Scheerer-Neumann hat in diesem Band ein Stufenmodell der Rechtschreibentwicklung vorgestellt (siehe den Beitrag: Rechtschreibschwäche im Kontext der Entwicklung). Die Leistungen der SchülerInnen beim Verschriften von Wörtern oder Sätzen/Texten geben Aufschluss darüber, welche Einsichten sie in den Zusammenhang zwischen gesprochener und geschriebener Sprache erlangt haben. Erst allmählich gelangen Lernende zu der Erkenntnis, dass alle Redeteile eines Satzes niedergeschrieben werden und dass Wörter in Lautsegmente zu zergliedern sind, denen Schriftzeichen zugeordnet werden können. Haben Kinder diese Einsicht noch nicht gewonnen, so ist es sinnlos, sie mit vielen Lernwörtern zu konfrontieren. Erst wenn sie die Phase der rudimentären, skelettartigen Schreibungen überwunden haben und zur phonetischen Verschriftung fähig sind, können sie ihren Grundwortschatz systematisch erweitern.

Einem verbreiteten Fehlurteil ist hier zu begegnen: In der älteren Legasthenieforschung ging man von der Annahme aus, Kinder mit LRS könnten nicht richtig »hören« oder Lautnuancen nicht unterscheiden«. Die neuere Forschung (Jung 1981; Valtin 1981) hat nachgewiesen, dass diese Kinder sehr wohl hören und Laute unterscheiden können. Das zeigen auch Verschriftungen, bei denen die Kinder Laute kennzeichnen, die ein Erwachsener gar nicht hört, z.B. »eujer« statt »euer«, »troimpte« statt »träumte«, »Nart« statt »Nacht«.

Die Fähigkeit, aus Wörtern Laute zu isolieren, hat nichts mit reinem Hören zu tun: Unsere gesprochene Sprache besteht nicht aus einer Aneinanderreihung von Einzellauten, sondern aus Einheiten etwa in Größe einer Silbe, innerhalb deren einzelne Laute in der Artikulation miteinander verschmolzen sind. Beobachten Sie einmal Ihre Lippen- und Zungenstellung beim Aussprechen der Wörter »Glanz« und »Glut«, und Sie werden feststellen, dass das »G« nicht zu identifizieren ist! Weil wir Erwachsenen die Schriftsprache beherrschen, vermeinen wir (fälschlicherweise) einzelne Laute zu hören. Bei der Lautanalyse geht es um die abstrakte Leistung der Klassifikation von Lautsegmenten. SchülerInnen brauchen Zeit und vielfältige Gelegenheiten im Umgang mit Schrift, um diese Einsichten zu erlangen. Dies geschieht am sinnvollsten durch eine Kopplung der auditiven Analyse mit der visuellen Analyse des Schriftbildes. Übungen zur vollständigen Durchgliederung der Lautgestalt von Wörtern sollten deshalb vorwiegend vom Schriftbild ausgehen, sodass die Kinder von Anfang an lernen, welche Schriftzeichen welchen Lauten zugeordnet werden. Es ist sinnvoll, vor allem bei schwachen SchülerInnen, zunächst von einfach strukturierten Wörtern auszugehen und erst später Wörter mit mehrdeutigen Graphemen (z.B. Auslautverhärtung) oder Konsonantenhäufungen einzuführen. Dass ein Phonem durch zwei- oder dreigliedrige Grapheme repräsentiert werden kann, sollte auch von Anfang an durch Segmentierung veranschaulicht werden, z.B.:

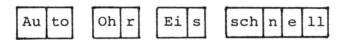

Übungserfolge durch Wiederholungen und Lernhilfen sichern

Viele Sprachbücher und Rechtschreibmaterialien liefern ein zu umfangreiches Wortangebot (meist zu einem bestimmten Rechtschreibphänomen), das nur kurzfristig geübt und kaum wiederholt wird und auch später außerhalb dieser Übungsaufgaben kaum noch auftaucht. Viele Kinder werden durch dieses zu große Wortangebot und die zu wenigen Wiederholungen überfordert.

Bei der Auswahl von Rechtschreibmaterialien und bei der Herstellung eigener Unterrichtsmaterialien sollte die Lehrerin darauf achten, dass die angebotenen Wörter auch häufig genug geübt (Übungsdichte) und zu späteren Zeitpunkten wiederkehrend wiederholt werden. Da die Anzahl der Wiederholungen, die jedes Kind individuell benötigt, nicht immer berücksichtigt werden kann, ist es sinnvoll, mit ihm *Techniken* zu besprechen, *damit es befähigt wird, selbstständig* die für es schwierigen Wörter zu wiederholen und *zu üben* (s.u.). Zugleich sollte gerade für die schwachen Schüler die Ausgangsmenge der zu übenden Wörter erheblich reduziert werden, damit sie zunächst einen begrenzten Wortschatz in der Rechtschreibung sicher beherrschen.

Auch das Üben muss geübt werden

Aus verschiedenen Untersuchungen wissen wir, dass fast alle Kinder mit LRS zu Hause noch zusätzlich die Rechtschreibung üben. Trotzdem ist ihnen meist kein großer Lernerfolg beschieden. Das mag u.a. damit zusammenhängen, dass sie keine effektiven Übungsmöglichkeiten verwenden. In einer Befragung (Valtin 1993) wurde guten und schwachen Rechtschreibern des 3., 4. und 6. Schuljahrs die Frage gestellt: »Was tust du, wenn du dir ein schweres Wort merken sollst?« Dabei wurde das Wort Leichtathletik auf einer Karte gezeigt. Sowohl die Antworten der jüngeren Kinder als auch die der älteren rechtschreibschwachen deuteten auf wenig wirksame Übungsstrategien hin. Die Kinder bevorzugten zum Teil sprechmotorische Lösungen: »Ganz langsam vorsagen«, in Silben teilen bzw. in Silben sprechen (»Leicht-ath-letik hat drei (!) Silben, die ich lerne«). Kinder, die sich auf das Vorsprechen verlassen, werden schnell Opfer der fehlerträchtigen »Schreibe-wie-du sprichst«-Strategie.

"Stell dir vor, du sollst dir ein schweres Wort merken, wie machst du das?"

Peter, Klasse 5

Ich sage es einer vor

Steffen, Klasse 5

Ich sage es immer vor mir her und dan kann ich es einfach schreiben.

Sylvia, Klasse 5

Ich guge mir das Wort an und dan soll mir jemand das Wort diktiren.

Ungünstige Lernstrategien von Kindern mit LRS

Die guten Rechtschreiber nannten demgegenüber effektivere Strategien: »Ich achte auf die Besonderheiten des Wortes, z.B. th«, und eine methodische Vorgehensweise, die unterschiedliche Aktivitäten umfasst: genau angucken, merken, schreiben, vergleichen, sich das Wort diktieren lassen.

Die *Vermittlung von Übungsformen und Arbeitstechniken* sollte direkt Lerngegenstand im Unterricht sein, und zwar nicht nur einmalig, sondern mit angemessenen Wiederholungen. Folgende Probleme:

- Wie schreibe ich ab?
- Wie lerne ich am besten ein schweres Wort?
- Wie übe ich ein Diktat?
- Wie arbeite ich mit Wörterlisten bzw. dem Grundwortschatz?,

sollten in der Klasse besprochen werden. Die Kinder sollten verschiedene Möglichkeiten diskutieren und möglicherweise dabei feststellen, dass sie individuelle Bevorzugungen haben. In einigen Rechtschreibmaterialien werden auch Lern- und Übungstechniken vermittelt.

Arbeitstechniken

Was mache ich, wenn ich nicht weiß, wie ein Wort geschrieben wird?

- Tim denkt nach, ob ihm eine Regel einfällt.
- Anna spricht das Wort deutlich aus und versucht es abzuhören.
- Benjamin schreibt das Wort auf einen Zettel und prüft, ob es für ihn richtig aussieht.
- Julia sieht im Wörterbuch nach.
- Tina überlegt, mit welchen Wörtern das Wort verwandt sein könnte.
- Michael ersetzt das Wort durch ein anderes, das er sicher schreiben kann.
- Was tust du?

(aus Hinrichs u.a.: Das Elefantenbuch 4, 1997)

Rechtschreiben üben mit Methode!

Bartnitzky (2000, S. 68/69) hat verschiedene Standardübungen zusammengestellt, die für Kinder, aber auch Eltern sinnvolle Übungsmethoden veranschaulichen.

Richtig schreiben

- Lies den Text durch.
- Markiere die Wörter, die du schwirig findest.

- Merke dir so viel vom Text, wie du auf einmal behalten kannst. Schwierige Wörter musst du dir besonders merken.
- Schreib auf, was du dir gemerkt hast.
- mach so weiter: zuerst merken, dann aufschreiben.

- Wenn du fertig bist, dann kontrolliere alles und korrigiere die Fehler.

Tipps

Richtig abschreiben üben kannst du mit Schleich- und Dosendiktat, mit Diktattasche oder mit dem Abschreibheft, das auf der Rückseite eine Folientasche für den Text hat.
Wichtig ist: Beim Schreiben ist der Text unsichtbar.

Texte Korrigieren

- Lies den Text durch
- Markiere die Wörter, bei denen du unsicher bist.

- Kannst du selbst herausfinden, wie das Wort richtig geschrieben wird?
- Willst du das Wort nachschlagen?
- Ist das Wort falsch, dann streich es durch und schreib es mit einem anderen Stift richtig dazu.

Tipps

Es ist leichter, einen fremden Text zu korrigieren.
Gib deinen Text deshalb einem anderen Kind.

Wenn du mit einer Textvorlage einen Text korrigierst, dann hilft dir die Methode: kontrollieren.

Wörter üben

- Das Wort in vier Schritten aufschreiben:
  1. Schritt: lesen
  2. Schritt: merken
  3. Schritt: aufschreiben
  4. Schritt: kontrollieren

- Über das Wort nachdenken. Verlängerte, verwandte oder ähnliche Wörter dazu schreiben.

- Das Wort nachschlagen und die Fundseite dazu schreiben.
- Das Wort vom Partner oder der Partnerin diktieren lassen. Das Partnerdiktat nach einigen Tagen wiederholen. Kannst du das Wort jetzt? Sonst: noch einmal von vorn.

Tipp

Du kannst das Wort auch mit einer Lernkartei üben.

Merken

Wenn du dir ein Wort merken willst, kannst du aus verschiedenen Methoden wählen. Wähle immer die Methode, die dir am besten hilft.
- das Wort oder den Text genau ansehen
- schwierige Stellen farbig markieren
- den Text unsichtbar machen (abdecken, umdrehen oder weglegen)

Jetzt wähle die Methode:
- das Wort mit dem Finger auf den Tisch schreiben
- das Wort leise sprechen, wie man es schreiben muss
- über die schwierigen Stellen noch einmal nachdenken

Tipps

Wenn du nicht ganz sicher bist, dann sieh noch einmal nach.
Oder schreibe das Wort probeweise auf und kontrolliere, ob es richtig ist.

Mit einer Vorlage kontrollieren

- Wort für Wort mit einer Textvorlage vergleichen
- ein falsch geschriebenes Wort durchstreichen und mit einem anderen Stift richtig dazu schreiben

Tipps

Du kannst ein Lesefenster benutzen.
Oder du kontrollierst den Text rückwärts, also zuerst das letzte Wort, dann das vorletzte, usw.

Über schwierige Wörter nachdenken

– Ist ein Wort schwierig, dann unterstreiche es.
– Prüfe, was dir weiterhelfen kann:
  • das Wort verlängern und genau hören
    (Kind – Kinder)
  • ein verwandtes Wort suchen
    (Fähre – fahren; Bäckerei – backen)
  • ein ähnliches Wort suchen – oft wird es gleich geschrieben
    (Tatze – Katze; verfahren – verkaufen)
– Hilft das nicht weiter, dann frag jemanden oder schlag das Wort nach

Tipp
Wenn du die richtige Schreibweise gefunden hast, dann merke dir das Wort gut mit Methode!

Nachschlagen

– Im Wörterbuch den Anfangsbuchstaben deines Wortes suchen.
– Auch den 2., 3. oder sogar 4. Buchstaben beachten.
– Wenn du das Wort nicht findest, kann das daran liegen:
  • Das Wort ist die veränderte Form der Grundform. Suche die Grundform.
    (fuhr – fahren; Hände – Hand)
  • Das Wort ist aus mehreren Wörtern zusammen gesetzt. Suche bei jedem Wort.
    (Wörterbuch – Wörter – Wort + Buch)
  • Das Wort beginnt mit einem anderen Buchstaben, der genauso klingt. Suche bei den anderen Buchstaben.
    (Pferd findet man nicht unter F, sondern bei Pf, ärgern findet man nicht bei e, sondern bei ä.)
  • Das Wort steht gar nicht in deinem Wörterbuch. Bitte deine Lehrerin um Hilfe.

Damit die SchülerInnen lernen, selbstständig zu üben, ist es sinnvoll, *mit ihnen gemeinsam* einen *Katalog von Übungsmöglichkeiten* zusammenzustellen. Ein derartiger Katalog könnte folgendermaßen aussehen (Beispiel aus: Hinrichs u.a.: Das Elefantenbuch 4, 2000).

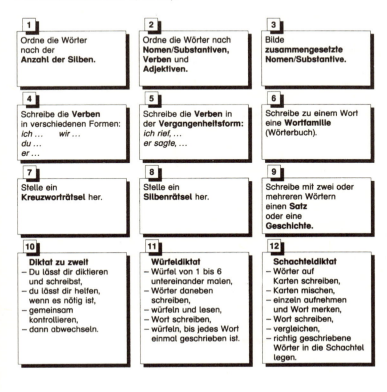

»So kannst du die Lernwörter üben«

Spiel- und Übungsmöglichkeiten mit der Wörterliste (Grundwortschatz)

Zur sicheren Einprägung der Wörter des Grundwortschatzes empfiehlt es sich, die in der Klasse erarbeiteten Wörter in eine Liste, Kartei bzw. in ABC-Hefte eintragen zu lassen und mit diesem Wörterbestand häufig und abwechslungsreich zu üben. Die SchülerInnen sollten ein Repertoire von Spiel- und Übungsmöglichkeiten kennen lernen, damit sie selbstständig oder mit einem Partner die Wörter dieser Liste üben können.

- *Beispiel:* Die Rechtschreibmaterialien: »Das Elefantenbuch. Schreiben und Rechtschreiben« (Schroedel) enthalten eine nummerierte Wörterliste. Die dort gelieferten Vorschläge zur Arbeit mit der Wörterliste lassen sich auch auf den klasseneigenen Grundwortschatz anwenden (s. Anregungen für Übungen mit Wörterlisten, s.u.).

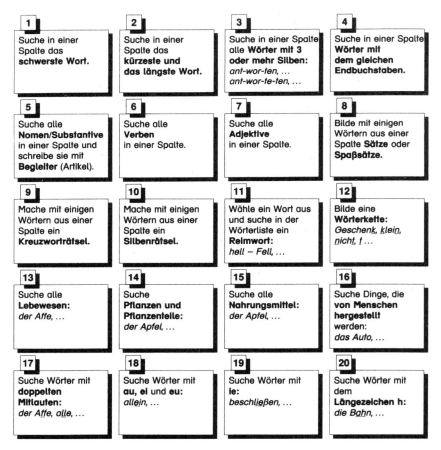

»So kannst du mit der Wörterliste üben«

Einbettung der Rechtschreibübungen in kommunikative Zusammenhänge

Stets motivierend für die Kinder ist es, wenn sie ihre eigenen Lieblingswörter, ihre Texte oder Geschichten frei aufschreiben dürfen. Bei sehr schwachen Schreibern kann dies auch bedeuten, dass sie ihre Texte der Lehrerin diktieren bzw. Bilder malen und sie von der Lehrerin beschriften lassen. Vielfältige Schreibanlässe sind beschrieben in Valtin/Naegele (1993).

Beispiele:

- Ich-Plakate, auf denen die Kinder Aussagen über sich selbst machen.

- Aufgreifen anregender Schreibanlässe (z.B. Nachdenken über sich).

Arne (4. Klasse) schreibt:

> Warum ich kein Mädchen sein will
> Weil Mädchen kratzen, beißen, schpucken, pezen, heulen, zeten, und lachen, und so tun als ob sie nie was getan haben. Und sie ergern einen immer, und dan wunden sie sich wenn sie eine geklebt kriegen. Und so groß tun.

Hier sollte die Lehrerin allerdings sehr behutsam mit der Korrektur umgehen. Die von den Kindern selbst produzierten Texte können als »Guckloch in den Stand der Beherrschung schriftsprachlicher Regeln« dienen und Hinweise für zukünftige Übungen liefern. Ideal zur Bearbeitung eignet sich hier ein mit einem Textprogramm ausgerüsteter Computer mit angeschlossenem Drucker, der sowohl den Original-Schülertext als auch die am Bildschirm erarbeiteten Korrekturen festhält.

Beispiel: Text von Alexander (4. Klasse) aus einer Einzeltherapie:

```
Alexander
23.3.

Der Drache
Es war einmal ein Drache. Der lebte in einem Felsen. Eines Tages
sparzirte er durch den Uhrwalt und traf eine Eidechse. Die beiden
redeten miteinander am abend aßen sie zusammen. Am morgen ging er auf
einen Berg und fand einen Diamanten.

Alexander
23.3./19.4.

Der Drache
Es war einmal ein Drache. Der lebte in einem Felsen. Eines Tages
spazirte er durch den Urwald und traf eine Eidechse. Die beiden
redeten miteinander. Am Abend aßen sie zusammen. Am Morgen ging er
auf einen Berg und fand einen Diamanten. Der Diamant war blau. Danach
ging er zu der Eidechse und sagte: »Ich habe einen Diamanten gefunden
und er ist blau.« Die Eidechse staunte und sagte: »Wo hast du ihn
denn gefunden?« Daraufhin sagte der Drache: »Dort oben auf dem Berg.«
»Übrigens weißt du schon das Neuste?« sagte die Eidechse. »Nein.« »Die
Elefanten haben heute um 12 Uhr versucht zu fliegen und weißt du,
warum Otto, das Krokodil, einen platten Kopf hat?« »Nein.« »Weil er um
12 Uhr im Urwald war.«

THE END
```

Die Einbettung in kommunikative Situationen und die Veröffentlichung des Schreibergebnisses (Herstellen von Briefen, Wandzeitungen, Sammlungen, kleinen Büchern) liefern die beste Motivation, sich um eine normgerechte Schreibung zu bemühen (vgl. auch Naegele 1993).

Vermeidung zweifelhafter Übungsformen

Viele LehrerInnen meinen, sich darauf verlassen zu können, dass die in Rechtschreibmaterialien und Lehrbüchern angebotenen Übungsformen sprachwissenschaftlich und lernpsychologisch sinnvoll und hilfreich sind. Dies ist ein Irrtum, denn es gibt auch nach der Rechtschreibreform kaum ein Material, das durchgängig ohne fragwürdige Übungsformen auskommt. Derartige für SchülerInnen mit LRS schädliche Übungen werden u.a. von Warwel (1983) und Valtin u.a. (2000) kritisch analysiert.

Noch immer finden sich in der Rechtschreibdidaktik und in Rechtschreibmaterialien Übungen, die zur Überforderung und Verunsicherung vor allem von langsam lernenden SchülerInnen führen können. Solche Fehlerquellen sind vermeidbar und sollten deshalb ausgeschaltet werden:

1. *Ärgernis:* Verunsicherung stiften bei Buchstaben-Laut-Zuordnungen, z.B. durch Abbau-Übungen, bei denen die Beziehung zwischen Phonem und mehrgliedrigem Schriftzeichen unterbrochen wird.

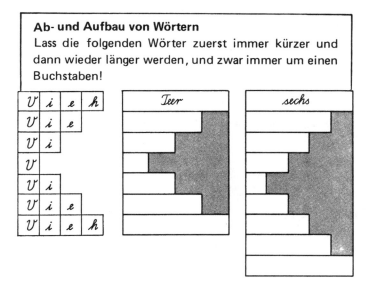

2. *Ärgernis:* Verwirrung stiften durch fehlerhafte oder unvollständige Schreibungen (z.B. Purzel- oder Schachtelwörter).

   ✤ Kannst du diese Weihnachtswörter entschlüsseln?

   STEINWASCHGAHN _Heilige Weihnachtsgans_

   NERZKE _Kerze_

   SEHGENCK _Geschenk_

   MUBASTRICH _Christbaum_

   THIER _Hirte_

   GRECHBUSEN _Bescherung_

3. *Ärgernis:* Zweifel verursachen aufgrund der Ranschburgschen Hemmung, wobei Wörter mit ähnlicher Schreibweise gegenübergestellt werden (z.B.: der O_e mit gs, ks, chs, cks oder x?).

Das gleichzeitige Darbieten oder Gegenüberstellen einander ähnlicher Inhalte beim Erlernen bewirkt Interferenzen und provoziert Falschschreibungen, wie Ranschburg bereits feststellen konnte: »Bei gleicher Intensität und gleichem Gefühlswert werden aus einer gleichzeitig (oder nahezu gleichzeitig) einwirkenden Menge von Reizen die einander unähnlichen bevorzugt, während die einander ähnlichen bzw. identischen hemmend wirken« (Ranschburg 1928, S. 192).

Ranschburgs Folgerung, dass das Ähnliche voneinander zeitlich getrennt anzueignen und das Einzelne zunächst zu festigen sei (Ranschburg 1928, S. 274), wird leider häufig missachtet, wie das folgende negative Unterrichtsbeispiel zeigt:

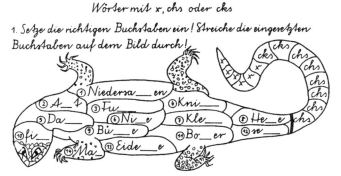

Zur Verunsicherung führen auch Übungen wie die folgenden aus einem mit Unterstützung des Hessischen Kultusministeriums und der DFG von einem Mediziner entwickelten »regelgeleiteten Förderprogramm für rechtschreibschwache Kinder«:

> Hier sind die Wörter bunt gemischt. Du triffst auf Wörter mit lang gesprochenem Selbstlaut, von denen einige ein stummes-h erhalten. Und du triffst auf Wörter mit kurz gesprochenem Selbstlaut, wo du den folgenden Mitlaut verdoppeln musst. Setze den richtigen Buchstaben in die Lücke ein oder mache einen Strich.
>
> Also: Fa h rt   blu / ten   re n nt
>
> | Bru___der | Ra___be | bre___nt |
> |---|---|---|
> | Ba___n | ro___lt | Diebsta___l |
> | so___l | fü___rst | Ste___lung |
> | he___bt | Le___rer | Bra___ten |
> | Stu___l | Bü___gel | Bri___le |
> | Ka___ter | le___sen | kra___beln |
> | fä___rt | Wo___nung | wä___len |
> | fä___lt | ro___delt | Wa___gen |
> | ge___bt | Tu___nel | lü___gt |
> | Fe___l | Bo___ne | Mu___ter |

Ingrid M. Naegele

Gegen die Diktatur des Diktats

Obwohl Diktate seit Jahrzehnten wegen ihrer höchst zweifelhaften Rolle für das Erlernen der Rechtschreibung von Fachleuten wie Gudrun Spitta (1977a, b) angegriffen werden, halten sie sich in der Schulpraxis als die am weitesten verbreitete Übungs- und leider auch Kontrollform im Deutschunterricht. Gisela Süselbeck folgert 1991 in der Zeitschrift »Grundschule«: »Rechtschreiben lernt man eben nicht durch Diktate und für Diktate, allenfalls können sichere Rechtschreiber u.a. auch fehlerfreie Diktate schreiben« (S. 67). Gegen eine starre Benotung der Diktate ihres LRS-Kindes können sich Eltern mit Verweis auf den gültigen LRS-Erlass in ihrem Bundesland zur Wehr setzen und generell müssen weder alle Kinder einer Klasse das Gleiche schreiben noch nach den gleichen Kriterien bewertet werden.

Es folgen die Diktate von zwei Frankfurter Schülern, die wegen ihrer LRS außerschulische Hilfe erhielten (Abb. 1 und 2).

Nico, Schüler der 7. Klasse einer Gesamtschule, mit 34 Fehlern, Note 6, und Leo, der in eine 4. Klasse geht, mit einem Lückentext: 10 Fehler, Note 3–. Beide waren in ihren Klassen als LRS-Schüler anerkannt und Nico hätte laut gültigem Erlass gar nicht bewertet werden dürfen. Die Nachlässigkeit der Lehrerin hatte zur Folge, dass die mühsam aufgebauten Lernerfolge um Monate zurückgeworfen wurden. Da half auch wenig, dass die Lehrerin auf Einspruch der Mutter die Note zurücknehmen musste. Leos Probleme waren insgesamt gravierender. Er hatte aber das Glück, eine Lehrerin zu haben, die ihm auf seinen Lernstand abgestimmte Diktate gab, in diesem Fall einen Lückentext. Dies war für ihn bereits ein Fortschritt, denn zu Beginn der 4. Klasse hatte er die Diktattexte noch abgeschrieben. Auch zählte sie die richtig geschriebenen Wörter und schrieb Leo als Vorbereitung für die Karteiarbeit die richtigen Wortbilder über seine Fehler. Die Benotung orientierte die Lehrerin an seiner Leistungsfähigkeit, nicht an der der Klasse.

Die Menge an Fehlern beim Schreiben hängt auch mit dem Druck der Schreibsituation zusammen. Angst blockiert! Man betrachte die beiden Schriftbilder des gleichen Texts eines Zweitklässlers (s. Abb.):

Beide Texte wurden nach Diktat geschrieben. Es fällt nicht schwer zu erkennen, welcher der Texte in der entspannten Fördersituation und welcher im Klassenunterricht entstand!

Negative Kommentare unter Arbeiten, persönliche Vorwürfe, falsche didaktische Ratschläge und die Vorstellung, das Kind müsse nur wollen, fördern sicher nicht eine positivere Einstellung zur Rechtschreibung. Hinzu kommt, dass ein Kind, das viele Fehler schreibt, nicht nur mit den negativen Reaktionen seiner Umwelt leben muss, sondern auch noch durch Korrekturen oder Abschriften mit einem Vielfachen an Hausaugaben gestraft ist.

Tipps für das Diktatschreiben für Kinder

- Nicht ärgern oder vorher nervös machen lassen! Schlechter als eine 6 kann es nicht werden, nur besser.
- Entspannen! Vergiss deine Entspannungsübungen nicht!
- Habe Schreibwerkzeuge und eine Ersatzpatrone parat!
- Hör beim ersten Vorlesen gut zu, damit du den Inhalt verstehst!
- Markiere Wörter, bei denen du Zweifel hast, mit einem Punkt, den du beim Durchlesen wieder löschen kannst!
- Falls du hinterher Zeit zum Durchlesen hast, geh den Text von hinten Wort für Wort durch, dann überliest du nicht so schnell Fehler!

Warum schreiben Kinder leichte Wörter falsch?

In korrigierter Fassung lautet die Antwort von Felix so:

Bei den schweren Wörtern konzentriere ich mich, und bei den leichten Wörtern denke ich, diese Wörter sind leicht, und deshalb lässt meine Konzentration nach. Deshalb schreibe ich die schweren Wörter richtig und die leichten falsch.

> **Das ehrliche F**
>
> Wär ich der deutsche Rechtschreib-Chef,
> gäb's statt Ph und V nur F.
> Denn schließlich ist es kein Ferbrechen,
> fiel so zu schreiben, wie wir's sprechen.
> Wieso sind Filosofen dümmer
> und weshalb Katastrofen schlimmer,
> schreibt man sie konsekwent mit F?
> Doch leider bin ich nicht der Chef.
> So lernen wir im Lauf des Lebens
> so vielen Phirlevanz fergebens.

Quelle: Ensikat, P. + K.: *Das steht vorn im Alphabet*. LeiV, Leipzig ²1999

Hinweise auf empfehlenswerte Literatur

Augst, K./Dehn, M.: Rechtschreibung und Rechtschreibunterricht. Können – Lehren – Lernen. Stuttgart/Düsseldorf/Leipzig 1998.
Bergk, M.: Rechtschreibenlernen von Anfang an. Frankfurt a.M. ⁵2000.
Mahlstedt, D.: Lernkiste Lesen und Schreiben. Fibelunabhängige Materialien zum Lesen- und Schreibenlernen für Kinder mit Lernschwächen. Weinheim und Basel 1994.
Valtin, R. (Hrsg.): Rechtschreiben lernen in den Klassen 1–6. Grundlagen und didaktische Hilfen. Grundschulverband – Arbeitskreis Grundschule e.V. Frankfurt a.M. 2000.
Wünnenberg, H.H.: Kinder schreiben sich frei. Heinsberg 1989.

Ingrid M. Naegele

Viel gepaukt und nichts behalten ...

Lern- und Arbeitstechniken für SchülerInnen mit LRS

Bis Tanja ihren Füller aus dem Mäppchen geholt, die Patrone gewechselt oder die Feder gereinigt und ihr Heft endlich aufgeschlagen hat, ist der Rest der Klasse schon beim zweiten Satz, und Tanja kommt nicht mehr mit.
Erkan sitzt mittags stundenlang ohne Pause über seinen Hausaufgaben und wird und wird nicht fertig. Ständig lenkt ihn etwas ab. Er verlangt, dass die Mutter neben ihm sitzt, und befragt sie zu jeder Aufgabe.
Ilonka paukt immer einen Tag vor den Klassenarbeiten bis spät in die Nacht und versteht nicht, dass alles wie weggeblasen erscheint, wenn sie am nächsten Morgen vor dem Heft sitzt.
Mit dem Behalten der Hausaufgaben und der Planung seiner Freizeit kommt Oliver nicht klar. Trotz guter Vorsätze vergisst er oft die Hälfte oder macht das Falsche. Ständig wird er ermahnt und erhält Ordnungsstriche.
Mario erledigt zwar zu Hause seine Leseaufgaben, weiß aber hinterher auf Rückfragen wenig zum Inhalt zu berichten. Seine Lehrerin glaubt ihm nicht, dass er die Aufgaben gemacht hat. Claudia paukt nachmittags seitenweise ihre Vokabeln, beim Abfragen am nächsten Morgen hat sie die meisten vergessen.

Sechs verschiedene Kinder aus unterschiedlichen Klassen mit unterschiedlichen Problemen. Was ist allen gemeinsam? Allen fehlen sinnvolle und effektive Lern- und Arbeitstechniken, damit sie selbstständig, ökonomisch und erfolgreich lernen können – und daneben noch genügend Freizeit haben.

In der Wirtschaft wird es immer selbstverständlicher, dass Angestellte, SekretärInnen und ManagerInnen in Seminaren ihre persönlichen Arbeitstechniken, ihre Zeitplanung und ihr Lernverhalten kritisch analysieren und ändern, um effizienter mit ihrer Zeit umgehen zu lernen, besser zu planen, Informationen aufzunehmen, zu verarbeiten und auszuwerten und konzentrierter arbeiten zu lernen. In der Schule und im Studium werden Fragen, »wie« jeder am besten lernt, kaum thematisiert, es bleibt jedem selbst überlassen bzw. wird vorausgesetzt. Es geht nur um das »Was«, um die Lerninhalte und den Wissensstoff. Schüler müssen lernen, ohne je das Lernen zu lernen.

Lernerfolge und Freude am Lernen hängen aber auch in hohem Maß davon ab, ob der Lernstoff in angemessener Zeit bearbeitet und später auch behalten werden kann, sonst verschwinden Lust und Motivation, und Schulschwierigkeiten sind eine Folge.

Inzwischen gibt es zwar für ältere SchülerInnen, StudentInnen und Erwachsene eine Reihe von Veröffentlichungen und Programmen zu Lerntechniken und Arbeitsmethodik, ebenso Angebote der Volkshochschulen und Ferienkurse, aber leider auch Angebote der Sekten wie Scientology oder Landmark. Für die Schule, vor allem für die Grundschule, die ja die Basis allen Lernens legen soll, gibt es jedoch nur sehr vereinzelt solche Hilfen (Hinnen 2000).

Gerade Kinder mit Lernproblemen können mit Lerntipps Einstellungsänderungen zum Lernen erreichen und neue Motivationen und Interessen können so geweckt werden.

Leider werden die Erkenntnisse der Lernpsychologie in den meisten Klassen viel zu wenig im Unterricht vermittelt, sie sind wohl auch vielen LehrerInnen unbekannt. Dazu gehörten z.B. Visualisierungstechniken, das Kennen und Eingehen auf die unterschiedlichen Lerntypen/Lerneingangskanäle, die Rolle des Gedächtnisses mit der unterschiedlichen Speicherung im Ultrakurz-, Kurzzeit- oder Langzeitgedächtnis, die Hindernisse beim Nacheinanderlernen von Ähnlichem (z.B. zwei Sprachen hintereinander). Wo werden schlechte Lesegewohnheiten wie leises Mitsprechen oder Benutzen des Fingers schon thematisiert und Methoden des schnelleren Lesens im Unterricht vermittelt, das Behalten von Gelesenem z.B. mit der 5-Schritt-Lesemethode verbessert?

SchülerInnen (und leider auch LehrerInnen) wissen oft nicht um die Bedeutung von

- Pausen beim Lernen,
- Methodenwechsel,
- Wiederholungsschleifen statt großen Lernblöcken,
- der Rolle der Ernährung,
- dem individuell unterschiedlichen Tages- und Lernrhythmus,
- den äußeren Bedingungen am Arbeitsplatz,
- der Rolle von Musik beim Lernen,
- dem richtigen Mitschreiben, der Gestaltung von Berichten, Protokollen, Karteien und Notizen u.a.

Viele Schüler haben damit Probleme, obwohl sich die Behandlung so einfach in den Unterricht integrieren ließe und allen Betroffenen das Lernen erleichtern könnte.

Die wichtigsten Bereiche

Lerntyp

Wichtigster Punkt für das Lernen ist wohl die Kenntnis über den eigenen Lerntyp. Menschen unterscheiden sich durch die Art ihrer Aufnahme und Verarbeitung von Informationen. Man vermutet, dass sich aufgrund von Anlage und von Umwelteinflüssen bei jedem Menschen unterschiedliche Grundmuster im Gehirn ausbilden (vgl. Vester 1996). Je vielfältiger neue Informationen angeboten werden, desto größer ist die Chance, dass diese zunächst im Ultrakurz-, dann im Kurz- und schließlich im Langzeitgedächtnis verankert werden. Manche Menschen lernen schneller, wenn sie den Lernstoff über das Auge aufnehmen, andere über das Gehör, andere wieder über das Verknüpfen mit bereits Bekanntem.

»Solange ein Schüler nicht weiß, dass er eine Information immer für seinen eigenen Lerntyp aufbereiten muss, weil eben der jeweilige Unterricht meist nur einen von vielen verschiedenen Lerntypen anspricht, solange wird er sich beim Lernen verkrampfen. Er wird Komplexe haben, wenn er nicht zufällig jener spezielle Lerntyp ist wie vielleicht sein Nachbar, der beim Zuhören schon alles begreift. Er wird noch so lange Schwierigkeiten haben, bis er seine eigenen Lernmöglichkeiten verstanden hat« (Vester 1996). Je mehr unterschiedliche Lernwege angesprochen werden, umso eher ist gewährleistet, dass der Lernstoff auch verarbeitet und gespeichert wird (Abb. 1).

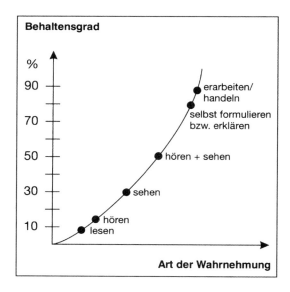

Abb. 1: Grafik Behaltensgrad/Art der Wahrnehmung

Tipps

Arbeit mit der Lernkartei

Eine der Methoden, um möglichst viele Lernwege anzusprechen, ist die Arbeit mit einer – selbst gebastelten oder gekauften – Lernkartei (vgl. S. 124ff.). Sie fördert das Behalten in vielen Bereichen: vom Einüben der Rechtschreibung über das Lernen fremdsprachiger Vokabeln, Formeln, geschichtlicher Daten bis zu chemischen Formeln. Der Lernerfolg wird direkt greif- und sichtbar in der Anzahl der erfolgreich erarbeiteten Karten. Dies wirkt sich auch positiv auf die Motivation aus.

Aufmerksamkeit

Aufgrund einer überhasteten, unreflektierten und unkontrollierten Arbeitsweise kann ein Schüler die komplexen schulischen Anforderungen häufig nicht ausreichend bewältigen. Überhastetes Arbeiten und fehlende Einsichten in bestimmte Lernprozesse können zu anhaltenden Misserfolgen führen. Die Kontrolle des eigenen Lernverhaltens, die bewusste Anpassung der Arbeitsweise an die Erfordernisse der Aufgaben sind Grundvoraussetzungen für Erfolge beim Lernen. Zur Ausbildung der Aufmerksamkeit bei konzentrationsbeeinträchtigten Schülern benötigen diese

- Hilfen zur Entspannung (Ohm 2000) anstelle von Medikamenten,
- LehrerInnen als Modellpersonen,
- Hilfen zur Organisation ihres Lernens in Teilschritten,
- Einplanen von Pausen,
- Ausschalten von Ablenkungen,
- Wissen, wie Fehler vermieden werden können.

Hilfen für den Umgang mit impulsiven Kindern gibt u.a. Voß (2000).

Zeitplanung

SchülerInnen müssen lernen, mit ihrer Zeit sinnvoll umzugehen. Zum richtigen Lernen gehört ein Zeitplan, der aussagt, wann man was in welcher Zeit vorbereiten, üben oder erarbeiten muss. Dazu helfen Tages- und Wochenplaner. Die richtige Wahl der Arbeitszeit wird, bei den Hausaufgaben zumindest, oft weniger von der Uhrzeit bestimmt als von den »Freizeit«aktivitäten, die sonst vorgesehen sind und die eine ablenkende Wirkung auf die Aufgaben haben können. So wird sich ein Kind schlecht auf die Aufgaben konzentrieren können, wenn es weiß, dass die Freunde draußen schon spielen oder dass zur gleichen Zeit etwa eine »wichtige« Sendung im Fernsehen läuft.

Die Zeitplanung wird in zunehmendem Maß wichtig, je älter die SchülerInnen sind, vor allem in der Vorbereitung auf Prüfungen, Arbeiten und in der Verteilung von langfristig angesetzten Projekten. Der Stoff muss zum einen erarbeitet werden und sich auch noch in sich wiederholenden Schleifen setzen können, um dann zur Verfügung zu stehen. Am Abend vor einer Arbeit oder auch am selben Morgen nützt das Pauken wenig, sondern wirkt eher störend. Auch ist die Frage, wann die Schulaufgaben am besten zu erledigen sind, je nach Lerntyp und Tagesrhythmus sehr unterschiedlich zu beantworten. Manche Kinder brauchen nach der Schule erst eine Phase des Abschaltens, andere jedoch sind noch so konzentrationsfähig, dass sie sie direkt erledigen möchten.

Hausaufgaben

Im Zusammenhang mit der Zeiteinteilung und dem Lernen spielen die Hausaufgaben eine große Rolle. Hier ist es sinnvoll, mit dem anzufangen, was einem am meisten liegt, am leichtesten fällt. Es ist wichtig, den Lernstoff in kleinen, überschaubaren Portionen zu erarbeiten und nicht Ähnliches direkt hintereinander zu lernen, da sonst die berühmte Ranschburgsche Hemmung eintritt, die zur Löschung oder Verwechslung des Gelernten führt. Das Arbeiten kann man sich durch Pausen oder kleine Belohnungen versüßen, um danach wieder mit frischer Kraft weiterzulernen. Bei der Erledigung der Aufgaben ist es wichtig, dass der Arbeitsplatz immer der gleiche ist und auch genügend Platz und Ordnung zur raschen und erfolgreichen Erledigung zur Verfügung stehen. Es gibt unterschiedliche Ansichten darüber, ob Musikhören während der Arbeit ablenkend oder konzentrationsfördernd wirkt. Sicherlich gibt es analog zu den unterschiedlichen Lerntypen auch unterschiedliche Musiktypen. Bei Routinearbeiten kann einem Schüler eine Musikbegleitung helfen, bei anspruchsvolleren, sehr konzentrierten Tätigkeiten jedoch wirkt vor allem Musik mit Text störend. Eltern sollten den Hausaufgaben gegenüber nicht gleichgültig sein, sondern ihrem Kind das Gefühl geben, dass sie daran Anteil nehmen, indem sie darüber sprechen, sie nachsehen, Interesse zeigen. Die Erledigung der Hausaufgaben muss aber selbstständige Leistung des Kindes sein.

Selbstständigkeit und Eigenaktivität

Sicherlich ist es oft viel einfacher, auf Fragen von Kindern rasch eine Antwort zu geben, z.B. »Wie schreibt man …?« oder »Wo finde ich …?«. Langfristig aber profitieren SchülerInnen mehr davon, wenn sie wissen, wie Wörter nachgeschlagen oder wie Lexika benutzt werden können. Grundlage dafür ist, dass sie sich rasch zurechtfinden. Diese Informationsorganisation lässt sich gut anhand der Interessengebiete und Hobbys trainieren und sollte möglichst auch die Bibliotheken einbeziehen.

Besorgte Eltern, die ständig bei den Schularbeiten zur Verfügung stehen oder alle Lernschritte kontrollieren, erreichen nur, dass ihr Kind unselbstständig bleibt und auf ständige Überwachung angewiesen ist. Solche SchülerInnen glauben dann meist auch, dass sie für Eltern und LehrerInnen und nicht für sich selbst lernen. Informationen sollen möglichst selbstständig beschafft werden; die SchülerInnen sollen eine wissbegierige Fragehaltung entwickeln – wie sie sie ja meist in der Vorschulzeit hatten und dann verloren haben.

Es ist immer sinnvoller, im Unterricht nachzufragen, wenn man etwas nicht versteht, als dann zu Hause erst lange zu überlegen und im Zweifelsfall das Falsche zu erarbeiten.

Fazit

Für SchülerInnen mit Schwierigkeiten beim Lernen sind solche Hilfen zur Organisation des Lernens und Arbeitens besonders hilfreich, um wieder Freude am Lernen und Erfolge zu haben. Dass sie sich sehr wohl auch Gedanken über das »Wie« ihres Lernens machen, zeigt z.B. diese kritische Selbstanalyse eines 13-jährigen Mädchens:

> Mein größtes Problem ist, dass ich sehr faul bin und Arbeiten gerne verschiebe und dann keine Zeit mehr habe oder sie vergesse. Mein anderes Problem ist, dass ich im Unterricht oft dazwischenrede und Lehrer deshalb meine Noten oft nach unten setzen. Letzteres hat sich jedoch schon etwas gebessert.
> Man könnte mich natürlich unter Druck setzen, was warscheinlich auch etwas bringen würde. Mir wäre dies nicht so recht, und ich glaube auch nicht, dass das bei mir der richtige Weg ist. Ich bin davon überzeugt, dass ich es schaffen kann, wenn ich daran glaube und auch was dafür tue. Es wäre aber gut, wenn meine Mutter öfters mal meine Hausaufgaben nachschaut oder mich Vokabeln abfragt.

Hinweise auf empfehlenswerte Literatur

Endres, W.: Nie wieder pauken. 99 starke Lerntipps. Weinheim und Basel 2001, Neuausgabe.
Endres, W. u.a.: Werkstatt: Lernen. Unterrichtsmaterialien und Arbeitsblätter (Sek I/II). Weinheim und Basel 1994.
Hinnen, H.: Ich lerne lernen, 3.–5. Klasse. Interkantonale Lehrmittelzentrale. Lehrmittelverlag des Kantons Zürich, Zürich 2000.
Kowalczyk, W./Ottich, K.: Schülern auf die Sprünge helfen. Lern- und Arbeitstechniken für den Schulerfolg. Reinbek 1995.
Richter, W./Pieritz, R.: Keine Angst vor Klassenarbeiten. Ein Übungsprogramm mit Tonkassette. Weinheim und Basel. Neuausgabe 1996.
Schräder-Naef, R.: Schüler lernen Lernen. Weinheim und Basel [6]1996.
Vester, F.: Denken, Lernen, Vergessen. dtv TB München [23]1996.

GUTE TIPS FÜR SCHLECHTE TAGE:

* EINFACH MAL ABSCHALTEN,

* WAS TRINKEN UND

* SICH 5 MINUTEN ⌚ HINLEGEN!

Felix

Gudrun Spitta

Zur Arbeit mit dem Wörterbuch

Warum ist es wichtig, dass Kinder lernen, ein Wörterbuch zu benutzen?

Abgesehen davon, dass das Wörterbuch in Realsituationen oft das einzig verlässliche Hilfsmittel bei Zweifelsfällen ist, fördert das Nachschlagen im Wörterbuch den Lernprozess im Rechtschreiben in mehrfacher Hinsicht.

Wörterbucharbeit

- funktioniert nach dem Prinzip der Fehlervermeidung,
- fördert den bewussten Umgang mit Sprache,
- fördert langfristig die Entwicklung einer selbstkritischen Einschätzung der eigenen Leistung,
- ist eine Form der Hilfe zur Selbsthilfe.

Warum ist es so schwierig, Kinder zum selbstständigen Nachschlagen im Wörterbuch zu bewegen?

Erstens ist das Nachschlagen eine sehr anspruchsvolle geistige Tätigkeit, die sprachlich besser gebildeten Kindern leichter fällt. *Zweitens* ist es immer eine ziemlich langwierige Angelegenheit, neue Gewohnheiten zu schaffen. *Drittens* unterbricht das Nachschlagen ja tatsächlich den Gedankenfluss beim Schreiben, wenn beim Formulieren und Aufschreiben auch noch an Rechtschreibprobleme gedacht werden soll. Und *viertens* muss auch die Lehrkraft häufig erst eine gewisse Barriere überwinden, um sich mit ihren SchülerInnen auf den über mehrere Schuljahre laufenden langwierigen Prozess, das gewohnheitsmäßige Nachschlagen zu lernen, einzulassen.

Was muss man berücksichtigen, wenn man mit dem Wörterbuch arbeitet?

Aus den bisherigen Überlegungen ergeben sich wesentliche Prinzipien, nach denen die Wörterbucharbeit im Unterricht strukturiert werden sollte. Wörterbucharbeit erstreckt sich im Sinne eines Spiralcurriculums auf alle Grundschuljahre:

- Umgang mit einfachen Abc-Karten und Ordnern im 1. Schuljahr.
- Bewusstes Ordnen nach dem Alphabet im 2. Schuljahr (nach dem ersten Buchstaben), erste Suchaufgaben in einfacheren Wörterbüchern aus dem Situationszusammenhang heraus und als kleine 5-Minuten-Übung, Erkennen der einfachen alphabetischen Ordnung in verschiedenen Nachschlagewerken, im Klassenbuch.
- Bewusstes Erarbeiten der Nachschlagetechnik im 3. Schuljahr (Buchstabenfolge, Singular-Plural-Formen, gebeugte Formen, Anwendung des Nachschlagens bei kleinen freien Schreibaufgaben, Benutzen des Wörterbuches auch bei Schreibvorgängen außerhalb des Deutschunterrichts (z.B. Sachkunde).
- Ausbau und Festigung des gewohnheitsmäßigen Nachschlagens im 4., 5. und 6. Schuljahr.

Die Beherrschung einiger weniger grammatischer Grundkenntnisse (z.B. Wissen, dass Wörter nach dem Stammprinzip aufgebaut sind, Ableiten-, Verlängern- und Umformenkönnen) erleichtert das Nachschlagen.

Für Kinder ist das Nachschlagen im Wörterbuch immer dann besonders einsichtig, wenn die Arbeiten anschließend einer »kritischen Öffentlichkeit« vorgestellt werden und dafür möglichst fehlerfrei sein sollten. Solche Öffentlichkeit kann z.B. hergestellt werden durch Anheften der Arbeitsergebnisse an eine Pinnwand, durch Austauschen der Arbeiten mit der Parallelklasse, durch Abheften der Seiten in einer Klassenzeitung, in einem Klassenlesebuch.

Was ist uns in unserer Arbeit am wichtigsten?

Am wichtigsten für unsere Arbeit ist das Ziel, dass unsere SchülerInnen lernen sollen, in realen Schreibsituationen bei Unsicherheiten ganz selbstverständlich nach einem Wörterbuch zu greifen und sich darin erfolgreich zurechtzufinden.

Dies bedeutet für den Unterricht einerseits, dass immer wieder so genannte freie Schreibsituationen geschaffen werden müssen, in denen die SchülerInnen dieses Verhalten üben können.

Andererseits müssen wir die SchülerInnen gleichzeitig dazu bringen, sich mit dem Aufbau von Wörterbüchern auseinander zu setzen, damit sie die Technik des Nachschlagens beherrschen lernen.

Literaturverzeichnis

Adrion, D.: Praxis des Rechtschreibunterrichts. Freiburg 1978.
Ahlgrimm, H.: Analysen und Übungen im Schreibunterricht. In: Die Unterstufe 37/1990, Heft 6, S. 113–116.
Arp, D./Wolf-Weber, I.: Schreiben – Lesen – Selbertun. Fibelunabhängige Materialien für lehrgangsbezogenes und offenes Lernen. Hamburg 1990.
Arenhövel, F.: Computereinsatz im differenzierten Sprachunterricht der Grundschule. In: Mitzlaff, H. (Hrsg.): Handbuch Grundschule und Computer. Weinheim und Basel 1996.
Augst, G.: Die psycholinguistischen Grundlagen der Orthographie. In: Die Grundschulzeitschrift 57/1992, S. 32–33.
Augst, G./Dehn, M.: Rechtschreibung und Rechtschreibunterricht. Können – Lehren – Lernen. Stuttgart/Düsseldorf/Leipzig 1998.
Axline, V.M.: Kindertherapie in nicht-direktiven Verfahren. München ^{9}1997.
Axline, V.M.: Dibs. München 1999.
Bachmair, S./Faber, J./Hennig, C./Kolb, R./Wittig, W.: Beraten will gelernt sein. Weinheim ^{6}1996.
Balajthy, E.: Microcomputers in Reading and Language Arts. Englewood Cliffs 1986.
Balhorn, H.: Rechtschreibwissen in Kinderköpfen. In: Grundschule 17/1985, Heft 10.
Balhorn, H./Brügelmann, H. (Hrsg.): Rätsel des Schriftspracherwerbs. Neue Sichtweisen der Forschung. Lengwil 1995.
Balhorn, H. u.a.: Regenbogen-Lesekiste. Hamburg 1987b.
Bambach, H.: Erfundene Geschichten erzählen es richtig. Lesen und Leben in der Schule. Lengwil ^{2}1993.
Bamberger, R.: Lese-Erziehung. Wien 1971.
Bartnitzky, H.: Rechtschreibkonzepte in aktuellen Lehrplänen. In: Valtin, R. (Hrsg.): Rechtschreiben lernen in den Klassen 1–6. Grundlagen und didaktische Hilfen. Grundschulverband – Arbeitskreis Grundschule e.V. Frankfurt a.M. 2000.
Bartnitzky, H./Valtin, R.: Richtig üben – einige Prinzipien für den Rechtschreibunterricht. In: Naegele, I./Valtin, R. (Hrsg.): Rechtschreibunterricht in den Klassen 1–10. Frankfurt a.M. ^{3}1994.
Baumert, J. u.a. (Hrsg.): PISA 2000: Basiskompetenzen von Schülerinnen und Schülern im internationalen Vergleich. Opladen 2001.
Behörde für Schule, Jugend und Berufsbildung Hamburg (Hrsg.): Elementare Schriftkultur als Prävention von Lese-/Rechtschreibschwierigkeiten und Analphabetismus bei Grundschulkindern. Abschlussbericht des BLK-Modellversuchs. Hamburg 1996.
Beier, H.: Naive Lese- und Schreibversuche. Beobachtungsaufgaben zum Schulanfang. In: Grundschulzeitschrift, Heft 7, 1987.
Beratungsstelle für neue Technologien des Landesinstituts für Schule und Weiterbildung: Neue Medien in der Sonderpädagogik. Soest 1996.
Bergk, M.: Rechtschreiblernen von Anfang an. Frankfurt a.M. ^{5}2000.
Bettelheim, B.: Zeiten mit Kindern. Freiburg 1994.
Bettelheim, B./Zelan, K.: Kinder brauchen Bücher. Lesenlernen durch Faszination. Stuttgart 1982.
Betz, D./Breuninger, H.: Teufelskreis Lernstörungen. Weinheim ^{4}1996.
Blumenstock, L.: Handbuch der Leseübungen. Weinheim und Basel ^{7}1997.
Blumenstock, L.: Michael schreibt. Heinsberg 1986.

Born, L.: Psychologische und linguistische Voraussetzungen für das Lesenlernen bei Lernbehinderten. In: Eberle, G./Reiß, G. (Hrsg.): Probleme beim Schriftspracherwerb. Heidelberg 1987, S. 154ff.

Bosch, B.: Grundlagen des Erstleseunterrichts. Reprint der 1. Auflage. Arbeitskreis Grundschule, Frankfurt a.M. 1984.

Breuninger, H./Betz, D.: Jedes Kind kann schreiben lernen. Weinheim und Basel [6]1996.

Brinkmann, E./ Brügelmann, H.: Ideen-Kiste Schriftsprache 1. Hamburg 1995.

Brügelmann, H.: »Röntgenaufnahmen« vom Schriftspracherwerb. In: Balhorn, H./Brügelmann, H. (Hrsg.): Welten der Schrift in der Erfahrung der Kinder. Konstanz 1987.

Brügelmann, H.: Kinder auf dem Weg zur Schrift – eine Fibel für Lehrer und Laien. Lengwil [7]2000.

Brügelmann, H./Balhorn, H. (Hrsg.): Schriftwelten im Klassenzimmer. Ideen und Erfahrungen aus der Praxis (DfLS-Jahresbuch), Lengwil 1995.

Brügelmann, H./Brinkmann, E.: Die Schrift erfinden – Beobachtungshilfen und methodische Ideen für einen offenen Anfangsunterricht im Lesen und Schreiben. Lengwil 1998.

Brügelmann, H. u.a.: Die Schrift entdecken – Beobachtungshilfen und methodische Ideen für einen offenen Anfangsunterricht im Lesen und Schreiben. Konstanz [6]1995.

Büttner, Ch./Schwichtenberg, E. (Hrsg.): Grundschule digital – Möglichkeiten und Grenzen der neuen Informationstechnologie. Weinheim 2001.

Coulmas, F.: Über Schrift. Frankfurt a.M. 1981.

Dammenhayn, H.: Druckschrift oder Schreibschrift? In: Grundschulunterricht 39/1992, Heft 1, S. 32–33.

Dammenhayn, H.: Schreibenlernen mit der Schulausgangsschrift. In: Grundschulunterricht 42/1995, Heft 12, S. 24–53.

Daublebsky, B. u.a.: Spielen in der Schule. Stuttgart [5]1977.

Decius, M./Panzieri, R.: »Wir sind das Netz« – Chancen und Risiken des Internets für Kinder und Jugendliche – ein praktischer Leitfaden. Weinheim 2000.

Dehn, M.: Zeit für die Schrift. Lesenlernen und Schreibenkönnen. Bochum [4]1994a.

Dehn, M.: Schlüsselszenen zum Schrifterwerb. Weinheim 1994b.

Dehn, M.: Schwierige Lernentwicklung und Unterrichtskonzept. In: Dehn, M./Hüttis-Graff, P./Kruse, N. (Hrsg.): Elementare Schriftkultur. Schwierige Lernentwicklung und Unterrichtskonzept. Weinheim 1996, S. 16–30.

Dehn, M./Hüttis-Graff, P.: Wie Kinder Schriftsprache erlernen – Ergebnisse aus Langzeitstudien. In: Valtin, R. (Hrsg.): Rechtschreiben lernen in den Klassen 1–6. Frankfurt a.M. 2000, S. 23–32.

Dehn, M./Hüttis-Graff, P./Kruse, N. (Hrsg.): Elementare Schriftkultur. Schwierige Lernentwicklung und Unterrichtskonzept. Weinheim 1996.

Deutsche Forschungsgemeinschaft: Zur Lage der Legasthenieforschung. Kommission für Erziehungswissenschaft, Mitteilung 1. Bonn 1977.

Downing, J./Valtin, R. (Hrsg.): Language awareness and learning to read. New York 1984.

Dummer-Smoch, L.: Ratgeber Legasthenie. Manuskript. 2000.

Dyroff, C.: Bedia – »Ameise wie K?« – Denken – Sprechen – Schreiben in mehrsprachigen Situationen. In: Dehn, M./Hüttis-Graff, P./Kruse, N. (Hrsg.): Elementare Schriftkultur. Schwierige Lernentwicklung und Unterrichtskonzept. Weinheim 1996, S. 66–70.

Einsiedler, W. (Hrsg.): Aspekte des Kinderspiels. Weinheim 1985.

Endres, W.: Nie wieder pauken. 99 starke Lerntipps. Weinheim und Basel 2001.

Endres, W. u.a.: Werkstatt: Lernen. Unterrichtsmaterialien und Arbeitsblätter (Sek I/II). Weinheim 1994.

Endres, W. u.a.: So macht Lernen Spaß. Weinheim und Basel [15]1997.

Feibel, Th.: Großer Lern-Software-Ratgeber 2000. München 2000.

Feibel, Th.: Großer Lern-Software-Ratgeber 2001. München 2001.

Feilke, H.: Was ist und wie entsteht Literalität? In: Pädagogik, Heft 5/2001: Literalität. Wege zur Schriftkultur.
Finkbeiner, S.: Minifatz – morfeme im Deutschunterricht. Baiersbronn 1979.
Flitner, A.: Spielen – Lernen. Praxis und Deutung des Kinderspiels. München ^{10}1996.
Frauenfeld, H.: Ein Förderkonzept für die Grundschule. In: Naegele, I.M./Valtin, R. (Hrsg.): LRS in den Klassen 1–10. Band. 2. Weinheim und Basel 2000, S. 106–109.
Freese, A.: »Ich wollte es einfach ausprobieren« – Schreibenlernen mit vier Jahren. In: Valtin, R./ Naegele, I.M. (Hrsg.): »Schreiben ist wichtig« – Grundlagen und Beispiele für kommunikatives Schreiben(lernen). Arbeitskreis Grundschule, Frankfurt a.M. ^{3}1993.
Freud, A.: Einführung in die Technik der Kinderanalyse. London 1949.
Frith, U.: Beneath the Surface of Developmental Dyslexia. In: Patterson u.a. (Hrsg.): Surface Dyslexia. London 1985.
Goethe, J.W.: Briefe –Tagebücher –Gespräche. Digitale Bibliothek, Bd. 10. Berlin 1998 (CD-Rom).
Gogolin, I.: Muttersprache Zweisprachigkeit. Pädagogische Beiträge, Heft 12, 1987, S. 26–30.
Götte, R.: Sprache und Spiel im Kindergarten. Weinheim und Basel ^{8}1993.
Grissemann, H.: Klinische Sonderpädagogik am Beispiel der psycholinguistischen Legasthenietherapie. Bern 1980.
Grissemann, H.: Mehrdimensionale Legasthenietherapie auf der Sekundarstufe. In: Dummer, L. (Hrsg.): Legasthenie. Bericht über den Fachkongress 1984. Hannover 1985.
Grissemann, H.: Pädagogische Psychologie des Lesens und Schreibens. Bern 1986.
Grundschule. Thema: Legasthenie. 12, 1988.
Grundschule. Thema: Schriftspracherwerb. 3, 1995.
Grundschule. Thema: Differenzierung beim Spracherwerb. 4, 1995.
Grundschulzeitschrift. Thema: Computer in der Grundschule. 114/1998.
Günther, K.B.: Ein Stufenmodell der Entwicklung kindlicher Lese- und Schreibstrategien. In: Balhorn, H./Brügelmann, H. (Hrsg.): Rätsel des Schriftspracherwerbs. Neue Sichtweisen der Forschung. Lengwil 1995, S. 98–121.
Haarmann, D. (Hrsg.): Handbuch Grundschule. Bd. 2. Weinheim und Basel ^{3}1996.
Hackethal, R.: Die Arbeit mit dem Kieler Leseaufbau. In: Dummer, L. (Hrsg.): Legasthenie: Bericht über den Fachkongress 1986. Hannover 1987.
Hackler, J.: Auch so können Kinder am PC lernen. In: Sprachrohr Lerntherapie H. 2/2000: Der PC als Lernwerkzeug. Stuttgart 2000.
Herff, L.: Die Gestaltung des Leselernprozesses als elementare Aufgabe der Grundschule. Diss., Universität Köln 1993.
Herné, K.L.: Wann gehen wir endlich an den Computer? Spielend lernen mit dem Aachener Rechtschreib-Labor. In: Stoffers, J. (Hrsg.): Lese-Rechtschreib-Schwierigkeiten in allen Schulformen. Aachen 1994.
Heuß, G.E.: Erstlesen und Erstschreiben. Eine Didaktik des Schriftspracherwerbs. Donauwörth 1993.
Hinnen, H.: Ich lerne lernen 3.–5. Klasse. Interkantonale Lehrmittelzentrale. Lehrmittelverlag des Kantons Zürich. Zürich 2000.
Hübner, L.: Kontraproduktive Übungen. In: Akademie für Lehrerfortbildung Dillingen: Lese-Rechtschreib-Schwierigkeiten. Donauwörth ^{2}2001.
Hurrelmann, B. u.a.: Leseklima in der Familie. Gütersloh 1993.
Hüttis-Graff, P.: Wer bekommt das Bild? Material in: Die Grundschulzeitschrift 57 und 59/1992.
Hüttis-Graff, P.: Schwache Rechtschreibleistungen im Klassenkontext: Der Blick auf den Unterricht. Fallstudien. Schriften zur Schreib-Lehr-Lernforschung Nr. 22, Universität Hamburg 1998.
Hüttis-Graff, P.: Rechtschreiblernen unter den Bedingungen von Mehrsprachigkeit – Plädoyer für die Schriftorientierung im Unterricht. In: Valtin, R. (Hrsg.): Rechtschreiben lernen in den Klassen 1–6. Grundlagen und didaktische Hilfen. Frankfurt a.M. 2000, S. 104–111.

Hüttis-Graff, P./Baark, C.: Die Schulanfangsbeobachtung – Unterrichtsaufgaben für den Schrifterwerb. In: Dehn, M./Hüttis-Graff, P./Kruse, N. (Hrsg.): Elementare Schriftkultur. Schwierige Lernentwicklung und Unterrichtskonzept. Weinheim 1996, S. 132–155.

Hüttner, D.: Die linke Pinke. Rororo, Reinbek 1988.

Jansen, H.: Untersuchungen zur Entwicklung lautsynthetischer Verarbeitungsprozesse im Vorschul- und frühen Grundschulalter. Egelsbach 1992.

Jung, U.O.H.: Linguistische Aspekte der Legasthenieforschung. In: Valtin, R. u.a. (Hrsg.): Legasthenie in Wissenschaft und Unterricht. Darmstadt 1981.

Kaestner, E./Tost-Ruddigkeit, R.: Probleme und Methoden der Schreiberziehung in den Klassen 1 bis 4. Berlin (Ost) 1966.

Kelly, K.: False Promise. In: U.S. News & World Report: Why Computers fail as Teachers. New York, 25.9.2000.

Kemmler, L.: Erfolg und Versagen in der Grundschule. Göttingen 1967.

Kippstein, N.: Das Computerbuch für Eltern. Bonn 1994.

Klein, M.: Die Psychoanalyse des Kindes. München 1973.

Klicpera, C./Gasteiger-Klicpera, B.: Lesen und Schreiben. Entwicklung und Schwierigkeiten. Bern 1993.

Klicpera, C./Gasteiger-Klicpera, B.: Auswirkungen einer Schulung des zentralen Hörvermögens nach edu-kinesiologischen Konzepten auf Kinder mit Lese- und Rechtschreibschwierigkeiten. In: Heilpädagogische Forschung 22/1996, S. 57–64.

Knapp, W.: Verdeckte Sprachschwierigkeiten. In: Grundschule 5/1999, S. 30–33.

Kowalczik, W./Ottich, K.: Schülern auf die Sprünge helfen. Lern- und Arbeitstechniken für den Schulerfolg. Reinbek 1995.

Konzeptalbum für den Anfangsunterricht. Materialteil in: Die Grundschulzeitschrift 107/1997.

Kreuzer, K.J. (Hrsg.): Handbuch der Spielpädagogik. Bd. 1–4. Düsseldorf 1984.

Kruse, N./Wolf-Weber, I.: Rechtschreibung von Anfang an – Übung im sozialen Kontext. In: Dehn, M./Hüttis-Graff, P./Kruse, N. (Hrsg.): Elementare Schriftkultur. Schwierige Lernentwicklung und Unterrichtskonzept. Weinheim 1996, S. 99–106.

Lange, I.: Schreiberziehung passé? In: Grundschulunterricht 42/1995, Heft 12, S. 21–24.

Langosch, H.: Alte Kinderspiele neu entdecken. Reinbek 1990.

Lehrplan Grundschule Deutsch Klassen 1–4. Sächsisches Staatsministerium für Kultus, Dresden 1992.

Lexikon zum Deutschunterricht mit einem Glossar. Herausgegeben von Ernst Nündel. Weinheim und Basel ^{3}1992.

Lichtenstein-Rother, I.: Grundlegendes Lernen im Rechtschreibunterricht. In: Grundschule 3/1987.

Linder, M.: Über Legasthenie (spezielle Leseschwäche). 50 Fälle, ihr Erscheinungsbild und Möglichkeiten der Behandlung. In: Zeitschrift für Kinderpsychiatrie 18/1951, S. 97–143.

Löffler, I./Meyer-Schepers, U./Schmidt, H.: Sprachwissenschaftlich orientierte Fehleranalyse zur Diagnose einer Lese-Rechtschreibschwäche (Legasthenie). In: Diskussion Deutsch 111/1990.

MacCracken, M.: Lovey. Frankfurt a.M. 1990.

Mann, I.: Lernen können ja alle Leute. Lesen-, Rechnen-, Schreibenlernen mit der Tätigkeitstheorie. Weinheim ^{4}2000.

Marx, H.: Vorhersage von Rechtschreibschwierigkeiten in Theorie und Anwendung. Unveröffentlichte Habilitationsschrift. Universität Bielefeld 1992.

May, P.: Schriftaneignung und Problemlösen. Analyse des Lesen(lernen)s mit Kategorien der Theorie des Problemlösens. Frankfurt a.M./Paris 1986.

May, P.: Rechtschreibfähigkeit und Unterricht. Ergebnisse der Voruntersuchung zum Projekt PLUS. Hamburg 1994.

Meiers, K.: Der Lese-Erstunterricht mit Ausländerkindern. In: Ausländerkinder in Schule und Kindergarten 2/1980.

Meyer, R.W. u.a.: Linkshändig? Ein Ratgeber. Humboldt Tb. München 1991.
Mitzlaff, H. (Hrsg.): Handbuch Grundschule und Computer. Weinheim und Basel 1996.
Mitzlaff, H.: Kriterien zur Eignungsprüfung von Software für den Unterricht. In: Grundschulzeitschrift 114/1998a.
Mitzlaff, H.: Computer – eine Herausforderung für die Grundschule. In: Grundschulzeitschrift 114/1998b.
Müller, J.: Computer im Unterricht der Grundschule. In: Grundschulzeitschrift 137/2000.
Müller, R.: Frühbehandlung der Leseschwäche. Weinheim und Basel 1993.
Mürmann, M./Wissinger, J.: Person-Umwelt-Interaktion: Eine theoretisch noch einzulösende Problematik der neueren Sozialisationsforschung und Entwicklungspsychologie. In: Beck, M./Mannhaupt, G. (Hrsg.): Prävention und Intervention bei Schulschwierigkeiten. Tübingen 1986.
Naegele, I.: Lernen im Spiel – spielend lernen. In: Naegele, I. u.a. (Hrsg.): Elternratgeber: Schulanfang. Weinheim und Basel ^{3}1993.
Naegele, I.: Wie motiviere ich Nicht-Schreiber? Ideen und Vorschläge. In: Valtin, R./Naegele, I. (Hrsg.): »Schreiben ist wichtig« – Grundlagen und Beispiele für kommunikatives Schreiben(lernen). Arbeitskreis Grundschule, Frankfurt a.M. ^{3}1993.
Naegele, I.M.: Förderung von Schülerinnen und Schülern mit besonderen Schwierigkeiten im Lesen und Rechtschreiben. Analyse der Erlasse und Richtlinien in den Bundesländern. In: Naegele, I.M./Valtin, R. (Hrsg.): LRS in den Klassen 1–10. Band 1. Weinheim ^{4}1997, S. 19–28.
Naegele, I.M.: Wie können Eltern sinnvoll helfen? Zur Arbeit mit der Rechtschreibkartei. In: Valtin, R. (Hrsg.): Rechtschreiben lernen in den Klassen 1–6. Grundlagen und didaktische Hilfen. Grundschulverband – Arbeitskreis Grundschule e.V. Frankfurt a.M. 2000, S. 70–73.
Naegele, I.M.: Schulschwierigkeiten in Lesen, Rechtschreibung und Rechnen. Ein Elternhandbuch. Weinheim 2001.
Naegele, I./Haarmann, D./Rathenow, P./Warwel, K. (Hrsg.): Lese- und Rechtschreibschwierigkeiten. Orientierungen und Hilfen für die Arbeit mit Grundschülern. Weinheim und Basel 1981 (vergriffen).
Naegele, I./Haarmann, D. (Hrsg.): Darf ich mitspielen? Kinder verständigen sich in vielen Sprachen. Weinheim und Basel ^{4}1993.
Naegele, I./Portmann, R. (Hrsg.): Lese- und Rechtschreibschwierigkeiten in der Sekundarstufe I. Weinheim und Basel 1983 (vergriffen).
Naegele, I./Valtin, R. (Hrsg.): Rechtschreibunterricht in den Klassen 1–6. Arbeitskreis Grundschule. Frankfurt a.M. ^{3}1994.
Ohm, D.: Progressive Relaxation für Kids. Stuttgart 2000.
Petillon, H./Valtin, R. (Hrsg.): Spielen in der Grundschule. Grundlagen – Anregungen – Beispiele. Grundschulverband – Arbeitskreis Grundschule e.V. Frankfurt a.M. 1999.
Ranschburg, P.: Die Leseschwäche (Legasthenie) und Rechenschwäche (Arithmasthenie) der Schulkinder im Lichte des Experiments. Berlin 1916.
Ranschburg, P.: Die Lese- und Schreibstörungen des Kindesalters. Halle a.d.S. 1928.
Rapp, G.: Aufmerksam und Konzentration. Bad Heilbrunn 1982.
Rathenow, P./Vöge, J.: Erkennen und Fördern von Schülern mit Lese-/Rechtschreibschwierigkeiten. Braunschweig 1982.
Richter, W./Pieritz, R.: Keine Angst vor Klassenarbeiten. Ein Übungsprogramm mit Tonkassette. Weinheim und Basel 1996.
Riehme, J.: Probleme und Methoden des Rechtschreibunterrichts. Berlin (Ost) ^{2}1974.
Riehme, J.: Rechtschreibunterricht. Probleme und Methoden. Frankfurt a.M. 1987.
Röber-Siekmeyer, C.: Die Schriftsprache entdecken. Weinheim und Basel ^{3}1997.
Röhner, C.: Authentisch Schreiben- und Lesenlernen. Weinheim und Basel 1995.
Sahr, M.: Kinderliteratur in der Grundschule. Regensburg 1987.
Sandfuchs, U.: Fördern als Prinzip und Praxis der Schularbeit. In: Praxis Schule 5–10/5/1994.

Sartre, J.P.: Die Wörter. Reinbek 1973.
Sattler, J.B.: Übungen für Linkshänder. Schreiben und Hantieren mit links. Donauwörth ²1997. (Mit Schreibvorlage, die auch gesondert bestellt werden kann).
Scheerer-Neumann, G.: Intervention bei Lese-Rechtschreibschwäche. Bochum 1979.
Scheerer-Neumann, G.: Prozeßanalyse der Leseschwäche. In: Valtin, R./Jung, U.O.H./Scheerer-Neumann, G. (Hrsg.): Legasthenie in Wissenschaft und Unterricht. Darmstadt 1981.
Scheerer-Neumann, G.: Ein Entwicklungsmodell zur Analyse der Rechtschreibschwäche. In: Dummer, L. (Hrsg.): Legasthenie. Bericht über den Fachkongress 1986. Hannover 1987.
Scheerer-Neumann, G.: Rechtschreibtraining mit rechtschreibschwachen Hauptschülern auf kognitionspsychologischer Grundlage. Opladen 1988.
Scheerer-Neumann, G.: Wortspezifisch Ja – Wortbild Nein: Ein letztes Lebewohl an die Wortbildtheorie. Teil 2: Lesen. In: Balhorn, H./Brügelmann, H. (Hrsg.): Welten der Schrift in der Erfahrung der Kinder. Konstanz 1995, S. 171–185.
Scheerer-Neumann, G.: Kinder mit Rechtschreibschwächen: Hilfen zum Erkennen und fördern. In: Valtin, R. (Hrsg.): Rechtschreiben lernen in den Klassen 1–6. Grundlagen und didaktische Hilfen. Grundschulverband – Arbeitskreis Grundschule e.V. Frankfurt a.M. 2000, S. 135–141.
Scheerer-Neumann, G./Kretschmann, R./Brügelmann, H.: Andrea, Ben und Jana: Selbst gewählte Wege zum Lesen und Schreiben. In: Brügelmann, H. (Hrsg.): ABC und Schriftsprache. Konstanz 1986, S. 55–96.
Schenk-Danzinger, L.: Das Problem der Funktionsübungen in der Legasthenie. In: Juna, J./ Stetenovic, K. (Hrsg.): Legasthenie – gibt's die? Wien 1993.
Scheuerl, H.: Zum Stand der Spielforschung. In: Einsiedler 1985.
Schick, K.H.: NLP & Rechtschreibtherapie. Paderborn 1995.
Schmidt, H.-D./Birth, K./Rothmaler, S.: Frühdiagnostik und Frühförderung von Lese- und Rechtschreibleistungen. Berlin 1990.
Schmidtchen, S.: Klientenzentrierte Spiel- und Familientherapie. Weinheim ³1991.
Schneider, W./Stefanek, J./Dotzler, H.: Erwerb des Lesens und des Rechtschreibens: Ergebnisse aus dem SCHOLASTIK-Projekt. In: Weinert, F.E./Helmke, A. (Hrsg.): Entwicklung im Grundschulalter. Weinheim 1997, S. 113–129.
Schräder-Naef, R.: Schüler lernen Lernen. Weinheim und Basel ⁶1996.
Schwartz, E.: Selbsterfahrungstests SET für Leselehrer. In: Grundschule 11/1976.
Schwartz, J.: Web Boosters & Net Skeptics. In: Score/Newsweek 2000.
Schwartz, W.: Leseübungen nach Schwierigkeitsstufen. Schritt für Schritt. Heinsberg 2000.
Sennlaub, G. (Hrsg.): Heimliches Hauptfach Rechtschreiben. Heinsberg ²1984.
Sieler, W.: Rechte Hand, linke Hand? Berlin (Ost) 1977.
SODIS-Datenbank: (www.sodis.de)
Smits, R.: Alles mit der linken Hand. Geschick und Geschichte einer Begabung. Rowohlt, Berlin 1994.
Snowling, M.: Dyslexia. A Cognitive Developmental Perspective. Oxford 1987.
Sommer-Stumpenhorst, N.: LRS-Förderung in der Grundschule. Vorbeugen ist besser als heilen. In: Grundschulunterricht 38/1992, S. 12–14.
Spitta, G.: Die leidigen Diktate. In: Spitta, G. (Hrsg.): Rechtschreibunterricht. Braunschweig 1977a.
Spitta, G.: Wozu überhaupt Diktate? In: Spitta, G. (Hrsg.): Rechtschreibunterricht. Braunschweig 1977b.
Spitta, G.: Kinder schreiben eigene Texte. Klasse 1 und 2. Bielefeld 1993a.
Spitta, G.: Kinder entdecken die Schriftsprache. Lehrer bzw. Lehrerinnen beobachten Sprachlernprozesse. In: Valtin, R./Naegele, I. (Hrsg.): »Schreiben ist wichtig« – Grundlagen und Beispiele für kommunikatives Schreiben(lernen). Arbeitskreis Grundschule. Frankfurt a.M. ³1993b.
Spitta, G.: Ein Klassenraum, der zum Schreiben einlädt. In: Brügelmann, H./Balhorn, H. (Hrsg.): Welten der Schrift in der Erfahrung der Kinder. Konstanz 1995, S. 66–74.

Spitta, G. (Hrsg.): Freies Schreiben – eigene Wege gehen. Lengwil 1998.
Stanovich, K.: Discrepancy definitions of reading disability. Has intelligence lead us astray? Reading Research Quarterly, 1991, 26, 7–29.
Süselbeck, G.: Das Diktat wird abgeschafft – was nun? In: Grundschule, 10/1991 und Praxis Schule 5–10/4/1991.
Sylvanus, M.: Thema Brain Sym in der Schule. In: Pädagogik 12/2000.
Tamm, H./Tamm, H.: Lies mit uns, schreib mit uns 5/6. Weinheim und Basel [11]1992.
Thiesen, P.: Freche Spiele. Starke Spielideen gegen Frust und Lustverlust in Schule, Jugendarbeit und Erwachsenenbildung. Weinheim und Basel [2]1997.
Thomé, D.: Kriterien zur Beurteilung von Lernsoftware. Heidelberg 1989.
Thomé, D./Thomé, G.: Computereins@tz im Rechtschreibunterricht. In: Valtin, R. (Hrsg.): Rechtschreiben lernen in den Klassen 1–6. Frankfurt a.M. 2000, S. 158–164.
Thomé, G.: Orthographieerwerb. Frankfurt a.M. 1999.
Thomé, G./Hartmann, R.: Vorstellung und Analyse ausgewählter Rechtschreibmaterialien. In: Valtin, R. (Hrsg.): Rechtschreiben lernen in den Klassen 1–6. Grundschulverband – Arbeitskreis e.V. Frankfurt a.M. 2000, S. 146–153.
Trempler, D.: Legasthenie – Neue Wege der Heilung. Freiburg 1976.
Ude-Pestel, A.: Ahmet – Geschichte einer Kindertherapie. München 1999, Neuauflage.
Valtin, R.: Legasthenie – Theorien und Untersuchungen. Weinheim [3]1974a.
Valtin, R.: Wie kann der Lehrer mit Hilfe von Schultests eine Legasthenie feststellen? In: Fernstudienlehrgang Legasthenie. Weinheim und Basel 1974b (vergriffen).
Valtin, R.: Zur »Machbarkeit« der Ergebnisse der Legasthenieforschung. Eine empirische Untersuchung. In: Valtin, R./Jung, U.O.H./Scheerer-Neumann, G. (Hrsg.): Legasthenie in Wissenschaft und Unterricht. Darmstadt 1981.
Valtin, R.: Motivation, Rechtschreibstrategien und Regelverwendung von guten und schwachen Rechtschreibern. In: Valtin, R./Naegele, I. (Hrsg.): »Schreiben ist wichtig« – Grundlagen und Beispiele für kommunikatives Schreiben(lernen). Arbeitskreis Grundschule. Frankfurt a.M. [3]1993.
Valtin, R.: Stufen des Lesen- und Schreibenlernens. Schriftspracherwerb als Entwicklungsprozess. In: Haarmann, D. (Hrsg.): Handbuch Grundschule, Bd. 2. Weinheim und Basel 1996, S. 76–88.
Valtin, R. u.a.: Kinder lernen schreiben und über Sprache nachzudenken – eine empirische Untersuchung zur Entwicklung schriftsprachlicher Fähigkeiten. In: Valtin, R./Naegele, I. (Hrsg.): »Schreiben ist wichtig« – Grundlagen und Beispiele für kommunikatives Schreiben(lernen). Arbeitskreis Grundschule. Frankfurt a.M. [3]1993, S. 23–53.
Valtin, R. (Hrsg.): Rechtschreiben lernen in den Klassen 1–6. Grundlagen und didaktische Hilfen. Grundschulverband – Arbeitskreis Grundschule e.V. Frankfurt a.M. 2000.
Valtin, R./Naegele, I. (Hrsg.): »Schreiben ist wichtig« – Grundlagen und Beispiele für kommunikatives Schreiben(lernen). Arbeitskreis Grundschule. Frankfurt a.M. [3]1993.
Valtin, R./Naegele, I.M./Thomé, G.: Nicht nachahmenswert – Vier Ärgernisse in Rechtschreibmaterialien. In: Valtin, R. (Hrsg.): Rechtschreiben lernen in den Klassen 1–6. Grundlagen und didaktische Hilfen. Grundschulverband – Arbeitskreis Grundschule e.V. Frankfurt a.M. 2000, S. 154–158.
Vester, E.: Denken, Lernen, Vergessen. München [23]1996.
Vester, E./Beyer, G./Hirschfeld, M.: Aufmerksamkeitstraining in der Schule. In: Diskussion: Unterricht 6. Heidelberg 1979.
Voß, R. (Hrsg.): Verhaltensauffällige Kinder in Schule und Familie. Neue Lösungen oder alte Rezepte? Neuwied 2000.
Voß, R./Wirtz, R.: Keine Pillen für den Zappelphilipp. Reinbek 2000. Neuauflage.
Vorläufiger Rahmenplan für Unterricht und Erziehung in der Berliner Schule. Grundschule Klasse 1 bis 6. Deutsch. Senatsverwaltung für Schule, Berufsbildung und Sport, Berlin 1989.
Waechter, F.K.: Opa Huckes Mitmach-Kabinett. Weinheim 1981 (vergriffen).

Wagner, I.: Aufmerksamkeitstraining mit impulsiven Kindern. Frankfurt a.M. 1981.
Warwel, K.: Versäumte Rechtschreiblektionen. In: Naegele, I./Portmann, R. (Hrsg.): Lese- und Rechtschreibschwierigkeiten in der Sekundarstufe I. Weinheim und Basel 1983 (vergriffen).
Weber, J./Marx, P./Schneider, W.: Profitieren Legastheniker und allgemein lese-rechtschreibschwache Kinder in unterschiedlichem Ausmaß von einem Rechtschreibtraining? Psychologie in Erziehung und Unterricht 1, 2002.
Weber, J.-M./Marx, P./Schneider, W.: Legastheniker und allgemein lese-rechtschreibschwache Kinder. Ein Vergleich bezüglich Verursachungsfaktoren und Therapierbarkeit. In: Fölling-Albers, M. u.a. (Hrsg.): Jahrbuch Grundschule III. Frankfurt a.M. 2001, S. 188–191.
Weigl, E.: Zur Schriftsprache und ihrem Erwerb. In: Eichler, W./Hofer, A. (Hrsg.): Spracherwerb und linguistische Theorien. München 1974.
Weigt, R.: Lesen- und Schreibenlernen kann jeder!? Methodische Hilfen bei Lese-Rechtschreib-Schwächen. Neuwied 1994.
Welge, G.: Unterrichtliche Kontexte für das Schreiben in Klasse 1. In: Dehn, M./Hüttis-Graff, P./Kruse, N. (Hrsg.): Elementare Schriftkultur. Schwierige Lernentwicklung und Unterrichtskonzept. Weinheim 1996, S. 92–98.
Wintsch, H.: Gelebte Kindertherapie. München 1998.
Wundke, M.: Von der Druckschrift zur Schreibschrift. In: Grundschulunterricht 42, 1995, S. 60–61.
Wünnenberg, H.H.: Boff. Kinder schreiben sich frei. Heinsberg 1989.
Wygotski, L.S.: Denken und Sprechen. Frankfurt a.M. 1934/1974.
Zangerle, H.: Angebote des Psycho-Marktes. Kritische Sichtung und Wertung. In: Naegele, I.M./Valtin, R. (Hrsg.): LRS in den Klassen 1–10. Band 2. Weinheim und Basel 2000, S. 194–203.
Zimmer, D.E.: Drei Arten von Zweisprachigkeit. In: Balhorn, H./Brügelmann, H. (Hrsg.): Jeder spricht anders. Lengwil 1989, S. 95–97.
Zulliger, H.: Heilende Kräfte im kindlichen Spiel. Stuttgart 1952.

Bildquellen

Amelie Glienke   70, 185
Waechter: Opa Huckes Mitmach-Kabinett   154
Das Elefantenbuch 4 © 2000 Schroedel Verlag GmbH, Hannover   189, 191, 192
Fara und Fu Leseübungskartei mit Selbstkontrolle
© 1996 Schroedel Verlag GmbH, Hannover   163

Rechtschreiben üben – aber mit Methode   190, 191
© Die Grundschulzeitschrift 137/200   171

Fotos: Ingrid Naegele + Heike Urban
Kindertexte: Institut für Lernförderung, Frankfurt   58, 119, 130, 131, 132, 140, 207, 208

Die AutorInnen

Brinkmann, Erika, Prof. Dr., Pädagogische Hochschule Schwäbisch-Gmünd, Fakultät II, Institut für Sprache und Literatur, Oberbettringer Straße 200, 73535 Schwäbisch-Gmünd (brinkmann@ph-gmuend.de)

Brügelmann, Hans, Prof. Dr., Universität Siegen, FB 2, Adolf-Reichwein-Str. 2, 57068 Siegen (oase@paedagogik.uni-siegen.de)

Dehn, Mechthild, Prof. Dr., Universität Hamburg, FB Erziehungswissenschaft, Institut 7, Von-Melle-Park 8, 20146 Hamburg (dehn.mechthild@erzwiss.uni-hamburg.de)

Hüttis-Graff, Petra, Dr., Fachseminarleiterin Deutsch und Lehrerin, Bekassinenau 100 A, 22147 Hamburg (huettis-graff@hotmail.com)

Naegele, Ingrid M., Dipl.-Päd., Leiterin der pädagogisch- therapeutischen Praxis: Institut für Lernförderung, Franz-Rücker-Allee 58, 60487 Frankfurt (I.Naegele@LRS-Schulprobleme.de)

Portmann, Rosemarie, Dipl.-Psych., Schulpsychologin, Am großen Garten 8, 65207 Wiesbaden-Breckenheim (die.portmanns@t-online.de)

Rathenow, Peter, Dipl. Psych., pensionierter Leiter des Schulpsychologischen Dienstes Marburg, Holderstrauch 8, 35041 Marburg

Scheerer-Neumann, Gerheid, Prof. Dr., Universität Potsdam, Institut für Grundschulpädagogik, Postfach 601553, 14415 Potsdam (scheerer@rz.uni-potsdam.de)

Schnelle, Irmtraut, Lehrerin, Schule Hasselbrook, Hamburg-Wandsbeck

Valtin, Renate, Prof. Dr., Humboldt- Universität zu Berlin, Philosophische Fakultät IV, Institut für Schulpädagogik und Pädagogische Psychologie, Unter den Linden 6, 10099 Berlin (renate.valtin@rz.hu-berlin.de)

Weigt, Ralph, Prof. Dr., ehemaliger Leiter der Fachabteilung Sprachbehindertenpädagogik am Institut für Rehabilitationswissenschaft der Humboldt-Universität zu Berlin, Sandbacher Weg 79, 12526 Berlin

Wolf-Weber, Ingeborg, pensionierte Sozialpädagogin und Lehrerin, Hamburg

Stichwortregister

Anfangsunterricht   25, 28, 33, 80, 109, 145, 173
Anlauttabelle   102, 110
Arbeitstechniken   188
Artikulation   51, 64, 111
auditive Unterscheidung   159
ausländische SchülerInnen   105

Benotung (s. auch Leistungsfeststellung und -bewertung)   21, 39
Beobachtung   75
– Hilfen   80
Binnendifferenzierung, s. Differenzierung
Buchstabenkenntnis   82, 95, 106
Buchstabenumstellung (Reversion)   53

Computer   125, 135ff., 193
– Programm   134
Computer-Software   141
– Kriterien (zur Unterrichtseignung)   138

Diagnostik   34, 37, 67
Differenzierung, innere   17, 19, 33, 92, 103
Diktat   197ff.
– Tipps   200
Diskrepanz-Definition   40

Eltern, s. Erziehungsberechtigte
Elternberatung   116
Elterntraining   42–43
Entwicklung
– Analyse   35
– Modell   62–63, 99
– Stand   35, 43, 186
– Stufe   47
– Verzögerung   65
Erlasse   21, 38, 116
Erziehungsberechtigte (Eltern)   20, 44, 69, 115, 150, 189

Fehler   45–46, 53–54, 62, 183
– Analyse   64
– Arten   21, 40
– Typen, s. Fehlerarten

Förderdiagnostik 66–67
Fördermaßnahmen, (s. auch Fördermöglichkeiten) 10, 17, 25, 36, 47, 67
Fördermöglichkeiten, (s. auch Fördermaßnahmen) 42
Förderung 16, 30
Förderunterricht 147
– schulischer 42, 44
Freiarbeit 104
Frontalunterricht 47
Früherkennung 28
Funktionstraining (s. auch Funktionsübung) 11, 42
– Programm 42
Funktionsübung (s. auch Funktionstraining) 44

Gespräch 76, 128
Graphem, (s. auch Phonem-Graphem-Korrespondenz) 51
Grundwortschatz 16, 112, 192

Handschrift 171
Hausaufgabe 206

Intelligenz 40, 42

Kritzelbrief 48
Kultusministerkonferenz (KMK) 9, 16, 42, 66, 116

Lautanalyse 54, 80, 99, 102, 187
Laut-Buchstaben-Zuordnung, s. Phonem-Graphem-Korrespondenz
Lautgebärdenmethode, (s. auch Verfahren) 101
Legasthenie
– Begriff 8–9, 22, 28, 32–33, 41
– Konstrukt 38, 40
Lehrerbildung, Lehrerfortbildung 20, 28–29
Lehrhilfen, Lernhilfen 90, 112
Leistungsfeststellung und -bewertung (s. auch Benotung) 19, 25
Lern- und Arbeitstechniken (s. auch Arbeitstechniken) 202
Lernkartei 44, 117, 122, 205
Lernmotivation 43
Lernstrategien 38, 40, 44
Lernvoraussetzungen 8, 16, 34, 90, 99, 106
Lernwörter 51, 54–55, 57
Leseecke 104, 165
Leseförderung, häusliche 128
Lesemethode, 5-Schritt 203
Lese-Rechtschreib-Schwäche (s. auch Legasthenie) 39
Lese-Rechtschreib-Schwierigkeit (LRS) (s. auch Legasthenie) 9
Lese-Rechtschreib-Störung (s. auch Legasthenie) 39
Lesetraining 18, 165
Leseverständnis 157, 158
Linkshänder, s. Linkshändigkeit
Linkshändigkeit 175, 177

Medizinische Sichtweise   28
Medizinischer Ansatz   8
Medizinisches Modell (der Legasthenie)   8, 67
Misserfolg   38
– Erlebnisse   10
Motivation   44, 71, 202

Neurobiologische Grundlagen   41

Orthografieprinzipien   181
Orthografische Regelmäßigkeit   56

Pathologisierung   43
Persönlichkeitsmerkmale   70
Phonem (s. auch Phonem-Graphem-Korrespondenz)   51, 187
– Analyse   65
Phonem-Graphem-Korrespondenz   37, 52, 54, 64
Phonologische Bewusstheit   37, 40
Problemlösung, kooperative   77
Problemverständnis, medizinisches   29
Psychotherapeutische Arbeit   44

Rechtschreibfehler
– Feinanalyse   63
Rechtschreibleistung
– Feinanalyse   43
Rechtschreibschikanen   178
Rechtschreibschwäche
– Entstehung   65
Rechtschreibsprache   54
Rechtschreibtraining   18
Reichen-Tabelle   110

Schreibanlässe   102, 193
Schreiben, logografisches   49, 61
Schreibgerät   172
Schulrecht
– Bestimmungen   22
Schulschwierigkeit   73
Selbstkontrolle   113
Selbstkonzept   38, 100
Selbstständigkeit   95, 206
Sinnverständnis, s. Leseverständnis
Spiele, spielen   144–145, 165
Spontanschreibung   45, 61
Sprachvergleich   114
Strategie   58, 99, 159, 188
– alphabetische   35
– Lese-   43, 164
– Lese- und Rechtschreib-   36
– logografische   35, 50

– morphematische 35
– orthografische 35
– phonemorientierte 35, 51, 62
Stufenmodell 43, 59

Teilleistungsschwäche (s. auch Teilleistungsstörung) 40, 42
Teilleistungsstörung (s. auch Teilleistungsschwäche) 66–67
Tests 64, 68, 157
– Intelligenz- 21, 26, 71
– Lese- und Rechtschreib- 34, 66–67
– Selbsterfahrung- 154, 180
Teufelskreis 72
Texterarbeitung 166
Textschreiben 111
Textverständnis 44

Üben 112, 117, 121, 188–189
Übergang (an weiterführende Schulen) 25, 39
Übergeneralisierung 55, 57
Übungsformen, zweifelhafte 194ff.
Übungsmöglichkeiten (s. auch Üben) 191
Unterrichtsbedingungen 89
Ursachen 26
– Annahmen 25

Verfahren
– analytisch-synthetisches 100
– psychotherapeutisches 42

Wortbegriff 52, 85
Wörterbuch 19, 209
Wortkonzept 99
Wortliste 64, 112, 121, 192